GAOXIAO JIAOYU JIAOXUE YANJIU
YU GUANLI SHIJIAN

高校教育教学研究与管理实践

王义龙　魏　敏 ◎著

人民文学出版社　　天天出版社

图书在版编目（CIP）数据

高校教育教学研究与管理实践/王义龙,魏敏著
. -- 北京：天天出版社,2023.12
ISBN 978-7-5016-2201-6

Ⅰ.①高...Ⅱ.①王...②魏...Ⅲ.①高等教育—教
学研究②高等学校—教育管理—研究 Ⅳ.①G642.0
②G640

中国国家版本馆CIP数据核字(2023)第247110号

责任编辑： 刘 馨 范景艳
责任印制： 康远超 张 璞

出版发行： 天天出版社有限责任公司
地址： 北京市东城区东中街42号   **邮编：** 100027
市场部： 010-64169902   **传真：** 010-64169902
网址： http://www.tiantianpublishing.com
邮箱： tiantiancbs@163.com

印刷： 北京鑫益晖印刷有限公司   **经销：** 全国新华书店等
开本： 787×1092 1/16   **印张：** 12.5
版次： 2024年7月北京第1版 **印次：** 2024年7月第1次印刷
字数： 232千字

书号： 978-7-5016-2201-6   **定价：** 58.00元

前　言

　　高校教育管理是国家教育体系中的重要组成部分，在保证高校人才培养质量、规范高校教育管理秩序、培养社会主义事业合格建设者和可靠接班人等方面发挥着十分重要的作用。新时期，高校大学生教育管理工作处于一个开放、多元、变革的环境。这意味着高校教育教学管理相应地发生了一些变化。不仅如此，在教育改革不断深入的背景下，人们对高校教育教学管理质量提出了更高的要求。因此，新时代高校教育教学管理必须做到与时俱进，且在推动高校朝着现代化方向发展的同时，提升高校人才培养的质量，从而满足社会发展对优秀人才的需求。

　　本书是关于高校教育教学方向的书籍，主要研究高校教育教学研究与管理实践，从高校教育教学与管理的基本内容入手，针对高校教学质量管理与信息化教学、高校教学管理机制与管理制度以及高校教学督导工作与管理方法、高校教学资源建设与管理进行了详细的阐述。另外，本书对高校教育教学管理与素质培养以及高校教育教学的实践与管理创新方面提出了一些建议，对高校教育教学与管理的各个方面都进行了详细分析。本书逻辑紧密，内容翔实，对高校教育教学方面有着一定的借鉴意义。

　　本书编写过程中，为了确保研究内容的丰富性和多样性，编者参考和借鉴了一些知名学者和专家的观点及论著，在此向他们表示深深的感谢。由于编者理论水平有限，书中难免存在缺点和不足之处，欢迎广大读者批评指正，以待进一步修改，使之更加完善。

目　录

第一章　高校教育教学与管理

第一节　高校教育教学本质及教学方法

一、高校教育教学本质及其特征

高校教育教学是高校教育实现教育目的、培养专门人才、体现社会价值的各种具体活动表现方式之一，是高校教育最主要的组织活动。高校教育的其他活动都是围绕教学而展开、为教学服务的。任何教学活动都是一个历时性的过程，是一个目标差异大、参与要素多、各种影响复杂的教育实践体系。这个教育实践体系的各个构成要素经过多种形式组合、为实现各个目标而发挥作用，不同要素组合在不同环境下运行又使高校教育教学形式丰富多彩。

(一)高校教育教学的作用与功能

高校教育教学作用与功能就是教学活动的基本目标与任务，它主要源于三个方面：教师的需求目标、学生的需求目标、社会的需求目标。以前，受高校教育教学活动的社会本位思想影响，一些国家特别是实施集权式管理的国家，其高校教育教学活动的作用与功能被"国家化"。但在高校教育逐步发展、受教育人群日益扩大的形势下，社会本位的教学功能不断弱化，"以人为本"的教育思想的地位越来越重要。所以，教学活动的目标必须同时考虑教学活动主体，即教师和学生的个人需求，教师通过教学传播知识，促进自我的进一步探究，同时引导学生获得专业技能的训练，从而获得满足与成就感。学生通过对社会愿望、个人兴趣以及基本能力的综合考虑，主动接受高校教育、参与教学活动，以达到身心和智力的全面发展。社会对教学活动的需求可能是具体而分层次的，教师和学生对教学活动的需求可能是抽象而含糊的。对这种矛盾冲突的认识和化解有利于教学方法创新。

(二)高校教育教学的主体与环境

高校教育教学的主体与环境是教学活动赖以开展的基本条件。教学主体就是有目的、有意识地进行教学实践活动和认识活动，并在教学活动中确立和体现主体地位的现实的人。这里的人包括三层含义：现实的人、动态发展的人、个体与群体相统一的人。因此，学生也是教学活动的主体之一。教学环境是相对于教学主体而言的，它包括教学活动中除主体之外的一切物质的、时空的、媒介的关系等方面，尽管环境在教学活动中处于从属地位，但对其实现教学目标有极其重要的影响。

（三）高校教育教学的形式与内容

高校教育教学的形式与内容往往表现得最为具体、生动，既反映内容与形式的对应关系，也反映形式与环境的协调关系，还反映教学活动直接主体（教师与学生）与间接主体（教学管理者）协商一致管理的特征。单从教学活动形式来看，就是内容、环境、主体的统一，如课堂教学、课外练习、社会实践就是三者关系的不同组合结果。如果从教学活动主体的作为来看，则有讲授活动、听课活动、师生研讨活动等，每一种活动，各自主体地位的表现是不同的。高校教育教学内容是与教学目标紧密相连的，尽管目前我国高校教育教学的计划性正在减弱，但总体上依然比较强。也就是说，从国家或社会本位出发对专门人才的知识、技能体系有一个制度设计和进程安排，教学内容按照这些制度和进程逐步展开。现在，我国开始注意发挥教师和学生的主动性，对教学内容的选择权有所放开，但与教师自主裁量教学内容和学生在完全学分制下自由选择教学内容还有一定的距离，至少学生的职业规划与学校的学业指导工作短时间内难以跟上。

（四）高校教育教学的特点与过程

高校教育教学的特点与过程是联系在一起的，教育与教学是一个循序渐进的过程，世界上没有任何一种瞬时性的教学活动，过程性本身就是教学活动的普遍特点，因此很多学者用"教学过程"代替"教学活动"，专注于研究高校教学过程而不刻意研究高校教育教学活动也是可以理解的，只是过程性特点不为高校教育教学所特有。所以，将两者混淆是不合理的，无论是对高校教育教学活动的瞬时考察还是从教学效果的分析，高校教育教学活动的特点都是十分明显的，具体有如下一些特点：

其一，专业性教学与综合性认知相结合。高校教育与基础教育的最大不同就在于知识的专业系统性，属于建立在基础教育之上的专业教育：教学目标和内容按照不同学科专业领域的知识体系进行设计，教学组织形式也分专业进行。同时，高校教育教学活动的综合性认知也十分明显：在专业性教学内容与教学情景中，学生的知识、能力、素质得到全面培育，即使是一门十分专业的课程，在课程设置、活动设计中，也安排有一定分量的基本素质和能力训练的内容和项目，教学活动对学生的影响是综合性的，对学生的培养是多方位的。其二，隐性教学与显性教学相结合。高校教育教学活动对人才培养的影响作用趋于多样化，传统课堂的直接影响、作业与练习的直观影响等属于显性活动部分，还有许多潜移默化的教学活动，比如学术报告会、参观学习、社会调查、教师对学生得体的表扬或批评等，这些看似不那么规范的教学活动属于隐性教学活动，它的教育意义和对学生的影响绝不只是现场表现出来的结果，而要比现场深远得多、广泛得多。教育中的所谓"启发""养成"，其实就是对这种隐性教学活动功能的表述。其三，教学活动与科研活动相结合。科学研究活动是人类有意识地探究世界的实践活动，我们说高校教育教学活动是一种接近于人类认识世界实践活动的有效组织方式，本意就在于表明高校教育教学活动不是纯粹的知识传授活动，也不纯粹是师生交往与情景感悟活动，而是有目的地引导学生学会认知和探究世界的方法、训练基本的认知能力的活动。如果说本科生教学对这方面的要求只是初步的，那么研究生的教学则是典型的认识已知与探求未知的统一，就是教学活动与科研活动的统一，教师和学生在各自的教学活动任务中都可以实现认识已知与探索未知的结合。

(五)高校教育教学的构成要素

高校教育教学是一个以动词为主的、内涵比较宽泛的偏正词组，它可以指由学校为实现人才培养目标所组织的任何行动。由于各校、各学科专业的人才培养目标、质量规格、层次要求不同，高校教育教学活动也表现出较大的差异性。但就每一个具体的教学活动单元的结构来说，它们又有许多相似性，即都是由若干基本相同的要素所构成的开放性系统，不同教学情景就由这个系统的要素的不同组合产生。

关于高校教育教学活动构成要素的研究，历来有不同的争论。有的从共时性角度而有的从历时性角度分析，有的从关系角度而有的从表象角度分析，有的从深层结构而有的从表层结构分析。不同的分析角度决定了不同的分析结果，以至于出现从"三要素说"（教师、学生、教材）到"七要素说"（学生、教学目的、教学内容、教学方法、教学环境、教学反馈、教师）的巨大差异。客观地看，这种差异是正常的，特别是更加精细的结构要素划分，只要在逻辑上没有包含或遗漏，精细的分析应该得到提倡。联系高校教育教学活动的几个特点，我们认为一个比较完整的具体教学活动应该由教学主体、教学目的、教学信息、教学媒介、教学组织、教学环境六个要素构成。

1. 关于教学主体

高校教育教学的特殊性，因为隐性的教学效果、探究性的教学活动都依赖于学生主体性作用的发挥，所以教师与学生是高校教育教学活动的共同主体。

2. 关于教学目的

这是任何教学活动的基本要素，只是不同目的有层次上的高低差别。即使是高校教育的教学活动，其目的也有层次之分，比如一个专业培养方案中的教学目的、一门课程的教学目的、一节课堂的教学目的，等等。就教学方法研究需要而言，这里的教学目的主要指一个课堂之类的教学活动的目的，其中有比较抽象的一般要求，也有比较具体的内容、技能目标。

3. 关于教学信息

以前通常用教材以及教学内容来表示。但实际上，教学内容有一部分应该包含在教学目的之中，作为目标性任务加以明确。同时，教材是教学内容的传统载体，而鉴于现在高校教育可供使用的教学材料日益丰富，来源途径远多于教材，故教材在高校教育教学活动中的地位越来越弱。

4. 关于教学媒介

教学媒介就是教学方法及实施方法的手段，由于现代教学技术在飞速发展，传统的方法归纳已经不能准确反映教学活动实际，很多现代教学设施、技术被应用到高校教育教学活动中，其究竟属于什么方法，尚未明确界定。因此，我们称其为教学媒介，既包含了传统意义上的教学方法，又包含了现代教学技术，它是传递教学知识、信息，增强教学信息刺激强度，提高教学影响效果的途径。

5. 关于教学组织

没有组织就没有活动，就一个教学活动来讲，教学组织不可缺少。在什么样的时间和空间、由哪些教师和学生参与、参与人员的规模以及教师或者学生在教学时间内的教学秩序维护等，都是教学组织的内容。还有教学评价，但它属于教学过程与质量管理范畴，不属于一个教学活动的内容。

6. 关于教学环境

高校教育教学环境对教学活动的影响越来越大，根据教学活动的需要，不断对教学环境进行必要的调节和控制，有利于教学活动的顺利进行。经过选择、净化、提炼和加工处理的教学环境有利于教学主体实现追求真理、掌握知识、发展身心等目标。

(六)高校教育教学模式

1. "集中式学习"的教学模式

相对来说，集中式学习是一种较为传统的教学模式。集中式学习是以教师为中心，即由教师根据教学计划中统一规定的课程内容和教学时数，把学生集中到一起按照学校的课程表进行分科教学的一种组织形式。该教学模式强调教师的主导作用。当教学规模不是很大时，集中式学习这种组织形式相对来说是比较经济、有效的。

在这种组织形式下，教师的主导作用易于发挥，便于教师组织、监控整个教学活动的进程，这是其一；其二是有利于教学管理，使教学有目的、有计划、有组织地进行；其三是有利于自然学科的学习，自然学科中许多内容需要进行演示、分解和剖析，有些内容需要学生亲自去感触等；其四是有利于学生之间以及师生之间的情感交流，充分体现情感因素在学习过程中的重要作用。尽管集中式学习有上述优点，但它在高校教育教学活动中存在的弊端又是十分明显的。首先，这种教学模式无法解决学生参加学习时存在的工作与学习的矛盾、家庭与学习的矛盾以及分散居住与集中学习的矛盾；其次，它忽视了成人学生不同于其他学生在学习活动中的自主性和独特性；最后，集中式学习方式过分强调标准化、同步化、模式化，整齐划一是这种学习方式的目标追求，对成人学生知识的扩展会产生不利的影响。针对学生在学习过程中凸显的矛盾和问题，要真正保证教学效果、提高教学质量，就必须对现有的单一教学模式进行改革。

2. "分布式学习"的教学模式

随着经济形势和信息技术的不断发展，社会总体人力资源的需求形势也发生了巨大变化，对各类高素质、高学历的专业技术人员的需求提高到了一个新的层次，对高校教育提出了更高的要求，并使得传统的教学模式受到了极大的挑战。

新的信息技术在教学活动中的应用，计算机网络的发展能够使教学内容得到有效的远距离传递，学生可以不必像以往那样，全体集中到一个地点，由教师面对面地传授知识。电子邮件可以支持学生之间、师生之间的交流与合作，解决学习中的问题，开展各种讨论，教学模式不再单一，因此，"分布式学习"的教学模式便应运而生，并迅速以自上而下的政策推广形式，借助国家高校教育政策手段投入各地办学实践。"分布式学习"是远程教育的建构主义，采用建构主义的学习环境的设计思想，将传统的以教师为中心改变为以学习者为主体，着重于为学习者提供丰富的资源建立自己的认识和理解。我们将这种新的远程教育形式称为分布式的学习。

目前对"分布式学习"的教学模式的理解有几种观点：美国及很多国家的学者认为"分布式学习"和远程教育是一样的，指的是各种不同于面对面教学的教育；还有的认为，"分布式学习"是指开放和远程教育在传授课程时逐渐向使用新信息技术的转变；另有观点认为，"分布式学习"可作为人机交互工作的一个整体。尽管对"分布式学习"有各种不同的描述，但"分布式学习"实际是一种教学模式，它强调的是"分布"，强调为学习者提供灵活的、突破时空限制的教育，适应社会经济发展以及对人才的需求。"分布式学习"教学模式的出现，使面对面教育和开放远程教育之间的边界逐渐消失而趋于融合；加强了以学习者为中心，更有效地促进学习者的学习；使我们认识到要根据时空分布方式的变化调整学习和教学策略；"分布式学习"强调的是学习环境，学习者分处在不同环境中，有着共同的任务，在"分布式学习"环境中共同合作完成学习任务，学习是不同环境的分布，不一定受限于正式的机构设置。

随着教育的全球化，"分布式学习"环境也要具有国际化思维，适应来自不同文化背景的学习者。可以说"分布式学习"是未来学习方式发展的一个新趋势。也有人认为，"分布式学习"模式可以结合传统课堂教学应用，结合远程教学应用或可用于创建有效的教学课堂。学生可能是身处远方，参加远程教育，也可能是集中式学习中的一员，但他们在索取资源、汲取知识时，所利用的资源并不只是局限于教师或者某个机构，而是充分利用现代信息技术，利用分布在各个不同地方的资源，使学习资源远比以往的单纯的传统课堂授课方式要丰富得多，所以，"分布式学习"强调的是资源的非集中化。另外，"分布式学习"的教学模式除了可以使学习者获得丰富的资源外，还可以是传统课堂授课方式的补充和灵活运用，如可通过电子邮件交作业、答疑，通过网络与教师、学生甚至专家进行交流和讨论，等等。

3. "双元制"教学模式

"双元制"的教学模式也可称为"双轨制"教学模式，"双元制"中的"一元"指学校，另"一元"则指企业。学校承担学习文化和基础技术理论，企业承担职业技能培训，两元结合完成教育任务，故称之为"双元制"。"双元制"是学校与企业分工协作，以企业为主；理论与实践紧密结合，以实践为主的一种成功的教育模式。学生在企业里接受职业技能培训的同时，又在学校里接受专业理论和普通文化知识的教育。这样，既能够使学生毕业后具备立即上岗的能力，又能够通过学校教育使之基本素质得到提高，从而具备继续学习和终身学习的基础。

"双元制"教学模式具有以下特征：职业培训在两个完全不同的地点进行——企业和学校；受训者兼有双重身份——学生、学徒；培训者由两部分人承担——实训技师（师傅）、理论教师；教学内容原则上分两部分——企业培训按政府的培训条例和大纲进行，学校教育按国家和省级教育主管部门公布的教学大纲进行；教学管理——企业培训由政府管理，受政府法规、条例等约束，学校教学由教育主管部门管理，受教育类法规约束；经费来源的两个渠道——企业培训的费用由企业承担，学校教学的费用由政府和学生承担；以职业能力为本位的培训模式；以市场和社会需求为导向的运行机制。

"双元制"在20世纪90年代引入我国，应用到高校教育教学实践中，成为一种特点鲜明同时富有成效的人才培养模式。经过多年的发展，已经取得了一些成就。已经有许多实践性较强的专业采取了这种教学模式，例如，汽车维修、炼钢和轧钢、保险、物业管理、机械制造和医疗等。"双元制"教学模式的应用为我国成人教育发展提供了宝贵的案例资源，我们从中可以看到"双元制"教学模式的以下一些优势：

第一，改革专业课的课堂教学模式，促进学生技能的提高。"双元制"教学以职业能力为本位，各院校在实践中都突出了实践性的原则，使学生在学习的同时获得职业工作的经验，与传统的课堂型职业教育形式相比存在明显的优势。

第二，加强了学校与社会和企业的联系。"双元制"教学模式打破了传统的封闭的办学方式，由学校和企业共同承担培养学生的责任。因此，在办学中学校增强了与外界的沟通，更多地了解了社会和企业对人才的需求情况，克服了以往办学的盲目性。

第三，加快了师资队伍的建设，教师的理论水平和实践水平都有所提高。在"双元制"办学过程中，提高了专业教师的实践能力，改变了以往的教师基本上是学科型的，实践能力不高，动手能力不强的状况。

第四，各院校借鉴德国"双元制"教学模式，改革了课程结构，丰富了教学内容，使教学方法灵活多样，促进了教学模式的改革。

二、高校教育教学方法

(一)高校教育教学方法概述

在已有研究成果中，对于高校教育教学方法的分析和认识有本质揭示型的，也有特征或过程描述型的，对于高校教育教学方法研究的风向转向了"模式"路径。无论是本质揭示还是特征或过程描述，都存在一个致命缺陷：教师本位思想。这样，几乎所有关于高校教育教学方法的本质定义和特征归纳，都陷入以教师为主导的"二元论"泥沼，从教师角度研究教授方法，从学生角度研究学习方法。教授方法加学习方法就构成教学方法。这种逻辑思路所分析得出的结果自然离高校教学活动真实情况距离较远，教师的教授方法可以在没有学生参与的环境下进行，学生的学习方法更无须教师的直接参与。这两种可以游离的方法不是简单相加就可以组合成新的方法。因此，业界对传统的教学方法研究成果提出了批评。但批评与建构是事物发展的两个不同阶段，但在建构尚无突破、也未引起足够重视的情况下，高校教育教学方法的研究却转向了"教学模式"研究，随着教学模式研究的兴起，教学方法研究则式微。

其实，教学模式研究代替不了教学方法研究，或者仅仅是教学方法研究特殊阶段的一个尝试。很多教学模式研究成果显示，它属于教学方法研究范畴，教学模式是多种教学方法的综合。至于说教学模式是稳定的、典型的教学程式或策略或样式，这种表述也背离了高校教育教学活动的本质，与高校教育教学活动特征不相容。因为高校教育教学活动，尤其是教学方法，不存在可以照搬、套用的"方法组合"，试图设计或概括出一种模式加以推广也不符合高校教师、学生、学科专业、学校类型等差别化的实际。高校教育教学，它的本质是一种整体性的有机"活动场域"，教学方法就是维系这种活动场域的或隐性或显性的"脉络"，即在教师的教授活动领域与学生的学习活动领域的交叉重叠部分发生的信息传达、消化、反馈的思维、路径、手段以及氛围环境等。在这个交叉重叠区域之外的教授方法、学习方法或者管理方法，它们虽然对教学活动、人才培养有重要影响，但不是严格意义上的教学方法。

在高校教育教学活动场域中，关于方法问题还不只教学方法一端，还有管理与教师活动交集场域的方法问题、管理与学生活动交集的方法问题。但教师和学生活动交集又与管理活动有一小块交集，问题的核心就在于此：教学方法的掌控权限。假如教师、学生、管理者在整个教学活动中的作用是均衡的，而且教学方法的选择与使用也是深度融合的，则三者对教学方法掌控权的共同认可范围大约是各自三分之一的"他控"组合区域，各自的三分之二都是自我控制的。也就是说，在教学方法的控制问题上，管理者、教师和学生都不可用全部的单方面意愿来衡量整体和他方的教学方法，真正可以达到三方共控的，是小于各自三分之一的共同空间。教学方法的自由是"教学自由"的实践根源。

(二)高校教育教学方法的特点

认识教学方法的特点是认识高校教育教学方法的理性提升。我们通过分析大量教学成果奖获奖材料以及"教学名师"的实践经验发现，对于高校教育教学方法特点和分类的认识要首先回归教学活动本身。教学方法必须是在教学活动中充当"脉络"功能的东西，教学活动之外的、教学活动之中但不能充当活动"脉络"的，都不能归于高校教育教学方法的考察范围。

在整个高校教育教学活动中，一切活动都是围绕"提高教学水平和教育质量、实现培养目标"这个中心的，而且任何活动都具有其方法、途径、手段。在专门人才培养过程中，课程是最基本的知识与能力体现单元，也是高校教育活动中学科与专业相互转化与结合的最小载体。学科是一个按照学术发展逻辑不断丰富起来的系统化的知识体系，专业是教育活动按照社会对专门人才要求所设计的一个相关学科知识体系群，开展这种学科知识体系群的知识传授和能力训练就是专业教育。可以说，专业是按照社会发展的逻辑变化的。课程是学科知识体系的分化单元，也是高校教育实施专业人才培养的最小的完整的知识与能力结构单元。高校教育的复杂性就体现在从课程这个知识逻辑体系到转化为接受教育的学生所获得知识与能力的微观过程之中，这就是教学活动。因此，研究高校教育教学方法必须把课程作为基点，与教学活动关联不大。确定了教学方法的基本范畴，尚需进一步对教学方法的内在特点和结构进行细化。

高校教育教学方法特点的研究近年来比较沉寂。早前"二性论"（专业指向性、学术研究方法接近性）、"五个培养论"（学生的自学能力培养、研究能力培养、实践能力培养、合作精神培养、创新精神培养）、"七方式论"等，几乎都是对教学方法的实现功能考察得出的结论，到了"三性论"（学生主体性、探索性、学科专业性），关于高校教育教学方法特点的研究才逐步回归到高校教育教学方法本身。

循着这个思路，在全面考察高校教育教学方法涉及的各个方面之后，我们认为比较集中的、显然区别于其他层次教学方法或者高校教育教学活动中其他范畴的特点主要有：

第一，可感性。可感性与抽象性、不可感知相对。教学方法虽然具有工具性，但一味强调甚至放大它的工具性是不利于创新的，所以要把它看作维系教学活动场域的"脉络"，尽管"脉络"不都是可见的，但必须是活灵活现的。教学活动到了面对面的"方法"程度，感性色彩非常浓厚，不仅要使参与者都能够感知"方法"的存在，而且还要富有效果。可感性是对教学方法的具体化概括，无论是语言、工具、形象、仪态甚至思路、能量等，都能够让人感触、感知、感觉得到。这就可以避免原来那种"方法是对知识进行加工并呈现出来"说法的片面性。可感性越强，可接受程度越高。

第二，内隐性。内隐与外显、直白相对，近似于含蓄。教学方法的最终目的是教育学生，而无论从理论上分析还是从教学实践经验总结，对于不同的人，或者对同一人的不同时段和处境，教化的方法是截然不同的，这就需要教学方法具有内隐性，不全是直白的指点、训斥。同时，一切社会认知都具有内隐性，根据学习心理学的研究，学习者对于社会性信息感知的内隐性要强于对非社会性信息的感知。这好比大厦结构中的钢筋和水泥，内隐性是"钢筋"，外显性是"水泥"，它们共同构成认知建构的基本结构。高校教育教学活动，虽然是专业性教育，但更多的是社会认知性学习，因此，内隐性是教学方法的普遍特点。

第三，双重性。双重性就是事物的两种相对独立甚至对立的特性集于一体。很多事物具有双重性，高校教育教学活动的双重性尤为突出，在教学方法层面，教师和学生的主体双重性、教师和学生参与教学活动动机的双重性、目标的双重性、价值标准的双重性等都集中在一起，交锋交汇。具体而言，突出表现在教学内容、方式方法、手段，甚至是目标与结果等教育内部体现上。这些关系有的是从属的、有的是背离的、有的是不确定竞争性的，还有的是客观性与主观性并存的。总之，忽视高校教育教学方法的双重性，教学方法就会走向死胡同。

第四，微观性。微观是个相对概念，社会科学中，通常把从大的、整体方面去研究和把握的科学称作宏观科学，从小的、局部方面去研究和把握的科学称作微观科学。在高校教育教学活动体系中，教学方法显然不属于宏观层面的概念或范畴，微观性是教学方法的实际处境，只有认识到这一点，才能准确分析教学方法的各种内在问题。任何提升或夸大教学方法层级的认识、企图都会把教学方法研究引向歧途。

第五，复杂性。复杂性是一门认识论、方法论科学，它是对"还原论"的批判和超越、对"整体论"的追求，或者说是既重视分析也重视综合、既关注局部也关注整体的系统科学的新发展。事物的复杂性是指在环境、条件发生变化时，不同行为模式之间的转换能力及其表现比较弱，某些新增条件似乎消解了一些元素。因此，要用非线性关系去把握局部与整体的变化。认识事物的复杂性，必须把握复杂性事物内在的非线性、不确定性、自组织性和涌现性。高校教学活动，完全符合复杂科学的这些特征，因此，教学方法相应地具有复杂性特点。

第六，丰富性。感性活动的基本特点就是无限的丰富性，教学活动尤其是教学方法方式，既是有组织的合理性和合规则的建制活动，更是一种师生互动的感性活动。一名教师教授同样的课程，两次的教学感受以及教学方法可能是完全不同的，学生的学习感受也是如此。教学方法的丰富性实际就是教学方法的感性、复杂性以及双重性等特点的衍生结果。因此，期望用教学模式来"类化"教学方法的研究路径是违背教学方法规律和忽视教学方法特点的。

(三)高校教育教学方法的分类

基于高校教育教学方法的基本特点，对于高校教育教学方法分类这种表征性的概括就比较容易。高校教育教学方法的分类要从"种属"和"类别"两个方面分析，即按照种和类两个维度进行分解。第一个维度是具体的方式与途径，即"种"的角度，可以分为：①课程教学内容与体系创新；②教学方式方法创新；③教学手段与技术创新；④教学艺术与技巧创新；⑤教学方法模式创新与综合创新；⑥教学效果与质量检验方式创新；⑦教学组织方式方法创新；⑧教学方法创新理念与策略。第二个维度是"类"的角度，可以分为：①教学方法总论；②理论课程教学；③实践课程教学；④学习方法。建立这样一个二维方法结构表，基本可以反映高校教育教学方法的全貌，高校教育教学方法的所有特性也能够在其中找到相应的载体。

第二节　高校教育教学管理的特点与原则

一、高校教育教学管理的概念与特点

教育教学管理作为一种教育现象，是教育发展的动力。我国对高校教育管理的理论研究始于改革开放以后。目前，我国高校教育教学管理的理论研究已经取得了一定的成果。并且随着教育改革的不断深入，高校教育教学管理的改革也正逐步深化。

（一）高校教育教学管理的概念

高等教育教学管理与高等教育密不可分。高等教育是指建立在中等教育基础之上的，以培养高级专门人才为主要任务的社会实践活动，是一种专业性教育。高等教育教学管理是指管理者组织教育队伍，对高等教育资源进行合理配置，从而高效实现高等教育目标的活动，具体而言，表现为高等教育管理者作用于高等教育管理对象的一种活动。

从概念范畴来说，教育是对高级专门人才进行培养的一种活动。它的对象是受教育者；它的目的在于发展受教育者的身心，并根据社会的不同要求，培养出对社会有用的人；它的过程是在教育者有目的的指导下而使受教育者积极主动地学习基础文化知识、掌握基本的学习和生活技能，使他们的个人能力得到发展和提高，使他们个人体质得到增强，最终形成良好的思想品德的过程。除此之外，此概念范畴也包括高校里的科学研究活动。而教育教学管理的管理对象是教育资源。其目的是合理调配有限的教育资源。其过程是对教育教学管理活动进行计划、组织、指挥、协调和控制等，以实现教育教学管理目标的动态过程。教育教学管理活动不仅组织、协调、指导着教育、教学、生产、科研等活动，并为这些活动的开展提供着丰富的资源、创造良好的环境，而且将各种资源和内外部条件有效地结合起来，让它们最大限度地发挥作用。

通过上述的比较可知，在高校里，存在着三种活动，即教育活动、科研活动和组织教育科研活动的管理活动，与之相对应的是三种过程，即教育过程、科研过程和管理过程。就三者的关系来看，管理过程与教育过程、科研过程是不同的，却是密切相关的。在高校的工作中，教育过程一直处于中心地位；科研过程有时可以说是教育过程的一部分，与教育过程是相互配合、相互补充的。管理的职能是对教育、科研等活动进行组织并提供相关服务，为的是保证教育和科研的顺利进行，并实现最终目标。

教育教学管理要遵循教育规律。能够反映出教育规律的教育理论对于高校教育管理实践有重要的指导作用。因此，就理论来讲，高等教育教学是高校教育管理学的理论基础。其实，管理本身也是一种社会实践活动。它与三大社会实践活动（科学实验、生产实践、社会实践）共存，并且对三大社会实践产生影响。脱离了三大社会实践活动的管理没有任何意义；三大社会实践活动脱离了管理，也不可能有序地进行，并取得成效。与其他一般社会活动的管理相同，教育教学管理也是遵循自身规律的。因此教育教学管理的规律不能被教育规律完全替代。也就是说，高校教育教学管理者除了要掌握教育规律外，还要研究教育管理的规律，更不能把教育管理理论与教育理论看作同一种理论。平常大家常说要遵循教育规律办事，这里的"事"更多的是指教育教学管理活动，当然也包括教师的教育实践活动。

（二）高校教育教学管理的特点

通常情况下，管理要解决的是资源和目的二者之间的矛盾，注重的是将有限的资源进行合理分配，最大限度地获得更大的效益。这是管理区别于其他活动的特殊属性。而合理协调、配置和使用有限的教育资源是教育教学管理的任务，因此教育教学管理也具备了这一特殊属性，但是这也仅仅说明了它具备一般管理所具有的共性。而高校教育教学管理的本质，即高校教育管理过程中各类矛盾的特殊性，才是高校教育事业宏观管理的基础和条件。因此，高校教育教学管理理论的研究，应着眼于高校管理活动的特点分析。

1. 高校教育教学管理目标的特点

培养人才和取得科研成果是高校教育的主要任务，具有很强的学术性。因此与一般管理相比，高校教育教学管理的目标具有特殊性。

（1）以高校教育目标为主要制定依据

任何社会实践活动都有其预期目标。高校教育的目标是保证培养的人才的数量与质量，提高人才的品质与学术水平。而高校教育教学管理目标是充分利用现有的教育资源，培养出数量更多、质量更好的专门人才，创造出数量更多、作用更大的科研成果，进而取得更加良好的效益。因此，高校的教育目标是高校教育教学管理目标的主要制定依据。这也是高校教育教学管理目标最主要的特点。这个特点要求在制定管理目标时，高校的各位管理者必须优先考虑用有效的管理来计划、组织教育活动，从而实现教育目标。此外，想要做好高校教育管理、实现最终的教育目标就必须制定明确、科学的管理目标。

（2）方向性特点

方向性是各种管理都具有的共性，高校教育教学管理也不例外。它的目标方向性也十分明显，并且深受传统文化影响。因为培养人才是高校教育的主要任务，所以高校教育教学管理比一般管理的方向性更强。一方面，培养人才是受一定的政治观念和价值取向支配的有意识的活动。高校教育采用什么样的教学方法，确立什么样的教育目标，选择什么样的教学内容，最终使学生形成什么样的价值观等都与人的思想和意识有着千丝万缕的联系，而且这些都受各国传统文化的影响。因此，高校教育教学管理具有政治方向性。基于此，高校教育教学管理者要保证全面目标领导着教育目标；要使教育目标与国家其他部门所确立的目标相一致；要确立全面的政治政策允许的符合实际的教育目标。另一方面，高校教育要服务于经济和社会发展。因为教育周期相对较长，所以人才培养计划必须超前安排，才能更好地适应经济和社会发展的需求。在中国，中国特色社会主义是高校教育管理必须要坚持的。

（3）社会效益性特点

与一般管理一样，高校教育教学管理的目的也是提高效率和获得更好的效益。而在衡量高校教育教学管理的效率时，高校教育教学管理者必须要充分考虑到高校教育工作的特点，而要想有效地管理教学和研究活动只能依靠这些教育活动的参加者。因而，只有充分调动教师工作的积极性、学生自身的积极性与主动性，才能提高教育管理的效率。

2. 高校教育教学管理对象的特点

教师和学生是高校教育教学管理的主要管理对象。在高等教育系统中，教师是主导性成员，学生是主体性成员，他们都有着各自的特点。

（1）教师的特点

教师是以掌握专门知识为标志的群体。在对教师进行管理时，管理者应注意他们的心理活动和以脑力劳动为主的集体生活特征，要使管理方式与他们这些特征相匹配。同时，教师面对的学生都是具有主观能动性的有意识的个体，因此，教师既是被管理者又是管理者。

（2）学生的特点

学生一般都是受过完全中等教育的青年。在管理学生时，管理者要明白他们的身心发展是分阶段的，而且各个阶段都有其特征。因此要注意，采取的管理方式应该与他们各个发展阶段的特征相符合。教育过程和管理过程深受学生主动性的影响。学生在被教师塑造的同时，又参与了自身的塑造和研究活动。从这个角度来讲，学生不仅是教师的管理对象，也是学校的管理对象。而且，从提倡加强学生的自我管理这个意义上说，学生也是管理者。

无论是教师还是学生，他们都是脑力劳动者，他们主要进行的都是学术性活动。因此，他们的工作性质要求他们需具有创造性思维，而且也决定了他们的工作方式个体化程度比较高。高校教育教学管理能否合理配置财力、物质等教育资源，也与教师和学生自身以及他们的工作和学习有着密不可分的联系。因此，调动教师和学生内在的主动性和积极性，并且创造有利于他们独立思考的环境，提供有利于他们自由发挥的条件，是高校教育教学管理的一个相当重要的任务。

3. 高校教育教学管理活动的特点

（1）学术性特点

高校教学、科研是分专业、分学科进行的。传授、创造和应用知识是教育教学管理的基本职能。学术水平和应用价值可以用于衡量高校所培养的各类专门人才和高校取得的各种科研成果的质量。教学活动和科研活动的媒介都是知识。也就是说，在任何高等教育系统中，知识材料，特别是高深的知识材料都处于核心位置。此外，在高校教育教学管理活动中不仅有行政管理，还存在大量的学术管理。与行政管理相比，学术管理有着不同的规律和特点，但是学术管理和行政管理又经常交织在一起，很难区分开来。

（2）人际交流特点

一般的管理都重视管理者与管理对象之间的相互交流，都重视人的因素和行为。而在高校教育管理过程中，人的因素起到十分重要的作用。因为这一管理过程是管理者、教师、学生三者之间相互交流的过程。教师要充分地了解学生，用恰当的方式启发学生思维，使学生积极主动地学习，才有可能产生良好的教育效果；师生之间要加强交流，才有可能共同进步；管理人员也必须加强与各专业和各学科教师之间的交流，才有可能进行有效的学术管理，进而达到良好的成效；当然，管理人员与学生之间要经常相互交流，才有可能取得对方的理解和支持。这说明管理者在高校教育管理过程中要十分重视人的因素。

（3）综合性特点

高校教育过程是十分复杂的，具有综合性的特点。众所周知，高校中有很多个专业，但无论是什么专业，都要体现出德、智、体、美等多方面的综合素质要求。高校教育的根本任务是培养人才，但是除了这一根本任务之外，高校教育还要开展包含多种社会职能、涉及多个不同方面的工作，如科学研究工作、传播社会主义精神文明工作等，并且各项工作之间既相互联系又相互制约。以上这些就要求管理者在管理工作中要善于调动相关人员的积极性，要通过集体的力量推动高校管理活动有效运行；此外，还要注意从整体上综合地分析和处理问题，防止出现"按下葫芦浮起瓢"的现象。

（4）管理过程难以控制的特点

高校教育管理过程的一个特点是难以控制。主要体现为以下三个方面：

①高校教育工作的周期相对较长，管理效能有滞后性，管理工作即使出现失误也难以及时地进行反馈。②教育工作的具体过程很难控制，因为教师的工作方式具有很强的独立性。③虽然学生培养有一定的质量标准，但与物质产品相比，学生很难定型化、标准化，而且社会供需变化和社会环境等对学生的质量也有很大影响。学生质量要经过很长一段时间才能得到真实的反映。因此，学生的质量很难得到检验。更何况学生具有很强的可塑性，每个学生的性格、思想等也千差万别。因此，管理者在管理过程中也要注意因时制宜、因材施教。这又大大地增加了控制的难度。

4. 高校教育教学管理会受到环境的影响

社会系统中各种因素对高校教育教学管理都会产生一定程度的影响。教育是受一定社会因素（如经济、政治、文化、科学技术等）制约的，又反作用于一定的社会因素。社会生产力和生产关系的变化、经济基础和上层建筑的发展变化必然会影响高校教育教学管理。而且高校教育教学管理的影响因素也是相当多且十分复杂的，如政治、经济、科技、自然环境、地理条件等。除了这些物质环境以外，人文环境也是高校教育教学管理的重要影响因素。高校教育教学管理中有一项特别重要的任务，那就是创造良好的人文环境。因此，管理者必须意识到高校教育事业并不是孤立于社会大系统之外的独立系统，而是整个社会大系统中的一个子系统。所以，管理者应在此前提下去认识高校教育的种种现象，并对它进行有效管理。在高校教育管理中，管理者必须充分重视各种环境因素对高校教育教学管理的影响。

二、高校教育教学管理的原则

(一)高效性原则

高效性原则直接体现了高等教育管理本质，也是高等教育管理的具体化表现。它要求用最少的高等教育资源，培养出更多的合格高级专门人才，取得更多的高水平的研究成果。这一原则揭示了良好的办学效益就是高等教育管理所追求的目标，主要体现在经济效益和社会效益两个方面。高等教育所培养的人才和取得的研究成果是否对社会、文化、经济等的发展起到最好的促进作用，高等教育在实施过程中是否能实现各种资源利用最大化、资源浪费最小化，应该作为办学效益的评判标准。保证提高办学效益的前提条件是，在确定总体发展规划、设置具体专业、聘用相关人员等诸多方面，高等教育必须要有足够的灵活性和活力。

(二)整体性原则

高等教育系统的整体性和高等教育的目的共同决定着高等教育管理应遵循整体性原则。整体性原则可被理解为，在充分考虑到各种社会环境因素的影响的情况下，围绕培养人才这一中心科学地组织各种工作，使它们有效配合起来。

整体的功能大于各个部分之间的总和是高等教育系统最大的特点。在实际的管理工作中，局部和全局之间经常会发生冲突。有时候从某一个部分来看，确实能产生一定的效益，但是整体来看，损失远远超过局部产生的效益。因此我们一直强调局部服从整体。有研究表明，人只有在有具体目标时才会发挥自己的潜能，也只有在达到这个具体目标后，才会获得成就感和满足感。要想让用来维系整体性原则的目标真正发挥统领全局的作用，就必须使这个目标具体化，并且使目标渗透到整个管理过程中。

与一般系统一样，高等教育系统中也没有任何一个人或组织可以不依赖其他人或者组织，而单独满足自身的需要。一种合作行为如果没有管理目标做指导，那么这种行为就没有管理的整体性。因为社会与组织的分工不同，所以高等教育系统中工作目标也各不相同，但它们都依赖于高等教育总体目标，并在总体目标的指导下相互配合。整体性原则的体现方式在不同功能的组织中也是各不相同的。通常，经济组织一般以功利性为主，强调竞争；军事组织以强制性为主，强调服从。

(三)民主性原则

高等教育管理的学术性决定了高等教育管理的民主性。高等教育管理者只有发扬民主，充分激发师生的创造性和积极性，才能办好一所封闭又开放的高校。高等教育领域人才济济，思想活跃，追求和强调学术自由。因此高校在开展学术活动时要充分体现这一点。从本质上来讲，高校的教学和科研活动都是学术性活动，而这些活动不可能离开民主与自由而得以顺利开展。从前面的论述中可知，高等教育系统中充满利益和权力的冲突，一个决策的制定和实施往往需要多种力量的协商和妥协。在这里任何独裁式的决策都有可能降低高等教育的学术价值。

承认个人价值是民主的基础。因此在学校重大事件的决策过程中，每一位师生都有权利发表自己的意见。领导和组织必须以听取师生意见为前提，依据科学的程序做出恰当的决定。这也是学校民主的体现。民主与公正是密不可分的，人们在享受公正待遇的同时也在享受着民主。高等教育管理者要做到公正，就要制定严格透明的规章制度，平等待人，不徇私舞弊，而且要接受民主的监督。

民主性原则要求高等教育管理者在高等教育管理中制定决策、执行决策、检查决策执行情况、评定决策执行结果都要充分发扬民主精神。

(四)动态性原则

动态性原则是指高等教育管理者在高等教育管理活动中必须要根据不同的情况，采取不同的措施进行动态调节，从而使高等教育具有一定的适应性和针对性。为了在动态的环境中保持协调发展，动态性原则十分重视高等教育管理的创新与发展。高等教育承前启后的社会职能决定了其工作不仅仅具有稳定性和继承性，还具有发展性和创造性。在高等教育管理中，高等教育管理者应该以稳定和继承为基础和条件，以发展和创造为目的和动力，在相对稳定的前提下把握发展，在运动发展的过程中寻求稳定。

动态性原则要求高等教育管理者必须重视旧体制、旧办法的改革。但改革的前提是基本不打乱教育稳定性。任何改革的稳定性都是相对的。不过，有必要让改革有一定的标准：改革不能脱离实际，必须与实际相贴合，必须适应社会的发展需要；学校的教育目标、管理政策、发展计划等要具有灵活性。这样，改革才能顺利进行。为了保持管理系统的稳定性，改革一定要遵循循序渐进的原则，不能冒进，不能急于求成。

第二章　高校教学质量管理与信息化教学

第一节　高校教学质量管理

一、高校教学质量管理相关理论阐述

(一)教学质量

质量管理体系对质量的定义为：质量是一组固有特性满足要求的程度。此定义表述简单，但含义深远。其中"一组"即它的特性，如产品的化学成分、机械性能等。强调固有特性是要与赋予特性相区分，后者是人为规定出来的某些特征，如产品的价格、交货期等。"要求"包括"明示的要求"和"通常隐含的要求"以及"必须履行的期望和需求"，可以由不同的相关方提出，如顾客、股东、员工、供方、社会或政府等。"明示的要求"，即合同上或技术文件上明确显示的。"通常隐含的要求"，即顾客和其他相关方的需求和期望是不言而喻的。"必须履行的"，是由法律法规等强制规定的，如食品安全法、家用电器的安全等。

从质量的角度定义教学质量，教学质量的定义可理解为教学质量是高校这一特殊"企业"，满足教学活动中各利益相关方明示的、隐含的需求能力的特征总和。对于高校这一特殊"企业"而言，学生是高校"生产"的"产品"，同时也是高校的"顾客"，享受高校提供的教育教学服务，从这一点来说，定义中提到的"利益相关方"也涉及学生。"明示和隐含的要求"，即"顾客"希望达到的一个满意程度或高校提供的"产品"和服务最基本的功能是不言而喻的。此处的"明示和隐含的需求"与质量中涉及的"明示的、隐含的需求"有所不同，高校向顾客提供的"产品"或服务并非是定量指标，它们包含在定性指标的范畴内，其中掺杂了大量的人为因素，是无法用简单的数据就能表达出来的。对于教学质量内涵，可从狭义和广义两个角度去理解。

1. 狭义的教学质量

从狭义的角度考虑，教学质量可理解为：一是，为满足"顾客"需求而规定的教学标准条件的总和。二是，狭义的教学质量是以课堂教学为核心，用学生所获取服务的满意度，学生知识、技能、综合素质的提高来衡量。教学是一种师生互动的学习过程，是教师引导下学生的自主学习，因此，教学质量主要可用互动过程质量来衡量。由于这种互动主要是在课堂上完成的，所以，狭义的教学质量就是课堂质量。相比之下，第二种观点比第一种观点更能揭示教学质量的本质。

2. 广义的教学质量

从广义的角度考虑，教学质量可理解为：一是，教学质量主要是指教学产品、教学工作和教学服务等符合既定的规格、标准和要求的程度。二是，广义的教学质量主要是围绕高校人才培养质量这一核心而延伸开来的，涉及高校人才培养工作的各个方面，主要用高校提供的教育教学服务质量和"学生产品"质量（也称"最终产品"质量）来表征。相比之下，第二种观点更能反映出高校教学质量管理的本质。

从教学质量管理的角度出发，教学应被看成一个整体活动，教学质量管理应该立足于人才培养质量（广义质量），全面考虑质量影响因素，以课堂教学质量（狭义质量）为重点，侧重培养过程中教学工作质量改进与控制。

从质量形成的过程出发，质量从其产生顺序而言分别是需求质量、设计质量、加工质量和保障质量。对于培养人才而言，需求质量反映了市场对所培养人才素质能力的要求，只有研究市场需求，才能增强培养人才的适应性，增强其竞争能力，需求质量实际上涉及人才培养目标的定位问题。设计质量是需求质量的具体表现，高校必须结合自己的层次与服务面准确定位，把市场对人才的各种需求设计规划为学生的知识能力结构，制订出具有高校特色的培养方案。保障质量涉及高校基本教学条件的建设与完善，涉及师生的基本素质水平，是改进质量的外部环境。培养过程质量涉及如何实施的问题，涉及教学条件的利用问题，主要与教学过程中各类人员的表现有关。从质量形成的过程来看，需求质量和设计质量改进是阶段性工作，保障质量的作用主要取决于人对条件的运用，因此，对整体质量影响较大的主要是经常性的教学工作质量。

（二）教学质量形成的基本规律

产品质量是如何形成的，是否存在一定的规律性？这个问题看似简单，但是它直接关系到质量管理的理论基础，其重要程度是不言而喻的。

但对于产品质量的理解，不同时期的人们有不同的看法。20 世纪 60 年代及以前，人们对产品质量的认识是"产品品质高低的度量""一切产品，讲究耐穿、耐用"，且对于产品质量把关也多是事后检验，显然这种只局限于产品的观念过于狭窄。70 年代，有学者提出了"符合性"质量的观点，认为符合标准就是合格的质量。但标准也有先进、落后之分，标准也不一定全部反映顾客的需求，尤其是隐含的需求和期望。80 年代，学者们提出了"适用性"的质量观念。适用性是指"产品使用过程中成功地满足顾客要求的程度"，从定义看，此时的质量着重突出了"使用要求"和"满足程度"两个方面。进入 90 年代，人们渐渐认识到，好的产品并非是检验出来的，而首先是设计和生产出来的，且好的产品质量应以满足顾客需求为最终目的，在产品设计初期就应将满足顾客需求的观念贯穿于整个产品生产过程中。从上述叙述可以推断，产品质量的形成和发展是有一定规律可循的。一般来说，产品质量产生和形成的过程，大致经过市场调查研究、新产品设计和开发、工艺策划和开发、采购、生产制造、检验、包装和储存、产品销售以及售后服务的重要环节。

对于教学质量而言：

1. 教学质量形成的全过程包括 11 个环节

人才需求分析、教学计划、教学设计、制定教学规范、采购、教学设施设备配备、课堂教学、教学过程监控、教学效果、反馈、纠正和预防措施。这 11 个环节构成了一个教学质量系统。

2. 质量职能

所谓的质量职能，是指在质量形成全过程中，为实现质量目标所必须发挥的质量管理功能及其相应的质量活动。从这点来看，教学质量形成的 11 个环节也可称为 11 个质量职能。只有做好教学质量各个环节质量职能的落实与协调工作，高校教学质量才能稳定、持续地得到提高，因此，必须对教学质量形成的 11 个环节进行有效的监控、计划与组织。

3. 教学质量系统并不是一个封闭的系统

教学质量系统与社会环境有紧密的联系，这种联系是直接的，也是间接的。如教学设备的采购环节与外界供应商有关；教学信息反馈环节与用人单位有关，等等。所以，教学质量的持续改进还与外界有一定的联系。教学质量改进活动是一项社会系统工程，它不仅受高校内部因素的影响，还受到外界各种思想、风气等因素的影响。

4. 教学质量形成的 11 个环节都需要依靠人的力量才能完成

人在教学质量形成的过程中起着决定性的作用，人的知识、技能、素质及管理能力对其主观能动作用的发挥有直接的影响。因此，"以人为本"的教育理念应始终贯穿于教学质量管理中，其理论依据也在于此。

(三)高校教学质量管理概述

质量管理作为一个总的概念，是指在质量方面指挥和控制组织的协调活动。在质量方面指挥和控制活动，包括制定质量方针和质量目标，以及质量策划、质量控制、质量保证和质量改进。从质量管理的角度理解教学质量管理，教学质量管理可定义为：树立质量责任感与"以人为本"的教育理念，以社会人才需求为导向，以高校人才培养质量为核心，以学生全面发展为目标，采用科学手段对教学过程进行的组织、协调、指挥和控制。高校教学质量管理不仅仅要关注学生"产品"质量，更重要的是要做好过程质量监控。关于教学质量管理的定义，可以从以下几个方面理解：

1. 对教学活动的指挥和监控，是以教学质量管理系统为载体，通过包括建立教学方针、教学目标，并为实施规定的教学目标制定教学规范，实行教学质量控制和教学质量保证，开展教学质量改进等活动确保实现的。

2. 高校在整个教学过程中，要对教学设计、物资供应、教学设备管理、课堂教学等进行控制。各环节的过程质量、工作质量都要处于受控状态，才能保证高校提供的各种教学服务质量和"学生产品"质量满足各利益相关方的要求。

3. 高校实施质量管理的实质，是要提高教学质量管理的效率。这需要最高管理者正确地制定高校教学策略，包括教学规范和教学目标，还需要讲求投入产出的比值，力求使用相对较少的资源达到较高的效率。

二、改善高校教学质量管理的建议与对策

(一)进一步完善高校课程体系

通过学生成绩数据分析可知，学生对基础知识的掌握程度直接影响后期对专业知识的理解及学习程度，这也从侧面反映了一个不可忽视的事实：课程设置的合理性、科学性及适应性不可小觑，它对大学生的全面成才、教学质量的持续提高有重要的意义。随着知识经济时代的到来，未来的人才不仅要满足国内人才市场的需求，也应顺应不断迈向国际化市场的发展趋势。在前面的课程管理中已经提到，我国高校课程设置一般较为固定，很少有较大的变动，整个高校所涉及的教材、教学内容都比较陈旧，跟不上社会发展的步伐，更无法与国外先进的知识水平相媲美。同时，部分学生也反映，高校传授的知识并非是自

己所期望学到的，而且沉闷、无趣的课堂教学使他们的学习兴趣骤然下降。怎样的课程体系既能满足社会发展的需求，同时还能考虑到学生个性发展的需求呢？建立一个科学合理的课程体系，不仅仅能提高高校的人才培养质量，还能消除大学生眼高手低的心态与浮躁心理。完善高校课程体系应做好四个方面的工作。

1. 对教学目标及教学理念进行科学定位

（1）国家、社会对高等教学的需求分析

高等教育发展要全面贯彻落实科学发展观，切实把重点放在提高质量上。而建设创新型国家的关键在于大批高素质应用型创新人才的培养。高校是知识创新活动的核心，是技术创新的生力军，是创新文化的重要源泉，肩负着复合型人才培养的重任，起着基础和生力军的作用。作为科技进步与人才培养的结合点，高校与高等教育质量备受关注。

（2）大众化阶段多种质量观的需求分析

教学质量管理的问题远不是一个单纯的高校行政管理问题，要研究这个问题首先要清楚什么是高质量的高等教育、什么是适应社会发展和高校办学特点的质量观。人们对于这些问题并没有达成一致。高等教育大众化阶段处于多种质量观并存的时代，不同类型的高校应该选择怎样的质量观是诸多高校面临的挑战。

高等教育可以划分为三个阶段：精英阶段、大众化阶段、普及阶段。精英阶段是推崇知识和学术的时代，高等教育的质量观体现为"学术质量观"，而随着高等教育步入大众化阶段，高等教育质量观也发生了变化。大众化阶段高等教育的发展是以满足"顾客及相关方"的需求为前提的，以适应国家、社会和用人单位为导向的。

随着高等教育大众化的发展，高等教育需求呈现人性化、多样化的发展趋势。在高等教育大众化背景下，建立在满足"顾客与相关方"的需求基础上的质量观备受关注。如何选择适合高校自身特点与"顾客与相关方"满意的质量观是高校面临的重大问题。到目前为止，世界高等教育已经分化为具有多种组成形式、多种职能特征的复杂系统，形成了学术的、社会需求导向的和市场导向的三种基本质量观。这些质量观通常同时存在于一个共同的高等教育体系中，增加了高等教育质量问题的复杂性，致使对高等教育质量问题难以评说。在不同阶段、不同类型、不同层次的高校，其教学质量有着不同的本质和内涵。多样化的质量观是高等教育大众化的前提，多样化的质量观要求高校应该从各自的特点和适应性的角度重新定位，制定人才培养目标和规格，从而能够形成适合自身发展的独特的教育质量标准。

（3）大众化阶段"以人为本"教育观的需求分析

大众化阶段强调人的全面发展。"以人为本"强调人在社会历史发展中的主体作用与重要地位，在整个社会形成"尊重人、解放人、依靠人和为了人"的氛围。高校作为思想和文化传承的殿堂，"以人为本"教育观的建立与实践势必会成为高校可持续发展的指导方针。高校最主要的功能是育人，其培养对象是学生。教师的主要任务是教学和育人，而教学和育人的直接指向是学生。教师和学生是参与教学活动最重要的两大主体，其主观能动性的发挥直接影响着教学质量。如果把高校看成企业的话，那么学生就是高校生产的产品，但与企业产品所不同的是，高校不允许不合格的毕业生返回高校重新学习。因此，要想保证高品质的人才，除了要有高水平的教学管理外，还需明确和保证各教学主体的能动作用与地位，从而实现教学主体能动作用更大程度的发挥。在传统课堂教学中，教师处于完全主动的地位，在符合教学大纲的要求下，多数教师按照自己特有的讲授方式传授知识，他们很少有时间去了解学生的兴趣爱好，课上与学生交流互动的机会与时间有限，加之学生缺乏学习主动性，不愿主动与教师沟通，导致课堂教学沉闷枯燥，学生学习兴趣下降，课堂教学效果难以尽如人意。

"以人为本"的教育观强调人的主观能动作用的发挥。课堂教学是师生间互动的过程，教师的引导作用与学生的主体作用是影响教学效果的主要因素。教师不是课堂教学的主导，教师的主要职责是传道、授业、解惑，主要是在学习中给予学生必要的帮助与引导，引导学生学会思考、学会学习，最终实现自主学习的目的。学生是学习的主体，学习策略、学习态度及学习兴趣等因素制约着学生主观能动作用的发挥，这也需要学生去自觉检查自身的缺点与不足，发掘自身的潜能与优点，不断地完善自己，逐渐实现自主学习与自我管理。

（4）用人单位对人才的需求分析

无论是知名企业，还是中小企业，其用人标准都有相同之处，都是希望选择综合素质好、业务能力强、沟通能力强、创新意识强、工作效率高的人才。反观我国高校人才培养计划，在哪些方面还存在差距与不足呢？在创新型国家建设背景下，企业经营者认为，企业在推动创新方面还存在一些困难，存在不少需要突破的瓶颈，包括观念创新难度大、管理创新相对滞后、技术创新人才缺乏、创新文化有待培育等。其中，大多数的企业家认为，创新人才缺乏是影响企业创新的第一要素。企业的创新需要具有创新能力的高质量人才，而高校作为人才培养的摇篮，应肩负起国家赋予的使命，培养具有创新意识与创新能力的人才已成为当今高校必然的选择。

因此，高校在课程体系设置中应以复合型人才培养为目标，并从高校自身的办学特点和满足"顾客及相关方"需求的质量观、"以人为本"的教学理念为宗旨。

2. 制定有针对性的改善措施

目前我国高校课程体系中存在的主要问题是，实践环节薄弱和课程内容陈旧。针对主要问题，制定了以下改善措施：

一是加强教学实践环节，提高大学生实践创新能力。对于大学生实践创新能力的培养，还需从课程体系方面加以完善，可通过增加实践课程的比重，如增加实验课程、动手操作课程等课时；鼓励或强制学生参加课外实践活动，并计入学分等途径来加强教学实践环节。

二是对课程内容的改善应该从教材、教师教案开始，教师在选择教案、课程讲授内容时，应尽量突出"以生为本"的原则。首先，将教学内容建立在学生想学什么而非教师想教什么的基础上，深入了解学生的兴趣与需求，分析学生的特点，在学科教学允许的范围内选择适当的教材和课程内容，以满足学生的需求，激发学生学习的兴趣与主动性。其次，在基础课程设置中，提高文理类交叉课程开设的比例，让学生接受更全面的基础知识。再次，加大选修课比例，提高课程设置的弹性。面临不断发展与变化的社会环境，社会对高校人才的需求逐渐呈现多样化的趋势。适度与适量地加大选修课的比例，可以促进学生人性化的发展，适应社会对人才的多样化需求。

3. 做好高校课程体系持续改善工作

对于改善措施在教学中的实际效果，高校可通过三个方面来进行评价：一是学生成绩评价；二是大学生问卷调查；三是用人单位访谈。通过对学生成绩评价，了解大学生的学习状况，如果大学生的总体学习成绩有所提高，学生中的劣势群体的补考率有所下降，则说明学生对所学专业的学习态度、兴趣都有所改善；通过学生问卷调查，可以了解大学生对课程体系的满意程度，及时了解课程体系中存在的问题，及时加以解决；通过对用人单位进行访谈，可以了解毕业生质量，了解用人单位对毕业生的满意程度，便于高校及时调整人才培养目标及课程体系，满足社会对人才的需要。

高校的课程体系应达到良好的持续改善状态，只有达到这个状态，高校的教学质量才能实现不断提高。高校的课程体系是否能够实现持续改善，除了做好人才培养目标定位、主要影响因素分析、实施有针对性的改善措施，高校还应做好对改善效果的总结与分析。即把成功的经验给予肯定，形成标准化文件；对于成效不大或失败的地方，应总结经验教训，以防止同类事件重蹈覆辙；对于没有解决的问题或出现的新问题应继续给予高度的重视并采取有效措施加以解决。高校教学实践环节薄弱、课程内容陈旧是高校课程体系中存在的主要问题，在实施了具体的改善方案之后，学生的实践创新能力是否有所提高？课程内容是否有所更新？改善方案是否有效？哪些措施是值得肯定的？哪些措施是失败的？这些问题均需要明确。做好这些问题的总结和分析工作，寻找影响大学生实践创新能力，影响课程实施效果的主要因素，对于遗留问题应继续制定并实施有针对性的改善措施。在寻找影响改善措施实施效果的原因过程中，应从两方面加以把握：一是人员因素。即课程体系涉及的主要人员：教师和学生。如可通过建立激励机制，激发教师的工作热情，提高其工作投入度；可对取得进步的学生给予一定的精神激励和物质奖励等。二是课程体系改善方案的合理性、科学性和有效性。课程体系改善措施是否合理、科学、有效，这要追溯到人才培养目标制定阶段。高校可采用更加有效的信息收集工具，运用更加科学、有效的信息分析工具对人才需求进行科学定位，提升人才培养目标的准确性、科学性、适宜性，并以此为指导方针，制定可行的、有效的改善措施。

(二)进一步提高课堂教学能力

课堂教学是整个教学过程中最重要的环节。为了改善课堂管理秩序、提高课堂教学效果，任课教师采用控制图对课堂教学过程进行有效的控制是非常必要的。可采用单值移动极差控制图分析学生听课过程的稳定性，通过采集学生在上课出勤率数据对课堂教学过程进行统计过程控制，一旦发现课堂教学过程中存在的异动，及时查明原因并解决异常，稳定过程，不断提高课堂教学能力，为保障教学过程质量奠定量化基础。

影响基础类课程效果的主要因素是学生的学习方式和学习态度，其中，教师的教学方式对学生的学习方式、学习态度也产生一定的影响。因此，提高课堂教学能力需做好以下两个方面的改善工作：

1. 变革学习方式。大学生学习状况问卷调查已经证实，目前，多数学生依然采用记忆式的学习方式，这种学习方式不利于学生思维能力、创新能力的培养。在建设创新型国家的背景下，大学生应主动采用更加有效的学习方式。深层学习是一种基于理解、深入探究、寻求意义、学以致用和注重反思的学习，它对学生逻辑思维能力、创新能力及实践能力的培养均有重要的意义，因此，高校应鼓励更多的学生采用深层学习方式，提高学习兴趣，端正学习态度。

2. 变革教学方式。任课教师的教学方式是影响课堂教学能力的主要因素之一。缺少师生互动是课堂教学中存在的一个主要问题，这也是造成部分学生学习兴趣低下、课堂秩序混乱的影响因素之一，导致课堂教学能力不高。因此，任课教师应加强对课堂的管理能力，杜绝学生迟到、早退、旷课等现象，提高课堂出勤率，在此基础上更多地采用探究式、互动式、讨论式的教学方式，提高学生的课堂参与积极性，最终提高课堂教学能力。

（三）加强大学生的自我约束及主动学习能力

随着大学生业余生活的丰富，为数不少的学生在学习上投入的时间和精力较少，加之受课堂时间的限制，教师也很少有充裕的时间关注学生的学习效果，更不用说了解学生的学习方式。因此，迫于现实情况，大学生应主动加强学习策略的培养，提高自我约束能力及主动学习能力。而学习策略是学习者在充分考虑自身条件和环境条件的前提下，为取得最佳学习效果的主动性调控行为，主要体现在资源管理和学习方法的选择上。主要包括认知策略（复述策略、精加工策略和组织策略等）、元认知策略（计划策略、监控策略和自我调节策略等）和资源管理策略（时间管理策略、学习环境管理策略、努力管理策略、寻求支持策略等）三方面内容。

对自己的学习状况进行科学评价与定位，是大学生了解自身学习状况、寻找主要影响因素并制定改善措施的前提，是推动大学生自主学习能力持续提升、保障高校教学质量的有效途径。

大学生要想了解自己的学习状况，可选择从分析自己的各科考试成绩入手的方法，该方法最早是由美国政治学家拉斯韦尔（Lasswell）提出，后经人们不断运用和总结，逐渐形成了一套成熟的"5W+1H"模式。"5W+1H"模式是对选定的项目、工序或操作，都要从原因（Why）、对象（What）、地点（Where）、时间（When）、人员（Who）、方法（How）六个方面提出问题进行思考，以便查漏补缺，提高工作效率。教学质量管理的成果最终体现在学生成绩及其他素质培养上，5W+1H提问法被运用于学生成绩的自我评价上。

第二节　高校信息化教学特征与模式

一、教育信息化概述

在当今世界，以经济和科技实力为基础的综合国力的竞争，实质上是人才的竞争，即人才的数量和质量的竞争，而人才竞争的实质则是教育的竞争。教育要为我国社会主义现代化建设提供足够的人才支持，就必须与我国社会经济发展的战略目标和战略步骤相适应。为了实现这一目标，要进一步深化教育改革，更新教育观念，变革教育的内容和方法，逐步建立起适应21世纪社会经济发展和现代化建设需要的新的教育体系。现代信息技术在教育领域的渗透和应用，为教育提供了新的技术手段，也改变了教育的方式，同时推动了教育信息化的进程。

(一)教育信息化的概念

所谓教育信息化，就是指在教育中普遍运用现代信息技术，开发教育资源，优化教育过程，以培养和提高学生的信息素养，促进教育现代化的过程。其中，在教育领域中广泛地应用信息技术、开发教育资源、优化教育过程是教育信息化的原始动力，同时是推动教育改革、培养创新人才和实现教育现代化的基础和前提。

(二)教育信息化的意义

教育信息化对教育的发展和变革具有重要的意义。教育信息化是实现教育现代化的必经之路，能够缩小区域间的教育差距，帮助我们实现对学习型社会的建设，有助于构建终身教育体系，有利于全体国民素质的提高，有利于素质教育的实施和创新人才的培养。

在教育领域中，全面深入地运用现代信息技术来促进教育的改革和发展，其结果将形成一种全新的教育形态——信息化教育。所以，教育信息化就是追求信息化教育的过程，而信息化教育则是教育信息化发展的必然趋势。

(三)教育信息化的三个体系

我国的教育信息化由三个体系构成：国家教育信息化体系、教育信息化工作体系和教育信息化指标体系。国家教育信息化体系包括信息技术应用，信息资源，信息网络，信息技术和产业，信息化人才，信息政策、法规和标准规范等六个要素。教育信息化工作体系由国家教育信息化系统、区域教育信息化系统、学校教育信息化系统和社会教育信息化系统这四个系统组成。教育信息化指标体系则是对教育信息化体系各要素水平的指标进行加权、排序、综合而组成的指标量度体系。其中，教育信息化工作体系中的学校教育信息化，则是我们平时所说的教学信息化。它主要包括以下几方面的工作：

1. 以校园网、多媒体教学、电视教学为重点的信息化基础建设。

2. 以编制网络课程教材、各种电教教材与素材为主的教育信息资源建设。

3. 以信息技术应用为核心的信息化教学及其教育教学信息管理活动。

4. 以教学保障信息化为内容的教学环境建设及教育信息产业发展。

5. 以信息技术教育和信息技术人才培养为主要任务的信息素质教育。

6. 以教育政务信息化为关键的教育现代化管理。

7. 以提高信息和信息化意识为根本的信息科学教育。

二、信息化教学及其特征

(一)信息化教学的概念

信息化教学是以现代信息技术为基础的新的教育体系，与传统教学相比，在教学观念、教学组织形式、教学内容、教学模式、教学技术、教学评价和教学环境等方面都发生了意义深远的变革。

信息化教学秉承了素质教育和新课程改革的理念，坚持以人为本的教育思想，重视学习者的全面发展、全体发展和个性发展。它在班级授课制的基础上，灵活地运用小组教学和个别化教学来展开教学活动。知识的积累不再是信息化教学的最终目的，它开始注重对学生创新能力和实践能力的培养。在传统的教学技术和现代信息技术的基础上，信息化教学建立起了基于技术的教学模式，或者说信息化的学习模式。信息化教学的评价淡化了甄别与选拔的功能，开始注重学生的发展，重视综合评价，在关注个体差异的基础上，强调评价指标的多元化，强调评价主体的多元化，并开始注重对过程的评价，综合运用终结性评价和形成性评价。

(二)信息化教学的特征

从技术上讲，信息化教学的基本特征是教学的数字化、网络化、智能化和多媒体化。数字化使得教育媒体设备性能可靠，使用方便。网络化使得信息资源可共享，教学活动不受时空限制，交流协作容易实现。智能化使得教学行为人性化，人机交互自然化。多媒体化使得信息表征多元化，真实现象虚拟化。

从教学实现过程上讲，信息化教学具有教材多媒体化、资源全球化、教学个性化、学习自主化、活动合作化、管理自动化、环境虚拟化等特点。教材多媒体化就是利用多媒体和超媒体技术，使教学内容呈现出结构化、动态化、形象化的特点。资源全球化就是利用网络，使各地的教育资源为教师、学生所共享。教学个性化利用智能导师系统，根据学生的学习特点和学习需求进行教学和提供帮助。学习自主化即充分发挥学生学习的自主性，使其成为知识的主动建构者。活动合作化即通过网上协作和计算机协作（计算机扮演学生伙伴的角色）进行学习。管理自动化即利用计算机管理教学过程，包括计算机化测试与评分、学习问题诊断、学习任务分配等功能。环境虚拟化意味着教学活动可以在很大程度上脱离空间和时间的限制。

三、信息化教学的教学模式

(一)信息化教学模式的概念

教学模式就是指在一定的教学思想、教学理论和学习理论的指导下,在一定的教学环境和资源的支持下,教学活动中各要素之间所形成的稳定的关系,以及活动进程的结构形式。

信息化教学中的教学模式是根据现代教学环境中信息的传递方式和学生对知识信息加工的心理过程,充分利用现代信息技术手段,构建一个良好的教学平台,并调动尽可能多的教学媒体和信息资源开展教学活动。在教学活动中,学生在教师的组织和指导下,充分发挥其学习的主动性、积极性和创造性,真正成了知识信息的主动建构者。

信息化教学模式从现代教学媒体对理想教学环境的构成角度,探讨了如何充分发挥学生的主动性、积极性和创造性。与传统教学媒体相比,以计算机为主的现代教学媒体具有交互性、多媒体特性、超文本特性和网络特性。而这些特性对于提升学生在课堂教学中的地位具有一定的作用,能够帮助学生对知识进行积极主动的探索和建构,有助于改变学生被动接受知识信息的地位。

(二)信息化教学模式的特点

1. 信息源丰富,知识量大,有利于教学情境的创设

现代教育技术手段为课堂教学提供了全新的教学环境,课堂上教学信息变得丰富多彩,信息的来源不再局限于教师和课本。在课堂教学中运用多种媒体,不仅能够扩大知识信息的含量,还可以充分调动学生的多种感官,在为学生提供一个良好的学习情境的同时,还使得学生能够更好地理解和掌握所学知识。另外,教学媒体的运用,使学生可以从丰富的学习资料和素材中获取所需要的资料,提高学生掌握知识的灵活性。

2. 有利于学生学习主动性和积极性的充分发挥

在课堂教学中引入现代信息技术,尤其是多媒体技术和网络技术后,教学过程的四要素都发生了相应的变化。在信息化教学中,教师不再是知识的传递者,而成了学生知识获取能力的培养者,学生自主思考能力、自主探索能力和自主发现能力的指导者。教学媒体时而作为辅助教学的教具,时而作为学生自主学习的认知工具。教材既是教师向学生传递的内容,也是学生进行意义建构的对象。在这种新的教学模式中,学生的主动性和积极性

都得到了充分的发挥。

3. 实现个别化教学，有利于因材施教

计算机的交互性为学生的个性化学习提供了机会。多媒体技术可以完整地呈现学习内容。在这个过程中，学生可以自主选择学习内容的难易程度和学习的进度，并可以随时与教师和同学进行交流、互动。在现代信息技术所构造的教学环境中，学生逐步摆脱了传统教学中以教师为中心的模式，成了学习的主动者。在学习过程中，学生能够主动地获取知识，处理信息，能够使自己的个性和特长得到发展和发挥。

4. 能够促进学生间的互动互助，有利于学生协作精神的培养

计算机网络的特性，有利于培养学生的合作精神，有助于学生形成良好的人际关系。在网络的帮助下，学习者可以通过互相协同、互相竞争或分角色扮演等多种不同的形式来进行协作式的学习。

5. 有利于学生创新精神的培养和信息能力的发展

多媒体的超文本特性与网络特性的结合，为学生信息的获取、分析和加工能力的培养营造了理想的环境。众所周知，因特网（Internet）是世界上最大的知识库。它拥有巨大的信息资源，而且这些资源是按照符合人类联想思维的超文本结构组织起来的，特别适合学生进行"自主发现、自主探索"式的学习，能够培养学生的发散性思维和创造性思维。

(三)信息化教学模式的设计原则

在按照信息化教学模式来开展教学活动时，应该遵循以下原则：

1. 明确以学生为中心

在学习过程中，充分发挥学生的主动性和创造性。通过创设各种不同的情境，为学生提供更多的运用所学知识的机会；通过训练学生对自身行动的反馈信息的分析，帮助他们更准确地认识客观事物，并形成解决问题的方案。

2. 注重情境对信息化教学的重要作用

因为学习总是与一定的社会文化背景相联系的，所以通过多媒体创设的教学情境，可以帮助学生利用自己原有认知结构中的有关经验，去理解新知识，并赋予新知识以某种意义。

3. 发挥协作学习的优势

协作学习的环境及学习者与周围环境的交互作用，有助于学生对学习内容的理解，而

且协作学习使得整个群体都可以共享学习者的思维与智慧。

4. 强调对学习环境的设计

学习环境是学习者进行自由探索和自主学习的场所。因此，教师所设计的教学环境要给学生提供更多主动与自由的空间。

5. 强调信息资源的支持

在教学过程中，我们不仅要利用各种信息资源对教师的教学进行支持，更要强调各种信息资源对学生学习的支持作用。

(四)信息化教学模式的形成

信息化教学模式旨在通过支持学习者的高阶学习，来促进其高阶能力的发展。所谓高阶能力是以高阶思维为核心，解决结构问题或复杂任务的心理特征。它包括创新、问题求解、决策、批判性思维、信息素养、团队协作、兼容、获取隐性知识、自我管理和可持续发展等能力。从不同的思维视角出发，所构建的信息化教学的模式也各不相同。这里我们介绍几种典型的信息化教学模式。

1. 基于问题的教学模式

(1) 模式简介

基于问题的学习（Problem-Based Learning，简称 PBL）20 世纪 50 年代中期开始发展于美国的医学教育中，后逐渐被运用于商业教育、建筑教育、法律教育等领域。近年来，人们开始把它广泛地运用到教学中来。

概括地说，PBL 是把学习置于复杂的、有意义的和相对真实的问题情境中，让学习者以小组合作的形式在探究的过程中尝试解决实际的、真实性的问题，并学习隐含于问题背后的科学知识。它能帮助学习者构建起广博而灵活的知识基础，能促进其理解、分析和解决问题能力的发展，能促进其自主学习和终身学习能力的发展。

基于问题的学习包含问题情境、学生和教师三个要素。其中，问题情境是课程的组织核心，学生是问题的解决者，教师是学生解决问题的伙伴和指导者。在信息化教学的环境中，信息技术将作为学生问题解决的支持工具，运用于 PBL 实施的全过程之中。

(2) 教学过程

在进行 PBL 之前，教师要结合具体的实例来介绍如何进行基于问题的学习。要向学生明确用 PBL 进行学习的目的是什么，该怎样来展开学习，在学习过程中学生要做哪些工作，该怎么做，还要告诉学生在这种学习方式中将如何对学生的个人成绩及小组成绩做出评价。一般情况下，用 PBL 进行教学的步骤如下：

第一，创设情境，呈现问题。创设情境要依据教学的目的和教学内容的需要。情境的呈现可以有多种方式。一个故事、一段录像、一组数据、一种现象等都可以帮助我们创设一种情境，营造一种氛围。在情境呈现后，教师还要适时地提出一些引导性的问题，帮助学生理解情境，并为学生提供解决问题的思路和方向。

问题是 PBL 的起点和焦点。问题的情境应体现如下特征：真实性，即设计的问题应贴近学生的生活经验；复杂性，即从学生的角度看所呈现的问题要有一定的难度，但问题的复杂、难易程度要适中，要符合学生的年龄特征和能力水平；弱构问题，即问题的答案不是简单的、固定的、唯一的，它应该是有多种解决方案和解决途径，或者没有公认的、标准的解决方法。

第二，界定问题，分析问题，组织加工。在对情境深入理解的基础上，将班分成几个小组，并组织学生与小组同学进一步讨论和分析问题的情境，分析情境背后的问题实质，并选择与当前学习的主要问题密切相关的真实性事件或问题作为学习的中心内容（即让学生面临一个需要立即解决的现实问题）。所选出的事件或问题就是"锚"，对问题的界定就是"抛锚"，故基于问题的学习也被称为"抛锚式教学"。

在对问题做出界定后，小组成员还要进一步讨论需要解决的问题：已知的信息有哪些，还需搜集的信息有哪些，可以从哪些渠道去获取这些信息，可以通过什么方式获取，周围又有哪些可以利用的资源，等等。通过讨论，小组成员共同研究并提出解决问题的假设，确定研究的计划，并进一步明确小组各个成员的任务和分工。

第三，探究、解决问题。小组各成员根据自己的任务分工，通过与其他成员讨论或收集资料的形式，来完成自己的工作。通常收集信息的途径有调查、访谈、查阅资料和上网等。小组成员完成自己的任务分工之后，在小组内将各成员收集的信息进行汇总、整理、分析、评价、判断信息的有效性和充足性。在获取了充分的信息后，小组成员之间开始讨论和交流解决问题的建议、主张、方案，然后实施所确定的解决方案并检查实施效果。若不能解决，需要继续寻找原因及解决的办法。

第四，展示结果，成果汇总。在各小组都解决了所确定的问题，或对问题的解决达到了某一阶段之后，要给学生提供一个讨论交流的机会，让他们将自己的成果展示给同学，与同学共享自己的成果。结果的展示可以是对某一问题解决的建议、推论和方案，可以是自己或整个小组解决问题的过程，也可以针对自己未能解决的问题向全班同学征集意见等。

这一环节就是给学生提供一个相互交流和讨论的机会，让他们相互之间共享资源、方法、过程和成果。如果可以，在展示之前，可以先将各小组的资料彼此交换和阅读，以便于交流和讨论。在小组汇报完成后，教师还要有意识地引导学生去思考从他人那里可以获取哪些信息或学到哪些知识。要鼓励学生使用多种方式展示成果，如电子文档、多媒体、动画、表格、网页等，也可以将其以调查报告或解决方案的报告等形式展现。

第五，评价，总结，反思。在小组展示完成果之后，教师要组织多种形式的评价，如学伴互评、教师评价、自我评价等。在评价时，除了评价小组的解决方案，还要评价小组的合作情况、活动的开展情况和小组成员的表现情况等。评价可以以多种形式呈现，如口头陈述、书面报告、作品集、实践考试或书面考试等。

以上步骤并非一成不变。在教学中，教师要根据具体的情况，如教学目的、教学内容、学生特点等，来合理地设计每个环节。

（3）Web Quest 教学模式

Web Quest 是由美国圣地亚哥州立大学教育技术系的伯尼·道奇（Beinie Dodge）和汤姆·马奇（Tom March）等人于 1995 年开发的一种课程计划。"Web"是"网络"的意思，"Quest"是"寻求、调查"之意。Web Quest 是一种在网络环境下，由教师引导，以一定任务来驱动学生进行自主探究的教学方式。它通常呈现给学生一个需要完成的、可行的和有吸引力的任务，并为学生提供一些资源。学生以这些为定位，来获取网络中的相关信息，并通过对信息的分析和处理，设计出创造性的解决方案。

Web Quest 既是一种概念，又是一种方法，可以运用在每个学科的教学之中。

按课程活动时间的长短来分，Web Quest 有两种类型，即短期的 Web Quest 和长期的 Web Quest。

短期 Web Quest：可持续 1~3 课时。其主要目标是知识的获取和整合。在一次探究学习结束后，学生能够获得大量有用的新信息，并获得探究的体验和感受。

长期 Web Quest：可持续 3~6 课时，有时会到 1 个月，甚至更长时间。其目的是巩固和扩展学习者所掌握的知识，激发学习者高水平的思考活动，使其产生独创性的观点。在一次探究学习活动后，学生将学会分析某一主题，学会将知识进行转换和迁移，并且能够提供某些体现他们理解能力的作品，如网页或模型等，以帮助他人进行学习。

与传统的教学设计所编写的教案不同，教师所设计的 Web Quest 课程单元更像是一个学习方案。教师根据学生的认知水平、知识经验和教学目标，精心设计一些 Web 网页，以此来指导学生进行主动的知识建构，并发展其高水平的思维能力。学习方案体现的是如何让学生学。在学习过程中，学生直接与教师设计的网页和资源对话，并根据网页上的学习任务、活动指南等开展探究、合作、讨论等活动。

每个经过精心设计的 Web Quest 学案，无论是短期的 Web Quest，还是长期的 Web Quest，必须包括引言、任务、过程、资源、评价、结论 6 个部分的关键属性。

除此之外，还可以有诸如小组活动、学习者角色扮演、跨学科等非关键属性。

第一，引言，也称为"情境"。这部分内容主要是向学生提供主题背景信息，通过各种方式来提高学生的学习兴趣，并让学生明确学习的目标。因此，这部分内容要生动、有趣并充满吸引力，要尽可能地与学习者过去的经验相关或是与学习者未来的目标相关。

第二，任务。这部分要阐明学生在通过 Web Quest 完成主题的学习时，要达到什么样的结果，或解决什么样的问题。

任务是 Web Quest 的重要组成部分，是教学目标的具体化。与传统教学的教学目标不同，它应具有真实性、整体性、层次性和开放性。教师所设计的任务对学生来说应该具有实际意义，是真实的或接近真实的，能够引发学生主动探索的欲望，而且这个任务要有较大的探索空间，而不只是需要几个知识点或某项技能就能完成。教师在设置任务时，要特别注意任务的开放性，即完成任务的方式应是多种多样的，最后的结果应是多姿多彩的。一个模式、一个标准不可能培养出有创造性的学生，也难以激发学生的兴趣和探索欲望，而这也违背了 Web Quest 教学的初衷。因此，在进行 Web Quest 学案设计时，教师要先查找到一些适合该主题的网站。在整合了网站内容后，给学生设定某一项任务。对于一项大的任务，可以将其划分为一些小的子任务。教师还可以对学生完成任务或问题的解决结果提出一些规定，如要求学生最终完成一篇论文等。在学习开始之前，教师还可以给学生呈现一个已完成的例子，以帮助学生明确自己的学习目标。

第三，过程。这一部分描述了学习者完成任务所需要经过的步骤。通过对过程的设计，教师将学生的思维引向更高的水平，从而促进其高级思维能力的发展。高级思维能力包括分析、综合和评价。在 Web Quest 的学习活动中，学生高级思维能力的运用主要体现在学生对 Web Quest 任务的分析，对资源的收集和加工、利用，对任务的完成或解决方案的设计，以及总结和评价等。如果进行的是长期的学习探究活动，教师要注意在每一阶段都要向学生进行示范或分阶段地组织学生进行小组讨论或实地考察，以便及时引导学生的学习并对其探究活动进行指导。

第四，资源。这一部分要向学生提供其完成任务所需的部分资源。虽然大量的资源应由学生自己利用网络来收集，但 Web Quest 学案本身提供的资源可以作为学生上网查找资源的定位点，避免学生在学习过程中产生迷航现象。教师提供的资源要便于存取，要使学生能较快地收集到信息，以节省更多的时间来对信息进行加工和处理。我们虽然是让学生在网络环境下进行探究学习，但所提供的资源不应局限于网络资源。要鼓励学生走出课堂，走出校门，积极开展社会调查和社会实践活动，以获得真实的社会生活体验。

第五，评价。在每一个 Web Quest 单元的学习中，都要有一系列的评价标准来对学生的学习过程和结果进行评价。评价标准要体现客观、公平、公正的原则，要体现现代的教育评价观，要能够给每个学生一个好的学习体验的过程，而不能为了评价而评价。在进行评价时，要注意评价主体的多元化，评价手段和方法的多样性，要综合运用定量评价和定性评价，要鼓励自我评价、小组评价和学生教师互评等评价方法的运用。

第六，结论。这一部分给学生的自我反思和教师总结提供了一个空间。教师可在这一部分设置一些反思问题，帮助学生对整个探究过程进行总结、反思，让学生知道自己学到了什么，并对所学知识进行拓展和概括。同时，教师要积极地参与到这一过程中来，不断地鼓励学生，以增强其自信心。另外，学生的总结、反思过程，也能够为教师提供很多有益的信息，以帮助教师进一步改进对该教学模式的设计。

用 Web Quest 进行教学的第一步就是对探究主题的选择。Web Quest 比较适合于那些没有清晰答案的，甚至是有争议的问题。教师在选择探究的主题时，首先，要考虑问题或任务的可行性，要依据新课程标准和学生当前的学习状况来选择，选择的问题应是使用 Web Quest 确实能起到传统教学所无法达到的效果的问题。其次，选择的主题要有挑战性，要能激发学生的兴趣。

第二步，教师搜集资料，并设计 Web Quest 学案，为学生搭建通往更高级思维水平的"脚手架"。在这一过程中，教师可能要花费大量的时间和精力来设计 Web Quest 学案。但是从长远的角度来看，这一过程对教师有很大的帮助。教师所设计的内容应包含以下方面：

①分析学生的特点，明确学生现有的认知水平与所选择的问题或任务之间的差距，确定学生在任务中扮演的角色。

②将一项大的任务分解为许多小的子任务，或找出完成任务需解决的关键性问题，并将它们按一定的逻辑或规律组合起来，针对课堂教学中学生的思维过程设计出大概的活动步骤和活动指南，并为学生提供一些网络资源的索引，从而为学生的思维过程搭建一个支架。

③组建学生协作或合作学习的平台。教师要建立合作学习的制度，并设立基于网络的学习讨论区，确定小组讨论和师生之间交流的策略，明确学生个人的任务及整个学习小组的任务。

④制定各种反馈机制、激励策略和评价量规。

第三步，制作 Web Quest 学案。教师运用网页制作工具将 Web Quest 学案用网页的形式呈现，将其放在服务器上，并确保学生能够访问。

第四步，组织实施教学。在组织实施教学的过程中，教师需要做的工作有：帮助学生理解主题的背景和意义，帮助学生确定完成任务所需要的条件，并找出与之相关的新问题，指导学生阅读和搜集资料，让学生在整理和加工信息的过程中逐渐发现解决问题的方案，组织学生展示成果，并进行演示汇报。

第五步，与学生一起进行评价，并对活动进行总结，同时鼓励学生对问题进行更深入的思考。

（4）基于案例学习的教学模式

20世纪初，案例教学开始被运用于商业和企业管理学，其内容、方法和经验日趋丰富和完善。尤其是在现代社会，人们对知识的实际应用能力、决策能力提出了更高的要求。在这种情况下，案例教学作为一种行之有效的、务实且有明确目的的、以行动为导向的训练越发受到人们的广泛重视。

简单地说，一个案例就是一个实际情境的描述。在这个情境中，一是案例要包含一个又一个的事件，通过事件展示事件演进的过程；二是事件中要包含问题或疑难（如矛盾、对立、冲突），才有可能成为案例；三是事件具有典型性，可以反映一定问题，给学习者带来启示；四是事件真实、有趣，像一个故事一样。案例教学的实施步骤如下：

①学习前准备。选择好恰当的教学案例后，进入整个学习的准备阶段。基于案例教学的网络交互学习环境，学习准备阶段涉及三个方面的准备：

A. 教师的准备

教师要深入研究案例，思考案例涉及哪些知识和基本理论观点，哪些又是比较重要的，以便于引导学生在思考案例的同时掌握相关的知识。

评估一下在课堂讨论中是否会出现一种观点占上风的情况。如果出现这种情况，要想办法扭转。

学生能否积极主动地参与学习活动，是案例教学成功的关键。学生的参与程度与教师的有效引导密切相关。在案例教学的整个准备过程中，教师可以通过聊天室、论坛等平台与学生进行实时交流，也可以通过公告板、电子函件等非实时交流工具，将案例提前发给学生，为其在学习过程中的讨论奠定基础。

B. 学生的准备

学生需要认真阅读案例。阅读案例是进行案例教学，开展案例讨论和案例分析的基础。从案例中找到有效信息之间的联系，完成信息的取舍，为案例实施过程中的讨论做好准备。学生可以自愿选择，组建学习小组。在小组学习中，学生之间能够相互启发、补充，集中大家的智慧，共同解决案例难题，提高学习效率。

C. 环境的准备

环境准备是指在学习的整个过程中学生所需要的各种信息化的学习工具和信息化的学习支持等。交流、讨论贯穿于案例教学的整个过程。要确保学生有良好的交流讨论环境，以方便教师、学生、学习资源之间进行有效的信息交换。

②课堂的实施。

A. 案例引入

对于自己编写的案例，教师可以介绍一些有关写作案例时的感受、趣闻、逸事，以引起学生的注意。对于他人编写的案例，教师可以提示一下这个案例讨论的难度，案例需要达成的目标，提醒学生予以注意。

B. 案例讨论

在案例讨论中，常常提出诸如案例中的疑难问题是什么，重要的信息有哪些，如何解决问题，应该制订怎样的实施计划，什么时候将计划付诸行动以及如何实施，如何进行整体评价等问题。

在实施案例学习阶段，学生根据自己的准备和对案例的理解进行讨论、交流。在讨论的过程中，可能会因意见不统一而发生争论，或者出现"冷场""走过场"等现象。这时，教师要善于因势利导，通过留言板、教师公告等交流工具，以提示或暗示的方式，激起学生的好奇心和求知欲，将学生的思维引入正题，避免偏离教学内容。在讨论一个案例时，至少要有两种不同的解决问题的备选方案。这时教师可以一个方案一个方案地进行讨论，列出每种方案的优点与缺点，然后进行对比分析，最后在此基础上确定出一个最佳的方案。

C. 概括总结

在这个阶段，既可以让学生自己总结，也可以由教师来做总结。通过公告板等形式，对案例进行总结归纳，讲明案例中的关键点以及该案例讨论当中存在的长处和短处。此时，教师可以帮助学生进一步地认识和理解案例，强化他们的学习。

③巩固阶段。在巩固阶段，让学生重温案例，并结合同学之间的讨论交流进行反思。这样能够让学生对自己的思想进行再一次的整理和补充，使之更加具体化、条理化和结构化。或者通过网络提交他们的案例分析报告，在完成个人反思的基础上，进一步丰富完善自己的问题解决方案，把最终结果简明地表达出来，以巩固学习的内容。

④评价。学生是案例学习的主体。学习的成败与否最终取决于学生的收获。因此，在学习的最后阶段对学生进行的测试便是一种总结性的评价方法。但是在基于案例教学的网

络交互环境下的学习，不仅要注重结果，更应注重过程。评价应该处于学习流程的每个阶段。在学习前的准备阶段、实施案例教学阶段、案例学习的巩固阶段都能够对学生进行多角度的评价。

（5）基于项目的教学模式

基于项目的教学是指通过实施一个完整的项目而进行的教学活动。其目的是在课堂教学中把理论与实践教学有机地结合起来，充分发掘学生的创造潜能，提高学生解决实际问题的综合能力。

其教学过程为：

①创设情境/提出问题。情境创设是将学习活动与人融入一种真实的情境中，提供综合反映学习内容或与学习内容相关的现实材料或真实情况，让学生与教师共同进行探讨。创设情境应根据教学内容和学生兴趣特征来设计，如：根据学生兴趣创设情境，根据学生需求创设情境，根据社会热点创设情境，根据信息技术的发展方向创设情境，根据名人典故创设情境等。

②明确项目任务。通常由教师提出一个或几个项目任务设想，通过与学生讨论，最终确定项目的目标和任务。在进行项目任务设计时，应该引出与所学领域相关的概念原理；项目应该具有足够的复杂性，为学生的探索预留一定必要的空间；项目能够随着问题的解决自然地给学生提供反馈，让他们能很好地对知识、推理和学习策略的有效性进行评价，并促进他们的预测和判断。

③探究/解决问题。当问题呈现在学生面前时，他们会基于以往的经验和认知能力形成对问题的解释，提出他们的假设。然后根据问题的复杂度、多样性和具体设备限制等情况，以个人或小组为单位，利用因特网、图书馆、阅览室多渠道地进行学习。学生遇到问题时，教师不应直接告诉学生如何去解决面临的问题，而应向学生提供解决该问题的有关线索，如需要搜集哪一类资料，从何处获取有关的信息资料，以及现实中专家解决类似问题的探索过程等。另外，教师还要重点辅导学习有困难的学生。

④展示结果/成果汇总。利用多种不同的方式来报告自己的结论以及得出结论的过程，如数学分析、图表、口头报告、戏剧表演等。汇报时要准备好相关的证明材料，以说明自己的观点、方案等。先由学生对自己的工作结果进行自我评估，再由教师进行检查评分。师生共同讨论和评判项目工作中出现的问题、学生解决问题的方法以及学习行动的特征。通过对比师生评价结果，找出造成结果差异的原因。

⑤评价/延伸。评价的应用不仅是作为测试学习的一种工具，而且是促进、加强个人和小组学习的工具。延伸是对学生未来发展的拓宽、激励和再创造。教师要注意收集学生

平时的优秀作品，有条件的可放到自己学校的网站中，还可以将一些优秀的学生作品推荐发表。这既能作为同主题下一轮或其他主题的学习活动的参考资料，又可为综合活动课程的题材积累提供素材。

（6）基于资源的主题教学模式

基于资源的主题教学是指学习者围绕着一个主题，通过充分发掘和利用各种不同的资源，并遵循科学研究的一般规范和步骤而进行的一系列探究活动。这种教学模式以学习者为中心。学生作为信息的搜集者和翻译者，通过使用信息工具解决实际问题，并完成知识的建构。教师只是学生学习的帮助者和督促者。

基于资源的主题教学能够提高学习者的问题解决、探究和创新等能力，有利于学习者学科素养和信息素养的提升。它有以下基本特征：

①可利用资源的广泛性。该教学模式中的资源并非专指网络资源。它可以是对学习者的学习有帮助的任何形式的资源。

②学习的主题性和主题的情境性。资源本身并不能解决基于某一主题的真实问题，它需要经过学习者的加工和处理，才能用来解决问题。而学习者对资源进行加工处理的过程就是情境化的过程。在这种教学过程中，资源的汇集是源于某一主题，而资源的情境化则有助于主题问题的解决。

③跨学科性。这种教学模式需要学习者综合利用各相关学科的知识来解决某一主题问题。它突破了单一学科教学的局限性，实现了多学科知识的整合。它在提高学生兴趣的同时，培养了学生对知识进行融会贯通的能力，对学生多角度和多层面思考问题能力的培养很有帮助。

④任务的驱动性。学生通过解决某一主题下的一系列子问题来达成学习目标。而这些与实际生活密切相关的问题，容易使学生积极投入学习之中，并给学生带来一种成就感。

⑤探究性。探究是基于资源的主题教学模式的核心手段和方法。学生通过探究，在解决问题的过程中学会综合利用知识，并内化知识。通过探究，学生在动手和动脑的过程中学会学习，并体会到学习的乐趣。

其教学过程为：

①分析学习者。为了确保基于资源的主题教学能够有效地进行，需要先对学习者的学习准备进行分析，即分析学生已经具备的知识、使用学习资源的能力和学习的风格。其中，对学习风格的分析，要侧重于分析学生支持同质分组或异质分组的适应能力，以便确定学习组织形式。

②确立教学主题。通过研究主题，将教学内容与学生信息素养的培养结合在一起，因

此需要对研究主题进行精心设计，并依此组织教学过程中可能用到的资源。教学主题一般选取与教学目标和学生的学习、生活等密切相关的社会问题，让学生在解决这些问题的过程中完成知识和技能的迁移。

③创建教学资源环境。教学资源环境的创建分三步：首先选择合适的教学资源；然后对这些资源进行处理，如进行数字化的处理等；最后依据一定的原则，将这些资源组建为教学环境。

④实施教学。教师在进行基于资源的主题教学时，要运用恰当的方式组织学生学习。此外，在教学过程中还要注意师生之间的交流与合作。

⑤进行评价。在评价时，既要对教学的效果进行评价，包括教学内容的范围、学习材料的深度，以及网上发布的形式和方法等，又要对所选资源的学习效果进行评价，还要对学生适应学习环境的能力进行评价，包括学生控制环境的能力、读写信息的能力等。基于资源的主题教学模式鼓励学生通过自我评价来完成知识的建构。它需要学生在学习过程中不断对自己的知识、技能和学习能力进行评价，并及时做出调整。

总之，信息化教学中的策略和方法是固定的，但是信息化教学的模式却是灵活多变的。希望广大教师在教学过程中，根据教学实际，积极主动地思考，探索出更符合信息化教学的模式。

第三章　高校教学管理机制与管理制度

第一节　高校教学管理机制与评价体系

一、高校教学管理机制的内涵

在抽象的意义上，我们可以把"教学管理机制"理解为：教学运行过程中教学系统内部各个构成要素之间的相互联系和彼此作用的关系，是对教学运行过程属性的抽象概括。教学管理系统尽管涉及人、财、物、时间、空间、信息等诸多要素，而且这些要素之间的相互关系均应当成为教学管理学研究的对象，但就机制设计而言，关键的要素是人。因此，教学管理机制就其实质而言，所要考虑的是人与人之间的关系。任何教学管理系统内部的成员，可以从个体的意义上来说，也可以从群体的意义上来说。个体的聚合形成了教学管理系统内部的群体。因此，机制所要考虑的人与人之间的关系，就应当是个体与个体、个体与群体以及群体与群体之间的关系。

但是仅仅这样来理解教学管理机制，还是无法让我们准确把握教学管理机制。因此，在具体的意义上，我们将教学管理机制理解为：教学组织系统为激发和约束教学组织系统内部的个体与群体的行为而进行的制度安排。在这里，教学组织系统内部的个体，包括教师、学生、教学管理者以及高校内部与教学直接关联的其他一些人员，重点是教师和教学管理者；其群体则是上述个体类的集合，如作为群体的教师，作为群体的学生，作为群体的管理者等。教学管理机制研究的核心问题，就是教学管理通过怎样的制度安排，使教学系统内部的所有人员，其教学的热情和积极性都能够得以极大地调动与激发，同时又使各种有碍于教学目标实现的行为得以最大限度地减少。

组织系统内部各成员之间的行为是相互影响的。单纯地看，一项制度安排也许是好的，但是由于它必然要牵涉到组织系统内部的其他成员，导致一项看起来好的制度安排，实际运行却可能是一个坏的结果。因此，制度安排的核心是教学管理系统内部成员的各种关系的妥善处理，即从教学目标实现的角度出发，尽可能使每个成员，无论是教师还是教学管理者，都能够心情舒畅地、全身心地投入教学工作。在对这一问题的研究中，一方面，我们将分析教学管理的各项制度（制度是对要素间关系的预先设定）与规范；另一方面，我们将研究各种非制度化的东西（如各种人际关系及其关系网络）对教学管理运行过程的影响。

二、高校教学管理机制的理论基础

（一）信息不对称理论与高校教学管理机制设计

高校教学管理中的信息不对称是设计教学管理机制的依据之一。非对称性信息的存在对管理与工作过程提出了机制设计的要求。信息不对称是相对于信息对称而言的。所谓信息对称，是指在一种相互对应的教学管理与被管理关系中，管理者与被管理者都掌握对方所具备的信息度量，也即管理者与被管理者双方都了解对方所拥有的知识和所处的教学环境。信息对称可以分为三种情况：一是管理者与被管理者都没有掌握有关信息的全部信息环境，即双方都处于"无知"状态；二是管理者与被管理者都掌握度量一致或度量相似的信息的环境，即被管理者知道的，管理者也非常清楚；三是双方都拥有完全信息环境，即有关教学的所有情况，管理者与被管理者都了解得一样清楚。显然，教学管理中的完全信息对称是管理中的理想状况，但在通常情况下，任何组织的管理者都难以实现管理信息的完全对称。那些看起来处于信息对称状态的管理情境，在许多情况下都是虚假的。例如，教师手中的教案，就它所呈现出来的内容来看，教师和教学管理者都似乎具有相同的信息量。但是，实际上关于这个教案的其他相关情况，如新准备的教案是真正新的还是老教案的翻新，是其他教案或教科书的抄袭还是教师的独立研究成果，这些教学管理者往往是不清楚的。对教师来说，他还往往通过各种手段，有意掩盖那些真实的信息。因此，表面上的信息对称往往掩盖了很多不对称的信息，从而形成实际上的信息不对称。

高校教学管理中的信息不对称是一种事实的存在，也是在无论做出怎样努力的情况下都难以避免的。教学管理者即使处于教学的现场，也不一定与教师拥有对等的信息。例如，教学监督团的成员在教室后面听课，看起来现场的所有信息都处于听课教师的掌握之中。但实际上，第一，任何处于现场之中的人，也只能掌握他选择性知觉所指向的信息，而不是信息的全部。第二，旁观者只能看到教师在课堂上所表现出来的那些信息，却无法了解那些未被表现出来的信息。例如此时此刻授课教师内心对听课教师的真实感受，以及有他人在场时所故意做出的表演。第三，听课教师只能了解授课教师整个课堂教学的一个片段，即四十五分钟的教学，而仅仅四十五分钟的教学，不能推断教师整个的课堂教学态度和教学水平。因此，教学监督团的随堂听课，充其量只能了解教师大致的教学水平、教学业务能力，而不可能了解教师的职业精神、职业态度和职业道德。这些不是一个短时段的观察所能够了解的。即使教学监督团通过观察发现某堂课的教学是高水平的或低水平的，那也不能说明这个教师所有的课堂教学都是高水平的或低水平的。倘若有一套有效的机制，一旦教师接受了教学任务，则这套机制就开始发挥作用，使得教师不能不尽最大的努力来进行教学，那么，那些流于形式的教学监督之类的活动则可休矣！其实，高校教学的专业化，也使所谓参与教学监督的专家们更加难以把握其他学科的教学内容，除非他们是百科全书式的全才。

非对称信息有两种情况。一种情况是非对称信息发生的时间，即从发生的时间看，信息非对称可能发生在当事人进行合作之前（事前非对称），也可能发生在当事人合作之后（事后非对称）；第二种情况是信息非对称的内容，即非对称信息是指某些参与人的行动不可观测，或者参与人的知识不同。因此管理机制设计就包括事前非对称信息的管理机制、事后非对称信息的管理机制、隐蔽行动的管理机制以及隐蔽信息的管理机制。新教师的聘用，就属于事前的非对称信息管理问题；教师的续聘则属于事后非对称信息的管理问题；学生论文的辅导以及教研的展开，属于隐蔽行动的管理机制问题；教学价值观以及与之相对应的教学观念等，则属于隐蔽信息的管理机制问题。机制设计的目的，就在于使这些不可观察的信息，或那些故意隐蔽的信息显现出来，或者使那些故意隐蔽信息的被管理者受到更多的损失而不是更少的损失。有效的教学管理机制意味着，不管被管理者如何隐蔽信息，其结果都将会一样。如此一来，信息的隐蔽便会成为多余。市场机制可以说是一个典范。使用者通过对产品的评判，而自主地决定是否购买该产品。在这种情况下，信息的隐蔽固然可以欺骗顾客一次，但大概也就一次而已。政府对市场的监管，则将对这类隐蔽的信息进行处罚。总体上可以将课堂教学视作教师劳动的产品，而将使用权赋予学生。这样，教师的劳动产品即课堂教学，如果不能够满足学生求知的需要，那么随之而来的处罚将会是没有学生继续选修该教师的课程。

(二)委托—代理理论与高校教学管理机制设计

在委托—代理理论中，一个委托—代理模型一般由三个部分组成：委托人的期望函数、代理人的参与约束和代理人的激励相容约束。学校举办者是委托人，学校的管理者和教师是代理人。实际上，这里面有多重代理关系。就政府作为举办者来说，政府是委托人，而学校的校长是代理人；然而校长不可能承担起全部的日常管理事务和教学事务，他需要进一步地把高校的各项工作委托给下一层级的管理者直至教师。这样对于高校的举办与管理来说，就存在着多重的机制设计问题。而就本主题来看，核心的代理关系是学校教学的管理者作为委托人与教师作为代理人之间的委托—代理关系。教学管理者必须设计出一套管理机制，来消除教学过程中的各种违规行为。在学校管理激励中，如何防止管理过程和教学过程中存在的道德风险问题发生，是管理激励中必须要解决的问题。不仅教师在教学过程中有道德风险，而且管理者的管理工作中也有道德风险。实际上，存在违规风险的不仅仅是教师，也包括学校教学管理系统中各个管理层级的教学管理者。

一方面，作为委托人，在进行教学管理时，必须通过制度安排，使教师将参与教学工作作为自己的选择。高校教师有三大职责，即教学、科研和服务社会。一个具有激励性的教学管理机制，应当使高校内部的绝大多数教师把教学作为最优选择。当然，这里还牵涉到学校的办学定位，以及如何处理好教学与科研的关系问题。良好的机制能够使教师在教学、科研与服务社会这三者之间进行适当的平衡和兼顾，而不只是选择某一个方面。倘若绝大多数教师都倾向于做出指向集中的单一选择，那么显然机制本身就可能有问题了。另一方面，必须使教师在将教学作为最优选择的同时，还能够努力地或者以较多的精力来投入教学工作。当大多数教师都不是以较多的精力投入教学时，那也同样表明机制本身存在问题。然而许多教学管理者在面对教师工作积极性不高的问题时，往往采取对教师素质进行抨击的策略，而不是去反思教师教学积极性不高的根本原因可能并不是因为教师的素质不高，而是管理者在进行管理时没有设计良好的管理机制。

在学校管理中，无论对管理者还是对作为被管理者的教师来说，都面临着同样的激励与约束问题。当一个教师选择离开所在学校而另投他处时，当教师宁愿选择较少的报酬而不去从事课堂教学时，当教师一个个都争抢着去上课而置科研于不顾时，这些恐怕都表征着教学管理机制本身出现了问题。同样，当一个年轻的管理者离开管理队伍时，这种选择意味着现行的管理激励对管理队伍来说，不满足激励参加条件。就某个具体的离开者而言，可能是因为他的工作投入太多，而没有得到相应的收益。当管理干部仍在位却不去全力地管理工作时，说明管理干部没有工作的动力。因为努力工作与消极工作并没有多大的差异。

(三)管理博弈理论与高校教学管理机制设计

所谓博弈即一些个体、团队或其他组织，面对一定的环境条件，在一定的规则下，同时或先后，一次或多次，从各自允许选择的行为或策略中进行选择并加以实施，各自得出相应结果的过程。它包括博弈的参加者、各博弈方可选择的全部策略或行为的集合、进行博弈的次序或规则以及博弈的结果与得益。博弈论就是系统地研究参与博弈的各方之间的策略、竞争或面对一种局面时的对策选择，从而寻求各博弈方在具有充分或者有限理性、能力的条件下，合理地进行策略选择，合理选择策略时的博弈结果。博弈论认为，参与博弈的各方掌握的关于博弈环境和博弈方情况的信息，是影响博弈方选择和博弈结果的重要因素。在博弈中，最重要的信息之一是关于得益的情况，即每个博弈方在每种结果（策略组合）下的得益情况，不仅是有关自己得益的情况，而且还有对方得益的情况。其次是有关博弈过程的信息，即参与博弈的各博弈方是否能够在行为之前看到对方的所有行为。如果博弈方在采取行为策略之前完全了解对方，则称该博弈方具有"完全信息"；假如不完全了解此前的全部博弈过程，则称该博弈方具有"不完全信息"。在一个动态博弈中，各博弈方是否具有完全信息，对博弈方的决策、行为和博弈结果有很大影响。

"上有政策，下有对策"，这是典型的博弈态势。从教学管理的系统来看，教学管理者和被管理者互为博弈方。换言之，一方的策略选择，是在充分地考虑对方的可能性的策略选择之后而做出的。多次重复之后，双方会就某些选择形成平衡关系。在平衡的关系之内，任何策略大致都能够为博弈双方所接受。而一旦超越了已经形成的平衡关系，就会出现新的博弈。例如，在通常的情况下，教学管理者对教师的批评，在适合的场合下是能够为教师所接受的，而一旦越过了这个范围，教学管理者的批评就有可能引发管理者与被管理者之间的激烈冲突。而冲突本身也是策略选择。至少就被管理者来说，这种冲突的策略选择仍是较优的，或者至少优于不冲突。因为理性的人都会预料到，如果没有某种冲突来表达对批评程度的期待，那么接踵而至的将是更多的批评与指责。对于管理者来说，如果被管理者以某种冲突的方式来对待批评，而这种策略选择如果没有某种消极的后果的话，那么，他同样也将面临更多的冲突策略。为此，从管理的角度来看，管理者必须要找到一个指向冲突的较优策略，例如，让被管理者公共检讨，或者是基于某人在场的背景下的道歉。教学管理者与被管理者之间的相互指责是另一个有趣的现象。在高校日常的教学生活中，我们经常见到教学管理者和被管理者（主要是教师）之间的相互指责。这种指责通常都是指向某种现实的不能令人满意的教学状况。例如，当高校为迎接专业教学评估而提出的各种要求不能被满足时，教学管理者便开始以各种不同的方式对存在问题的教师进行批评（当然批评主要是背后的），而教师也同样会以各种要求的不合理性和烦琐性来批评教学管理层。从博弈论的角度来看，双方个体的选择都是理性的。对教学管理者来说，这样的指责可以巧妙地转移管理责任；而对教师来说，同样的指责也可以减轻心理上的负担和责任。指责所表明的，是这样一种对待事态的观点，即是他人造成了现有的事态。教学管理者对于被管理者（教师）的指责，从根本上说，是因为他们忽略了教师乃是博弈的参与方。当高校的教学管理部门仅仅是通过下达文件的方式来进行教学管理时，他应该能够认识到被管理者（教师）所可能采取的对待文件的态度和策略选择。高校教学管理的形式主义所带来的，就只能是教师努力地去做教学工作的表面文章。

从博弈论出发，教学管理的机制设计，就应当要考虑到作为博弈方的被管理者可能会采取的应对之策。理性的有限性意味着，任何可能的制度安排都不可能把被管理者所有可能的对策因素都考虑进去，它总存在着可被钻的空子。而一个理性的行动者往往正是通过发现制度本身可能存在的"空子"而使自己的收益最大化，同时使得组织的收益降低到一个尽可能小的程度。

三、高校教学管理机制设计的主要内容

（一）高校教学管理机制设计要解决的核心问题

教师素质和教育观念是教学管理机制所要解决的问题。从根本上说，高校教学管理机制设计要解决的核心问题，是有关高校教师和教学管理者的行为激发和约束问题。

1. 有关高校教学工作的有序运行问题

高校教学工作有效展开是高校教学质量的根本保证。对任何一所高校来说，教学工作都是一个动态和发展的过程。不同的教学工作状态将会直接影响到高校教学质量的高低与差异。从根本上说，提高高校教学质量，需要保持高校教学工作处于一种有条不紊的状态之下，使整个教学工作能够按照高校教学规律来展开。高校教学管理需要建立起使教学工作有序展开的运行机制。这种运行机制是高校教学规律的反映，也是实现高校教学目标的必要手段。高校教学运行机制涉及的问题很多，但主要涉及教学工作的方向问题、教学重大事项的决策问题以及教学任务的分配问题。

教学工作方向问题主要是解决高校教学组织系统内部个体目标与教学组织目标之间不一致的问题，从而使全体教职员工都能够努力工作以实现学校教学组织目标。人的各种活动都有其目的性，都指向一定的预期结果。行为的预期结果就是人们所说的行为目标。人们之所以追求某种行为活动的结果，是因为这种结果会给他带来能够满足其需要的资源。但是利益上的冲突和价值观的差异（偏好）会使每一个人的行为目标呈现出一定的差异性，而能够满足个人需要的资源则是稀缺的。由个体组合而成的社会组织，是一个具有共同利益的群体。社会组织的共同利益被称为集体利益。资源的有限性决定了个体利益在某种程度上存在着冲突。高校教学管理必须做到使个体的目标服从教学管理目标。教学工作重大事项的决策机制，是要解决为实现教学组织目标而不得不做出的有方法与手段的选择问题。有关教师的选任、教学计划的编制以及教学管理制度的创新等，都是高校教学决策

的核心问题。不同的决策机制将会带来不同的结果。科学设计教学决策机制，将使高校教学管理能够选择实现管理目标更好的方法和手段。高校教学任务的分配同样是一项日常的管理工作。不同的任务分配方式不仅会影响到教师的直接利益，也会影响到高校教学目标的实现。对于非营利性的高校教学管理组织来说，选择一种有利于高校教学管理的任务分配机制，是高校教学任务分配机制所要解决的问题。

2. 有关高校教职员工的行为动力问题

行为动力问题的实质就是人们常说的积极性问题。与目标机制问题一样，从行为主体看，行为动力涉及对个体行为工作动力的激发及对由人所构成的组织动力的激发。高校教学管理的工作动力机制，由于其组织的内在逻辑既不同于政府组织以权力为基础、以公共责任为机制的激励，也不同于营利性组织以利益为基础、以市场为机制的激励。学校组织的公共性以及有限的市场介入，使得高校教学组织与系统既需要责任机制，也需要一定的市场机制，然而它的责任机制不同于以权力为基础的公共责任机制——责任激励，市场机制也有别于以利益为基础的完全市场机制——竞争激励。尽管在很多的管理学和经济学的研究文献中，人们通常把竞争看作激励的一种形式或手段。

在管理学的发展历程中，随着管理学家与管理实践者们对人的重要性的认识逐渐加深，激励的内涵也越来越丰富。从目的上看，激励就是调动人的工作积极性，提高工作效率，解决被管理者的工作热情、积极性和创造性不足的问题，发挥其潜能努力工作。从内涵上看，人们已经认识到，不管人们如何界定激励，其核心都是激发人们按一定方式行为行动的过程。从激发的主体看，人们某种行为的激发可以来自他们的管理者，也可以来自他们的同行或同事。来自前者的行为激发称为激励，来自后者的行为激发称为竞争。这样，教学管理中的动力机制就可以区分为激励机制和竞争机制。

(二) 高校教学管理机制设计涉及的基本内容

1. 高校教学管理的运行机制

在我们看来，高校教学管理的运行机制主要涉及教学目标的确立机制、教学决策机制以及教学任务分配机制。教学管理目标机制侧重于研究解决学校教学系统不同个体、个体与教学组织、不同教学组织系统之间有关教学目标、教学管理目标的统一问题。明确经过努力可以实现的目标，可以为行为个体提供动力，而且可以减少管理活动的成本投入，提高教学管理效益和教学效率。统一整合教学目标系统，将有助于提高教学管理的效率，为高质量地完成教学任务提供前提条件。教学及教学管理的目标一经确定，教学管理者就必须考虑实现目标的手段、途径、方法和方式等问题。在现实的教学管理中，目标的实现存在着各种可能的手段和方法。为此，就需要在各种可能性中加以抉择，使管理的可能性转化为现实性。然而这个问题在传统的高校教学管理中并没有引起足够的注意。有关高校教学管理理论研究，都是在假定目标统一的前提下来展开其理论框架、设定其管理模式。教学目标与教学管理目标不仅受到人们的利益支配，更受到人们的教育价值观和管理理念的支配。不同的教育价值观和管理理念将形成不同的教学目标和教学管理目标。而教育价值观与教学管理理念的不同是现实的存在，并非人们的杜撰与空想。为此，需要在形成较为一致的教育价值观和教学管理理念的前提下，努力形成统一的学校教学目标系统。

2. 高校教学管理激励机制

教学管理激励机制侧重于研究解决教学系统内部个体教学工作和教学管理工作的积极性问题。教学激励机制将依据激发的主体区分为激励机制和竞争机制。将高校教师及教学管理者视作有限理性人，而非理想化的道德人。

因此，高校管理者有必要在了解教师和教学管理者需要的前提下，通过满足教师和教学管理者的需要，来激发其工作动力。在理论分析与探讨的基础上，对通过高校所实施的分配制度本身的个案进行研究，揭示不良的分配制度不仅难以调动教学系统内部个体的工作积极性，反而有可能挫伤其积极性。高校教学的独特特征使得管理激励理论应用于高校教学管理面临一定的局限性。高校教学的组织特征、教学过程、激励对象以及制度安排等，都影响到高校教学管理激励的策略与效果。在此基础上，提出高校教学管理激励的行为模式、激励原则和实施策略。最后，对高校教学管理中的教师聘任制、分配制度以及课程与教学创新等激励问题进行分析，以期为教学激励实践提供参考。

3. 高校教学管理的约束机制

教学管理的约束机制主要是研究解决如何防止与纠正对个体行为和组织行为在工作过程中可能存在的道德风险与偏离目标组织行为的问题。随着高校办学规模的扩大，教学质量的监控问题越来越引起人们的关注。不仅高等教育理论工作者关注，高等教育的实践工作者更是对此给予高度的关注。在一个规模较小的教学系统中，教学质量监控可能通过传统的手段与方式来实现。而在一个规模很大的教学系统中，传统的监控手段就很难实现监控的目的。

同样，对教学工作行为的制约也是如此。高校教学工作既有外在的制约因素，如国家有关高等教育的法律法规与政策，也有来自高校内部自身的制约因素，如学校内部的规章制度；既有来自社会舆论的制约与监督，也有来自作为受教育者的学生的制约与监督。如何将各种制约因素有效地整合与协调，以共同促进高校教学质量的提高，就是教学管理约束机制要解决的问题。

第二节　高校教学管理制度

一、高校教学管理制度概述

制度是一种规则，包括组织构成、权力配置和一系列的规则。其中，在高校管理制度的研究中，对内部组织结构已有大量的论述，并已形成成熟的认识，即：遵循现代管理的理念，实现扁平化管理结构的设置，对校—院—系的多级管理结构予以认可；同时，增加专项组织，如设置各类委员会，以实现民主化管理。但是，对高校管理制度中内部权力配置的探讨虽然也有一些，认识却并不是很统一，观点也不是很成熟。传统的观点是在高校内部存在着学术权力和行政权力两个大类的权力结构，但实际上，随着办学体制的改革、经费筹措制度的改革，学生在高校中的地位也在发生着微妙的变化，他们对于自由学习的权利的要求也在日益增长，这种对自由的要求现在看来不仅是正当的，而且是必需的。

(一)高校与高校教学管理

"高校"是指当前我国进行高等学历教育的、有正式的组织和规范的计划的全日制高等院校。

高校的教学过程是一个复杂的、系统的过程，具有专业性、探索性、实践性的特点，高校的教学、课程计划都是围绕培养专门人才而设计的，并负责培养大学生探求新知识的创新能力、毕业后应用专业的实践能力。对教学活动开展的管理活动当然也是一项复杂的系统工程。高校的教学管理是高校管理工作的重要组成部分，是为了实现高校的教育教学目标，遵循管理规律和教学规律，对教学活动进行计划、组织、指挥、协调和控制的过程，以高效地设计和保持良好的教学环境，推动教学工作正常地、高效率地运转，使教师和学生在教学过程中达成既定的教育教学目标。高校的教学管理包括教学计划管理、教材建设与教学手段的现代化管理、课程建设与管理、实践教学与管理、教学组织管理、教学资源管理、教学质量管理等方面。另外，学生既是教育教学的对象，也是教学活动的主体、学习的主体，因此不能离开学生来谈教学，教学管理与学生管理之间有着广泛而紧密的联系，学生管理中有许多属于教学管理的内容，如学生的学籍管理、学业成绩的管理、学生成长档案的管理等，对教学管理的研究也应包括这部分的内容。

（二）高校教学管理制度的结构与功能

高校教学管理制度有很多，类别也很复杂，在实际运行中其发挥的作用与功能也是不同的，需要具体问题具体分析，做到普遍性与特殊性的辩证统一。

1. 高校教学管理制度的结构

根据制度的应用范围和功能，按照制度分析的结构化分析要求，可以把高校教学管理制度分为教学管理基本制度和教学管理具体制度，教学管理基本制度包括教学管理系统内的组织制度和工作制度，教学管理具体制度包括具体的教学行为规范、对各教学专项工作的相关规定以及各种激励制度。

（1）教学管理基本制度

涉及机构设置及其权限的组织制度，在制度分析的结构化中属于中性制度。这一类的制度是指为了达成教学管理目标，顺利完成各项教学工作任务，所做出的教学系统内有关管理层级、机构、人事及相应职责权限的安排，为教学工作提供组织上的保障。我国的高校大多形成了成熟的校、院、系三级管理层级，这是各高校依据自身学科性特点，考虑到学科、教学与组织多重运行的实际情况而设置的，各个管理层级并不是纯粹的行政管理机构，而是在纵向方面实施计划、组织、领导、协调、评价的管理职能，在横向方面又能够对教师、学生、设备、财务、质量管理等实施分工协作，是一种融专业建设、教学发展、组织效能等不同领域于一体的矩阵结构。

涉及工作岗位和综合性管理的教学系统内的具体工作制度，在制度分析的结构化中属于制度安排范畴。这一类的工作制度以分工为前提，以岗位职能为基础，主要表现为岗位职责，为履行工作的主体提供清晰的分工、职能和权限描述，确保各项岗位工作能正常运行。该类制度还对平行机构之间的关系、上下级关系、机构内部关系给予设定。平行机构之间的关系是指教学管理部门与其他部门之间的关系，如教务处与学生处之间、教务处与后勤处之间、教务处与办公室之间的关系，工作制度对这些关系予以明确规定和协调，以减少工作过程中的冲突，避免相互推诿和管理真空；上下级关系指教务处与各院系部、系部与教研室等之间的关系，工作制度中即通过明确各自的权利与义务和各自的工作流程，以避免越位与错位，提高工作效率；机构内部关系指各科室之间、各教研室之间、各系之间的关系，工作制度在分工相对明确的基础上，对以上各项关系予以协调和配合，使机构内部之间既合理分工又通力合作，互相促进互相提高。

（2）教学管理具体制度

教学行为规范类管理制度，此类制度对各教学过程和环节给出较清晰的目标、职责、范围和工作流程，为教师、学生和教学管理人员提供简明扼要的指导和帮助，有利于维持正常教学秩序，有利于提高教学工作效率。此类制度在教学管理制度中占据很大比例，包括日常教学管理制度，如课程表管理制度、教学文件编写要求、专业设置和调整审批条例、教学过程管理方面的诸多规定等，还包括学籍管理制度、专业技术职务的推荐与评审制度、考试管理制度、教学档案管理制度等。

各教学专项工作的相关规定类制度属于非中性制度，针对教学工作中有关建设与改革类项目，如专业建设、课程建设、实验室建设等具体的和专项的横向工作，予以方向、范围、目标等方面的规定，以引导师生积极、主动地总结教学工作的经验和教训，围绕教育教学目标开展创造性、创新型教学活动，推动教育教学工作的前进和发展，是对教学行为规范类管理制度的补充和完善。

为促进工作更有效开展的激励制度，也属于非中性制度。组织制度和工作制度是对分工与职能、权限的基本规定，教学行为规范和教学专项工作的规定也仅是基本的要求和导向，它们并不能以此推动高校中的每位成员积极、主动地开展各项教学活动，也就对教学工作成效的提高起不到完全的作用。因此，还要制定一系列的激励制度，包括行为约束制度和行为激励制度。行为约束制度是对因为责任心不强引起的疏忽大意或工作中故意导致的教学行为失范给予相应的惩戒，以免造成混乱的教学秩序给教育教学工作带来伤害；行为激励制度则是结合岗位工作特点实施教学倾斜政策，对工作优秀者给予奖励，并对其他教师和教学管理人员、学生起到引导的作用。

2. 高校教学管理制度的作用与功能

高校教学管理制度的最终目标是提高教育教学质量，但其作用方式多种多样，比如，可以以制度的方式促进资源共享以提高其利用率，可以以制度为手段改善高校学术自由的环境，从而有效保障教师和学生的教学与科研的积极性、主动性和创造性，可以加强学生学习自由度以有效保障学生学习的兴趣和自主性等。

（1）教育的功能

高校教学管理制度是高等教育思想和理念的重要载体，通过制度的宣传、推动与实施，这些教育思想和理念深深地影响着广大师生员工，与他们的利益、地位密切相关，并渗透到各项教学工作中，深刻地发挥着关键作用。教育思想和理念是高校发展战略的理论依据，它强调的是学校应该做什么样的重大决策，是学校所有工作包括教学工作的重要指南，没有了思想和理念的引领，发展战略也就失去了依据，学校也就没有了正确的发展方向。高校教学管理制度的教育功能就是让师生员工通过制度认识、把握这些教育思想和理念，并以此为指导，围绕学校的发展战略、培养目标，明确各自在教学工作中的作用和地位，在具体的教学工作中，推动学校各项事业的可持续发展。

（2）为教学工作确定实施机制

不同的发展模式需要制度落实，选择何种教学模式更是教学工作的前提。在学校依据一定的教育思想和理念指导选择了教学模式后，就必须用制度的方式来加以规定与引导。比如，为了培养创新型人才，就需要以制度的方式为其提供自由的教与学的环境、对教师传统的课堂教学模式做出使用现代化教学手段的改革要求；为了培养实践性人才，需要以制度的方式规定理论与实践相结合的教学模式、产学研一体化教学模式、校企合作培养的教学模式等。教学管理制度就是要根据学校发展的定位和办学理念，强化优势、办出特色，为每一个教学过程确定合适的实施机制。

（3）为教学工作提供动力机制

教育事业发展需要动力，在高校内部，这个动力来自师生的参与，只有师生能够分享事业发展带来的好处，并且积极、主动地加入学校事业发展的过程，才会有教学工作的有效实施，才会形成对学校事业发展的支持。在高校，无论是教师还是大学生，都具有充足的知识、信息基础和明晰的判断力，他们是实现培养目标的关键，是人才培养的责任主体。师生参与学校事业过程不应是迫于生计的被动行为，而应是积极追求个人价值的创造行为。教学管理制度在解决了个人利益与学校组织利益的协调基础上，为教学过程提供相应的激励机制，创造良好的教和学的学术环境，充分体现教学管理制度的导向功能，为师生凝心聚气于教学过程提供足够的动力。

二、教学管理制度的价值取向与创新原则

制度的创新设计能够体现出一种价值选择和价值取向，或者说制度的创新是在一定价值观指引下的引导、示范、激励、约束等功能的综合作用。对高校教学管理的制度创新，需要明确其在某种价值观，如平等、自由、民主等指导下的创新，在这种源头性的价值观指导下，制度创新需要遵循一些具体的原则，如系统性原则、开放性原则、可行性原则和一致性原则等。

（一）价值取向

价值取向是价值哲学的重要范畴，它指的是一定主体基于自己的价值观在面对或处理各种矛盾、冲突、关系时所持的基本价值立场、价值态度以及所表现出来的基本价值取

向。价值取向具有实践品格，它的突出作用是决定、支配主体的价值选择，因而对主体自身、主体间关系、其他主体均有重大的影响。价值取向的合理化是进步人类的信念。

教育的本质是通过文化使个体社会化的活动，高校培养高级专门人才的活动既是社会的又是文化的。一方面，高校教育活动需要满足外部需求，即满足政治论哲学，为建设国家服务、为社会服务；另一方面，高校教育系统内部的教育者、管理者和其他教育工作者又是以知识和学科为价值基础的，需要满足认识论哲学，为发展知识服务、为人的综合素质养成服务。作为高校教育的价值主体，无论是教育者还是受教育者，抑或是社会，无论是为社会服务，还是为了培养人才，他们都以知识和技术的价值为基础：教育者以这种技术和知识为基本工作材料实现自身价值，受教育者则是在教育者的帮助下通过学习这种技术和知识而使自身得以发展，社会则在社会文化的传承和发展过程中得以延续、在接受掌握了技术和知识的人才后得以发展。

制度是一种规范，是各种办事规程和行为规则的集合，高校教学管理制度为教育者和受教育者的教育教学行为提供秩序框架，是保障教育教学质量得以实现的重要措施。高校教学管理制度本身不是价值，只是价值的载体，是指示某种价值的符号，同时，教育教学的不同价值理念也必然体现在相应的教学管理制度上。高校教学管理制度的创新需要遵循基于高级技术和知识的平等、自由、民主的价值理念。

教学管理制度的价值取向包括以下几点：

1. 平等

平等是人和人之间的一种关系、人对人的一种态度。高校教学管理制度的平等原则，不是指物质上的"相等"或"平均"，而是指在精神上互相理解、互相尊重。所谓平等理念，其平等也不是指以能力本位为基础的精英主义教育平等观，而是以权利本位为出发点的平等观。这种平等的观念认为高校系统内部的教师享有同等使用学校资源的权利，在其专业领域具有不受其他权利支配的地位。大学生则享有主动学习的权利，具有根据自己的兴趣爱好选择学习内容、学习方法、学习时间、学习地点的权利，具有对教师的观点、见解提出质疑的权利，具有提出独特见解的权利。随着知识经济时代的来临，人们越来越多地感受到知识的价值，感受到时代和社会对知识越来越高的要求，教师和学生的上述平等权利将理所当然、顺时应势地成为高校教学管理制度的基本价值观。

在高校教学管理系统，上述平等理念是与集权统治的管理权力相矛盾的。传统意义上的教学管理者拥有绝对的支配地位，这是基于他们传统意义上的"管理能力"，"以前，管理能力仅限于对个人在管理方法手段中表现出来的特殊才能和才干。而现在这种能力被赋予了更多的内容，它越来越依赖于个人在多种态度、价值观和思维方式方面的发展。这些能力使管理者更容易理解和处理组织内部和外部的多种多样的影响力"。现代意义的管理能力需要被赋予协调不同权利、保障各种权利的平衡的职能，实现平等理念的执行与贯彻。

2. 自由

高等教育是面向未来、指向人生的事业，高等教育的存在与发展离不开对教师和学生个体生存的关注，它的根本价值就体现在对人生存的高层次关怀，高校教育教学只有在关注人的生存的过程中，才能确立起自身合法存在的根本依据和价值旨归。在这个关注人的教育过程中，自由是高校的终极意义和价值追求。自由是人类在获得基本生存保障的前提下，渴求实现人生价值，提高生活质量进而提高生命质量的行为取向和行为方式。自由是一个具有时限性和相对性的概念，不同群体、不同个体对自由的看法、要求都是不同的。在高校系统内部，自由的主体包括教师和学生，自由的领域在技术和知识的传授、整合与应用，自由的内容包括教的自由、学的自由、选择的自由和放弃的自由。

3. 民主

高校教学管理制度的民主原则，既是高校本质的体现和要求，又是现代管理的一个重要原则，应该体现在保护师生的自由和人权原则、多数决定并充分尊重少数的权利的原则、师生得到平等的制度保护的原则、权责统一原则等。

高校教学管理制度的出发点是教育教学，落脚点是教育教学的利益相关者，最终目的是要维护并不断地拓展学校利益相关者的利益。所谓教育教学利益相关者是指能够共享学校教育资源和利益的个人和团体，包括教师、学生、家长、社会用人单位、教育教学管理者等，他们都与学校的教育教学质量有着密切的联系。其中，在教育教学质量保障因素中，起决定作用的是教师，而教师发挥关键作用的保障是学术权力的运用。因此，教学管理制度的民主原则应该体现学术权力的内在要求与反映。坚持民主管理的原则就是坚持学术管理的原则，广大教职工应该共同参与教育教学的管理，在教育教学的改革、建设与发展的重大问题上有首要的、起决定作用的发言权和表决权。

教学管理制度的民主原则应该考虑到学生群体，让学生共同参与教育教学的管理，在教育教学的改革、建设与发展等重大问题上有发言权和表决权。以往高校所奉行的那种极端的"教授治校"的民主观，由于仅仅体现了部分人的民主而渐渐偏离了现代社会民主化进程的要求，所以要以学术利益为目标与出发点，协调教学行政管理工作与学术自由之间的关系，让高校中所有的人，包括处于高级职务的学者与处于低级职务的学者，学术人员与行政管理者，教师与学生等都参与到学校的教育教学管理之中，以表达他们的意愿，体现出平等的民主。

民主管理的原则还应该表现在不同类型的管理应交由不同的管理主体负责和决定，做到权力与责任的统一，在管理主体行使管理职责时，还需要贯彻民主的原则，保证决策机构人员构成的多元化、咨询机构的广泛化和决策机制的科学化。

(二)创新原则

1. 系统性原则

系统性原则要求教学管理制度保障主体的全方位、保障范围的全方位、保障活动的完整性，即制度保障需要教师、学生、教学管理人员的共同参与，涵盖所有与教育教学质量有关的因素，包括教育资源、教育教学过程与教育教学结果，并且对全过程进行调节、控制，形成一个环环相扣的有机整体。

系统性原则要保证核心制度与配套制度的有效结合，从整体角度出发，对制度结构中起主要作用的核心制度与起辅助作用的配套制度进行合理的统筹安排。无论是核心制度，还是配套制度，都需要把对过程管理的关注转移到对关键环节的重点管理上来，如把原来对学生课堂考勤、听课、自习、作业完成等事情的检查和监督，转变为在课程考核的出卷、阅卷和考试等这些关键环节下功夫，把住这些关键环节，就可以以较小的管理成本约束、规范、引导学生平时的行为和态度，而且有利于学生充分利用自己支配的时间和空间进行创新能力的锻炼与塑造。把住关键环节，还可以避免烦琐、避免给师生增加额外负担，便于执行，提高整体工作效率。

2. 可行性原则

可行性原则要确保效率和质量的提高，强调群体或组织中行为的一致性、条理性，从而显示出秩序和效率，没有效率的质量是难以实现为师生服务的教育目标的。同时，质量又是发展过程中的一个重要取向，它构成了效率的基础和前提，没有质量的效率很难说是真正的效率。当然，高校教学管理的效率概念与经济管理、行政管理等领域中的概念应当有所不同，应该是一种符合高校教育本质特性的管理效率。

可行性原则要求制度具有可测性，对教学管理制度执行得好与不好、执行到什么程度，可以用统一的标准进行测量和评价，避免在制度执行过程中出现赏罚不明、标准不一的现象，影响教学管理系统的整体运行。

可行性原则要体现出制度的强制性，遵循"无例外原则"，给予奖惩条例以严格的规定，授予执行部门强制执行的手段和权力，使每个人在执行教学管理制度时感觉到一种

"力度"，需要付出一定的努力，只有当制度得到良好的贯彻执行时，组织成员，包括教师、学生和教学管理者，才能都自觉遵守教学管理制度，自觉维护教学管理制度的权威性，制度所规范的行为即可成为组织成员高度自觉的行为，此时，组织成员的行为自由也就不会感受到这种约束和限制。

可行性原则意味着制度不能太多、太细。任何制度都是有漏洞的，而且制度也不可能无限细化，制度越细化，制度管理的成本越高。即便可以进一步地细化，细化的制度也仍然需要师生们具有执行制度的自觉性，过分精细化的规则还会束缚人活动的手脚，所以应保留一定的能够自己自觉选择行为的余地，要体现对人的尊重，不要用太多的否定词，不用表示禁止的命令性的语气，少规定拘束人的条目，只侧重于指明一个大致的方向，把强调细则的做法改为体贴人的纪律。

3. 开放性原则

开放性原则意味着制度变迁的主体要多元化，要改变以往制度创新仅由教学管理部门主导的现状，吸收教学活动利益相关者参与进来，使制度创新的主体由一元化向多元化发展。制度主体的多元化可以使制度的制定照顾到不同对象，考虑到不同的适用范围。

开放性原则意味着制度变迁的可持续性。任何制度都处在不断修改、不断完善的过程之中，制度如果保持绝对的稳定，必然会带来僵化，束缚人的发展和教学的进步；但修改过于频繁则会降低其有效性。因此，在制定制度的过程中，应该处理好发展中的问题、变化中的问题以及难以确定的问题，建立畅通的信息渠道，保证信息的多向传递和有效转换，做到留有余地，以便制度在执行的过程中得到逐步完善，得以渐进形成稳定的管理体系。

4. 一致性原则

一致性原则要求教学管理制度必须与学校整体的运行机制保持一致。高校的教学管理工作与学校的运行机制、人才培养目标和教学运行体系关系紧密，因此需要与人事分配制度、职务晋升制度、学校管理体制等相关环节保持一致，确保有效实施。

一致性原则要求各项教学管理制度之间的统一、协调。任何一项教学活动、一个教学环节都是为了实现人才培养目标而设计的，各教学活动、教学环节之间环环相扣、紧密相连，教学管理制度也应与之相应，形成较强的系统性、整体性，应做到目标一致、各制度之间衔接一致。

三、高校教学管理制度创新的具体措施

(一)转变教学管理理念

随着我国社会经济的发展，各个高校已经开始不同程度的教学改革。所谓教学改革主要是学习管理观念的更新，在科学教学管理理念的指导下，采取科学有效的管理方式，促进教学管理水平的全面提高，同时提高学校的教学水平。

1. 树立服务性管理理念

管理即服务，服务已成为管理行为的基本含义之一，高校教学管理也应表现出对教师、学生的服务意识，为其提供必要的工作、学习、研究条件，帮助他们解决困难，创造其发挥主动性、能动性的民主和谐的教育教学环境。服务性管理理念要求改变上令下行的管理方式，避免行政权力的泛滥，强调学术权力的重要地位和学生权利的应有地位，要求建立共同参与、相互协商、上下协调的沟通机制。在这种理念指导下，教学管理者不再是发号施令的领导，而是事业的推动者，是民主、和谐氛围的缔造者。服务性的管理理念还要求改变师生间控制与被控制的关系，建立民主、平等的师生关系，树立教师为学生服务的理念，教师以平等、自由、尊严、信任、友善、理解、宽容、亲情、友爱和真诚，感化、指导和鼓舞学生形成积极的人生态度和丰富的情感体验，使之在这种良好环境下愉悦地学习，促进其身心健康地成长。

2. 树立人性化管理理念

教育教学的对象是人，教育教学的实施者也是人。因此，高校教学管理应该体现对人的关怀、尊重、信任。现代管理理论认为，科学技术的进步、物质财富的创造和社会生产力的发展，都离不开人的服务、劳动，管理必须围绕"人"这个第一要素、围绕"人"这个核心的概念，通过提高人的综合素质，充分调动人的积极性、主动性和创造性，提高管理功效，实现预定目标。高校教学管理亦是如此，它是通过教学管理人员与教师、学生的双向互动进行的，即管理人员顺应教学环境，尊重教师和学生的人格和权利，满足教师和学生的工作、学习需要，教师和学生则是自动自觉地把工作和学习视为人生发展的重要组成部分。教学管理制度就是要协调三者的关系，赋予教师相应的权利，保障其学术上和教学上的相对自由，并着眼于学生的综合素质、创造能力和创新思维的培养，注重指导学生的学习自由，使之能够学会学习、学会生活、学会工作。

（二）完善组织体系

高校教学管理制度包括教师的教与学生的学两部分，两者应该有着密切的联系与结合。而实际上的情况是教学管理组织与学生管理组织形成两条平行线，或者仅仅是相交于一点。当前大多数学校的组织安排分为学术性事务、学生事务、生活事务和其他单位事务，而成为功能的仓库，阻碍了运用学校资源以增进学生学习进步的协作。打破这些障碍是困难的，因为学生课外的学习虽然是每一个人的事，但只有通过行政管理者、教师和学生事务工作人员共同合作，高校才能形成学习的风气，才能通过支持和鼓励学生参与各种活动来达到必要的活力和激情。传统的学生管理组织注重日常的事务管理而对人才培养的目标有所忽略，把自身职责局限于为教学工作提供服务，成为校园中处理学生琐碎生活事务的边缘性角色。传统高校的教育是以校园为基础，以教学内容为中心，强调熟练地掌握知识和技术，重在训练适应工作和市场需要的专门人才，学生管理的功能在于以辅助促进学术任务的服务实践为主；但在现代大众化和多元化的高校里，它应该是以学生为中心的教育，高校应该营造良好的学习环境，帮助学生开发潜能，培养有教养的、学会如何生活的公民，因此学生管理必须回归到高校教育的核心，就是促进学生学习。

学生事务管理组织理应打破传统思维的束缚，促使学生事务专业人员对传统学生、学术事务单位壁垒分明及学生事务行政中心等现实问题展开反思，积极倡导学生事务与学术事务单位的合作，结合课内与课外一起努力来提高学生在学校的学习功效。激励学生积极学习，帮助学生发展统一的价值和伦理基础，拟定并宣传对学生学习的高度期望，使用系统的方法去引导学生和组织行为，有效地利用资源以达成组织的任务和目的，联合全校的教育人员，建立具有支持性的总体性学生社区，以最终促成学生学习为高校学生事务的核心价值。

有效学生管理组织包括学籍管理组织、学业指导组织、职业生涯规划指导组织、生活事务管理组织。为了尊重广大学生，发挥群体作用，学生事务管理组织亦需要建立委员会性质的组织，如学生事故处理申诉委员会、学生会、社团联合会、学生实习指导委员会、大学生创业指导中心等。为了保证学生事务管理组织功能的发挥，需赋予它们新的功能。

一是思想教育的咨询功能。学生事务管理组织的基本职能是育人，育人的首要任务是思想教育，为学生提供咨询和指导，让学生正确地认识、分析、判断社会信息和社会发展过程中涌现出的新价值理念，促使他们自觉接受先进世界观、人生观、价值观的转变，让他们以良好的心态对待自己、对待社会，以更佳的心态对待学校、对待社会环境，与此相对应的组织包括心理咨询中心、就业指导中心、学籍管理中心、社团管理中心、学生服务中心等。

二是创设学生选择自主成才的环境。现代大学生由于经历不同、知识结构不同、兴趣爱好不同，造成他们的学习、科研能力也不同，对毕业后所从事的职业也有不同的选择。有效的学生管理组织要充分尊重学生的自主权，让他们根据自己的个性、学习兴趣和专长自主选择专业、课程、教师、学习时间和地点，在给予他们学习咨询和指导的基础上，使之能够保持参与教学的积极性和思考问题的自主性，培养他们的理性精神和主体创造精神。为此，成立社团性质的学生组织是一种很好的选择。现代大学生交往空间日益扩大，迫切需要适合青年自身特点的能实现互教互学、有交流机会、锻炼和表现自己、发展个人兴趣爱好的形式，学生社团以共同的兴趣爱好、共同的意愿为基础组建。学生社团是学生综合素质培养的重要载体，是学校思想教育的重要阵地，是校园文化的主要建设者。学生社团是有效学生管理组织的重要部分，对于进一步促进学生能力的提高、素质的拓展、丰富课余生活有极大的帮助。

（三）明确职责

1. 明确部门职责

明确教学部门的职责首先要规范各部门之间的相互关系，以避免在管理工作中出现摩擦以及效率低下的现象。管理不当的一个重要原因是授予权力而没有负起责任，这将会导致权力的滥用。

在当前高校教学管理工作中，多数采用的是校、院（系）两级管理模式，在这种管理模式下，院校顶层自治的加强与学部和系一级决策机构的自治之间存在潜在的冲突，所以，从较低的层次上看，院校自治的增加表明了一种集权化，因此，对代表学校的教学管理职能部门和直接面向师生的院（系）教学部门的职责进行界定，就是教学管理制度要解决的重要问题。需要在教学管理制度创新的过程中，对此两级管理部门进行必要的职能和职责权的明晰界定，理顺两者的关系，体现两级教学管理体制的科学性。主要措施是高校的校级领导和各职能部门必须从以往那种包揽各种日常管理事务的状态中解放出来，改过去的过程管理为目标管理、价值观管理，减少对教学、科研等具体工作的干预，其职责应定位在统一管理、全面协调以及检查督促等。二级院（系）则要充分发挥主动性、能动性，走出校门，走向市场，根据社会的发展需要，妥善处理好院（系）与学校、社会、企业的关系，承担起基层教学管理和从事教学科研活动的双重职责，做好学科建设、人才培养、科研等最基本的学术工作，确保教学管理在院（系）诸多管理中的核心地位。

学生管理部门亦应从纯粹的日常管理、生活管理的职责，向促进学生的学习与发展的方向迈进，要从"父母替代者"向具有更直接、积极的教育意义的角色转变。学生管理部门应主动参与到学术事务中去，与学术事务管理建立良好的伙伴关系，以利于在校园内创造"无缝隙的学习经历"，伙伴关系和协作学习环境特征，加强学生对综合素质教育、服务学习、课外活动、心理社会发展的认识及加强学术与社会之间的整合等。

2. 明确岗位职责

建立健全教学管理岗位责任制是实现高校教学运行管理系统高效、有序、规范、科学的基本保证。教学管理的岗位职责应包括责任指标、工作标准、协作要求、激励措施。明确岗位职责。一是明确每个岗位应担负的责任，该责任能够让他们明确地知道完成责任指标的重要意义和对其本人的价值，以充分调动他们的工作积极性和主动性，责任指标应该具有可行性，即通过努力是可以实现的，其衡量标准也须是统一的、明确的、客观的。二是明确每个岗位的工作标准，如该岗位所具有的业务功能、服务功能，对岗位工作所应具备的行为要求，对完成岗位工作具体的实施方式和方法。三是协作要求，包括做好部门内外的协作关系、上下工作程序协作关系、平行部门和岗位协作关系等，处理好这个协作问题可以起到充分利用周围环境、资源为岗位工作提供支持的作用。四是激励措施，教学管理要制定主要包括精神激励在内的激励措施，对完成岗位职责的要兑现奖励约定，没有完成的要兑现处罚约定。

(四)保证程序公正

1. 构建问题、数据分析

以事实为基础，即要掌握目前所知的全部事实，并有所考虑，做好充分的学习准备，不能盲目判断事实的正确与否，要对问题进行深入挖掘、提出疑问、搜集证据，对拟定的制度进行充分的必要性、可行性论证，从多个视角考察制度的必要性、制度可能带来的"利""弊"分析、制度给教学工作带来的影响、对教学管理目标的达成度等，这样才能够提出证实或证伪初始假设的若干问题。

数据收集的一个重要方式是访谈。通过访谈，不仅可以得到主要的数据，而且可以发现二手数据的信息来源。当然，访谈的价值不仅仅局限于数据收集，它还可以作为验证观念、增加可信度的一种机制。在完成所有的访谈和数据后，就需要对大量的细节进行筛选，"从稻壳里挑选出麦子"，去粗存精，剔除不相关的论据，把能够证明或证伪假设的数据贯穿成一个模型。接着，就是用此模型解释结果，如果分析证明假设是对的，我们就可以描绘出数据所蕴含的行为过程。而另一方面，如果数据证明假设是错误的，就需要重新设立假设来拟合数据。当事实与假设互相矛盾时，需要修改的是我们的假设，而不是去推翻事实。

构建问题，是对现有状况进行充分分析，以学校长期战略规划为指导，提出、界定、细分问题，然后进行数据的收集与分析，建立解决问题的模型，同时还要不断地证明或证伪这一模型假设。在进行上述数据收集以后，不能就此止步，而要继续进行深入分析，构建问题模型，从而得出许多有益结论，即那些不良现象正是制度不科学、不合理、不健全的原因所导致的，其隐含的结果就是教师没有教学自由、学生缺少学习自由、行政权力泛滥导致管理柔性缺失等，这就为我们运用制度分析方法，提出解决问题的措施奠定了坚实的基础。

2. 尊重服务对象，以广泛参与方式体现民主要求

民主参与包括许多形式，如促使校园文化向民主的过渡，主要是通过教学管理理念的转变，指导服务性管理制度、人性化管理制度和柔性化管理制度的建设；构建扁平化组织结构，通过各类委员会的设置和对院系权力的让渡等方式，赋予基层学术组织和教师们充分的权力，以保障学术自由的实现；让师生具体参与制度决策和执行过程等，如成立各种教师、学生服务组织，设置学生助理岗位，提供教师和学生信息服务等。

从行政意志主导的制度变革转变到共同参与的制度变革，不仅需要教学管理者与教职员工、学生之间的相互角色发生变化，还需要高校文化氛围从专制到民主的变化。通过制度变迁，促进教学管理服务性、人性化和柔性化理念的形成，推动校园民主文化的发展。

民主最重要的手段还是让师生参与学校的管理和决策过程。广泛参与包括时间维度上的持续性和稳定性，尽管个体的行为可能是一次性的，但教学管理制度的创新需要在整个过程，包括执行、反馈环节都要坚持民主的原则，在对教学管理制度的变更、替代、创建时更需如此，需要在制度分析的全过程、全时段予以坚持和完善，以保证时间维度上的持续性和稳定性。

3. 建立良好的沟通、协调发展

无论是采取强制性制度变迁模式还是诱致性变迁模式，是采取行政主导式的刚性创新手段还是参与式民主措施，建立一种有效的沟通、协调机制都是必要的。这种沟通、协调机制的建立，有利于界定权力和责任的界限，克服权责不分所带来的管理混乱，在保证行政权力效率的同时，赋予教师足够的学术权力以保障学术自由，赋予学生应有的权利保证学习自由的实现，也是解决学术权力和学生权利缺失导致的合法性危机的重要渠道，最终促使程序公正的实现，以获得教学管理制度对教学质量提高的有效保证。良好的沟通、协

调机制包括以下几个方面：

一是设置决策过程中行政权力、学术权力、学生权利相互协调的有效机制，在制度创新过程中，矛盾与纠纷是不可避免的，如果不及时化解，将最终导致制度的失败，所以，在决策时要提高透明度，在创新的不同时期要即时通报进展情况和问题，给予师生员工质疑的权利和机会。二是建设良好的信息技术平台与信息沟通、共享机制，保证信息处理的及时与完整、数据交换渠道和平台的宽阔与畅通。无论是学术权力、行政权力，还是学生权利，他们在参与制度创新的过程中，都将更多地从自身利益角度出发考虑问题。为此，就要建立有效的信息中枢机构，公布各方面利益主体的信息、知识，将教师教学工作中反映的问题、学生学习过程中产生的困难、教学管理工作的成本等信息及时汇总到信息机构，使之能得到及时处理和反馈，实现信息共享，把各方面的创新过程和活动有机地联系起来。

第四章 高校教学督导工作与管理方法

第一节 高校教学督导工作

一、高校教学督导工作的性质与特征

(一) 高校教学督导工作的性质

高校教学督导工作在不断完善教学管理制度、健全教学质量监控体系、强化教学质量自律意识的实践过程中谋求发展，显示生命力，表现出督导工作的本质属性。教学督导工作的属性跨越在教育学与管理学两个学科之间，具有交叉学科的两重性。

首先，督导工作属于教育范畴的一种教育行为。无论是高等教育还是基础教育，教育的存在形态即具有教育意义、教育价值的表现形式和状态，一般可概括归纳为五种。教育的第一种存在形态是熏陶——情境氛围的潜移默化，富于感染力的讲授等；第二种存在形态是"主题学习"——各种有明确规划的必选修课程，如公共基础课、学科基础课、专业课等，以及实验、实习、实践学习等；第三种存在形态是训练——以示范、演示、模仿、强化、调节等促成心智技能的熟练；第四种存在形态是探索——激发探索的内在需求，形成探索智慧，鼓励自由探索；第五种存在形态是评估——具有导向、激励、督察、反馈、调节、甄别、筛选等功能。督导工作的教育性主要就是以教育的第五种形态具体表现的，比如督导人员深入课堂、实践环节、毕业设计、论文答辩，进行巡教听课评价，还有督导人员参与学校教学工作水平自评估等，都是教育存在形态的具体化，表明评教、评管、评学本身就是教育行为，渗透着教育价值观念的导向。

其次，督导工作属于管理范畴的一种管理行为，尤其指质量管理行为。督导人员通过"常规督导"和"专项督导"两种基本工作方式，把握教学实际运行的质量状态，依据教学管理程序、管理规范来调控教学全过程的实施，发现和诊断影响教学质量的主要问题，分析研究有价值的教学信息，提出纠偏和修正的应急措施或合理的教学方案，为领导决策

咨询服务，也为教学管理人员、教师和学生提供信息反馈服务。督导管理行为由督教、督学演进到督管，全方位地进入了高校教学活动的全过程，在高校决策、执行、监督"三位一体"的教学质量管理系统中，被赋予了"质量监控"的职能和作用。高校完备、健全的教育质量管理系统，必定是一个决策、执行、监督"三位一体"的严密系统，必定要形成自下而上、自上而下、平行制约整合起来的质量监督。从督导工作的本质属性出发，又可以派生出如下其他性质：

1. 广泛性

现代督导工作对象确实十分广泛，特别是在我国更是无所不包，涉及教育教学工作的诸多关系和方面，既有各级政府和教育行政部门的教育工作，又有各级各类学校的教学工作，既涉及教育教学管理者，包括地方各级政府有关主管领导、教育行政部门的直接领导和各级各类学校的校长，还涉及教师、学生及学生家长。

高校教学督导工作全方位地触及教学的全过程、教学的各个环节，触及教学质量管理的多个层面、质量监控评估的全部要素。显而易见，教学督导工作对象同样也是面广点泛，教学时空内发生的事和人无所不及。其中值得提出的是督导工作的重点对象，除了对教师的教学及效果、学生的学习及成绩的视察、检查、评价之外，还要对教学管理系统中相关要素进行检查、评价。如对教学领导机构、教学决策组织、教学执行部门、教学实施单元、学生学习集体、教学资料文献、教学资源设备、校园文化建设，甚至学生家庭状态背景和学校与所在辖区周边的社会关系等情景关联因素进行观察、检查或考核、评价。

教学督导工作应包括整个教学过程，而不仅仅是针对课堂教学这一个环节，从教学全过程所涉的情景关联因素看，便可对督导工作对象的广泛性一目了然。教学过程是一个多因素制约的复杂渐进的人才培养过程，或者说人才培养过程主要由教学过程来体现，它可以分解为三大类：第一类是教学设计（包括培养方案、教学计划、教学大纲、教学实施方案、教学研究等子过程）；第二类是教学活动（包括课堂教学、实验教学、实习教学、课程设计、毕业设计、科技实践、社会调查、学习考核等子过程）；第三类是教学管理（包括课程管理、考务管理、成绩管理、学籍管理、教学信息管理、教研项目管理等子过程）。在这个众多因素相互制约的过程中，任何一种因素或者现象，一个事件或者人物，都可能被抽样确认为重点观测对象，甚至可能被确定为长期观测对象，进行追踪监控，从而提取有价值的教学信息。

2. 民主性

民主原则、平等精神的核心思想是尊重个人的尊严及价值。如果督导工作过程中形成的工作理念和实际行为方式缺乏民主和平等，那么督导工作人员与相关工作对象（教学决策领导、教学管理者、教师和学生）结成的关系一定会僵化、恶化甚至对立化，工作系统的运行一定会受阻。民主原则、平等精神在督导工作过程中的意义不言而喻，它有如下很具体的表达形式：

（1）沟通

提高教学质量是一项系统工程，涉及多个方面和各个职能部门，督导要以平等对话的方式与这些部门及相关人员沟通，富有亲和力地互通情况，防止"下车伊始"就"发号施令"。沟通的内容应当包括发现的紧急突发事件、掌握的教学运行状态、提取的典型事例或人物、采集的有价值的教学信息和总结的分析报告、可供参考的建议或教改方案等；沟通的对象根据沟通的内容选定直接沟通或间接沟通、口头沟通或书面沟通、与学校领导和主管部门领导沟通或与相关人员沟通；沟通的方式则要求双向的有反馈回路的沟通，改变过去只向上级汇报，只对领导负责的单向沟通。

（2）协商

督导对教学质量监控管理，依据质量特有的标准化专业要求去检查和考核，总会发现这样或那样的问题，甚至可以说督导工作任务就是找出问题、分析问题、帮助解决问题。"问题管理"的关键在于一旦发现或诊断出问题，要以宽容的态度与相关部门、相关人员协调商量，督导与被督导双方一起研究问题的症结所在，切磋解决问题的良方。如发现重大事故问题或新产生的问题，更要以十分审慎的态度倾听意见，与对方单位或个人开诚布公地交换看法，共同寻找应急解救措施。协商就是"有事多商量少指责"，只有协商切磋，才能营造出相互谅解、理解与协调、和谐的工作氛围，从而改变过去"钦差大臣"的做派，改变那种"我令你行""我说你听"，对方"无话可说"的现象。

（3）参与

教学质量监控管理是全员参与的管理，不是教学管理职能部门单个组织能够承担的。教学督导人员以检查员、视察员、考评员的身份参与的管理过程，只是从更深更广的层面了解掌握教学过程中影响教学质量的真实情况和根本原因，他们不能"越俎代庖"，取代教学管理职能部门应当承担的职责。相反，要尊重所有被督导者的意见、愿望和要求，把他们的积极性、主动性调动起来，利用条件，创造条件，让教学管理者、教师、学生都参与重大问题的调查，参与教学质量评估，参与共性问题的研究，参与教改方案实施的探索等，防止出现那种"局外人"事不关己的现象以及被督察者"等着挨打"的被动状态。

3.科学性

在现代教育教学质量管理中，要自主掌握、运用和探究科学方法，其意义与价值怎么估计也不为高。20 世纪，以电子计算机的诞生和广泛应用为标志的现代科学技术革命，伴随相对论、量子力学、基因理论、系统论、信息论、模糊数学理论、耗散结构理论等解构性学科的崛起，从根本上改变了传统的不适应新情况的思维方式。"我们必须很快地改变我们对高等教育的概念，今天所教内容的百分之八九十都应该放在科学方法、教学方法、学习方法、推理方法、搜集资料的方法……方法比事实更重要。"这说明，在相同的客观条件下，成功的关键取决于方法的科学性，"事半功倍"与"事倍功半"的绩效差异取决于方法的科学性。

教学质量管理非常注重"效率""效用""效果"，十分讲究掌握和运用现代科学方法，尽可能减少目标差，预防失效，达到有效，力求实效，追求高效。因此，在督导工作中掌握和运用科学方法，本身并不是最终目的，重要的是体悟方法的科学性，从各方面受到科学真理、科学规律的启示，从而改善甚至变革自己的思考方式，进而改善或变革自己的工作方式。结合督导工作实践，根据督导工作的特殊要求，一般常用的方法有系统方法、信息方法、反馈方法、数学方法等。大量并且综合运用这些科学方法，不仅能反映教学质量管理的组织系统运行状况、工作效率以及加工处理问题的技能，而且能衡量督导工作质量与水平、督导管理形式科学性与规范化。

4. 客观性

督导质量监控管理工作坚持实事求是的原则，一切以事实为依据，特别强调事实客观性。客观事实是分析问题和解决问题的立足之本。缺乏真凭实据，仅凭主观感觉，靠以往经验，臆断推理，这正是失误、错误和失败的开始。

事实首先还只是客观事件（现象、表象），客观事件不存在正确或错误的问题，它还不能称为"客观事实"。通过观察和实验（或实践活动）所获得的经验事实，通过科学整理、鉴定并由认识主体陈述和判断，才能称为"客观事实"。工作中常常使用的"客观事实"这一概念属于认识论范畴，它的内容是客观的，形式则是主观的，这就是对同一客观事件会出现认识上的差异或反差的原因。对同一客观事件，可以因为认识条件设置合理而描述为精确的科学事实，也可以因为认识条件设置得不合理而描述为粗糙乃至歪曲的事实。

（二）高校教学督导工作的特征

1. 多样化灵活

高校教学督导工作的具体任务与内容、形式与方式以及督导人员多少、督导时间长短，可根据督导专题的实际需要灵活设计，具有多样化灵活的特征。以督导工作方式与形式为例，多样化灵活的特征很突出，它没有固定的程式化的格式，且在实际工作中始终注意发现更多的独具特色的操作方法，摸索多种形式在工作中的综合运用。

综观高校教学督导工作形式与方式，可按照不同标准划分为以下几种基本类型：独立督导和集体督导、定期督导和临时督导、综合督导和个案督导、常规督导和专题督导、跟踪督导和选择督导、普查督导和抽样督导等。不同的督导工作方式灵活运用于实际工作，往往采取既综合又交叉的形式进行，如随机抽查课堂教学，随堂听课评课——临时督导或抽样督导；深入各院系参与各种形式的主题性座谈会——专题督导或综合督导；检查、分析学生课外作业、考试试卷——集体督导或普查督导；定期定点到院、系进行实验教学、毕业设计的巡教——定期督导或跟踪督导；挑选院、系某一个案问题，如精品课程、优质课程建设或师资队伍建设或优秀教材建设进行调研——选择督导或个案督导。灵活多样的工作形式使教学督导工作开展得有效又高效，生动又活跃。

2. 更系统地运行

越是复杂的系统，越是需要更系统地运行。而更系统地运行要求具有从整体优化考虑其全过程的系统规划，要求具有很强的计划性、互动性和连续性。督导质量监控工作的系统规划，应按照计划—选择—修订的步骤，形成整体优化、改善结构、追求最佳效果的学年工作总计划，制定综合督导和常规督导、集体督导和专题督导的学期工作重点，编制调查、论证和评价的教学督导档案。同时进行系统的可行性研究，在可供选择的计划方案中，筛选最佳方案。如对专题督导的工作方案，事前征求有关方面的意见，确定专题督导对象，拟订周密的专题督导计划（方案），组成合适的督导小组，对共性问题进行预测分析。最后的步骤就是修订，方案计划的执行实施100%照原样完成的情况极为罕见，要针对方案计划中不切实际的部分滚动完善和调整。保证督导工作更系统地运行，务必有周密的计划性、明确的选择性、有序的调整性，同时还要防止工作的随意性、工作的盲目性和工作的片面性。

3. 重科学性

从一定意义上讲，高校教学督导和教学评估工作不仅始终围绕着"教学工作是学校中心工作""质量是教学的生命线"的教学定位来落实自己的工作任务，同时也始终围绕着"学科建设是头等大事""学术至上、育人为本"的办学宗旨来开展工作。比如，与人才资格认证和职业准入挂钩的学科专业教学质量评估具有很强的学科专业性；课程体系改革与学科专业平台课程构建、学科基础精品课程建设也都具有很强的学术性；课堂教学效果评价标准（指标体系）的设定涉及不同性质的学科（自然科学、工程技术、人文社会科学）的科学界定；还有更多的督导实际工作接触的问题（如以工科为主要基础的多科性高校如何办好文科专业的问题、文理兼收的学生如何培养的问题、教学计划中课程设置的合理性与课程衔接的问题、教学过程中如何体现互动教学特性的问题等），都涉及学科学术管理等很专业的问题。针对这些学科学术性强、专业化程度高的问题，教学督导人员要组成若干个理学组、工学组和文科组，进行重点的专门指导或者提供业务上的帮助。

二、高校教学督导工作的职能与价值

现代高校教学督导的历史虽然不长，但在提高高校教学质量方面发挥了重要作用，成为高校教学质量监控体系的一个重要组成部分。教学督导的产生、发展和逐步完善，丰富和发展了教学质量监控体系，使其更加适应经济社会变化对高校教育的挑战，因而充满了生机与活力。

（一）高校教学督导工作的职能

职能具体界定为四个方面：把握状态、控制过程、反馈结果和咨询决策。

1. 把握状态

把握状态的基本要求是真实客观、全面系统、实时动态。

真实客观性要求把握状态时必须准确把握教学过程和教学管理实际运行的各种信息，无论是来自教师、学生的，还是来自学校、学院教学管理部门的教学运行状态信息，都是教学质量管理系统的影响因素，都可能会出现信息不对称、信息失真的情况，更不用说为了应付教学检查而出现的弄虚作假情况。教学督导首要的是把握实际的运行状态，即学生是怎样做的，教师是怎样做的，管理者是怎样做的。

全面系统性要求把握状态时，要全面把握参与教学过程和教学管理的各个层次、各个系统的状态，对全部教学活动进行系统的检测。从学生入学到毕业走上工作岗位，每一步、每一个阶段、每一个环节都要检测。其中包括：把握招生工作的质量状态、把握教学过程的质量状态、把握教学辅助过程的质量状态、把握教学行政的质量状态、把握教学基本建设的质量状态、把握教师队伍的质量状态、把握教学质量进行检查与信息反馈过程的状态等。

实时动态性要求把握状态要及时反映教学系统运行的动态过程。按照系统理论，状态、反馈与控制是密不可分的，把握状态时不仅要把握系统在一个时期运行结果的状态，更重要的是把握系统的运动状态，以便根据运动状态，随时按照预定目标，调查、控制系统的运行轨迹。只有及时把握状态，才能快速反馈检测结果，实时控制系统的运行。

2. 控制过程

控制过程就是指教学的全过程都必须实施严格控制。教学过程控制要依据全套教学质量管理文件、程序文件、教师教学工作规范、学生学籍管理条例等有关法律法规和管理规章制度。这些制度和规章由学校教学管理职能部门制定，由专业学院（系）执行，由教学督导监督，构成完善的教学质量管理系统。在过程管理方面，教学督导的职能包括两个方面：一是贯穿整个学期的教学常规检查，并将检查中搜集的信息及时反馈给有关专业学院（系）和职能部门；二是对教学过程中各主要环节和阶段的教学质量进行检查，如教学日历、教学大纲、教材、课堂教学质量、考试质量、实验实习质量和毕业设计（论文）质量等。前者称为"常规督导"，后者称为"专项督导"。

（1）控制过程的结果处理

要根据系统反馈的结果，对教学系统的状态实施控制，实施控制的主体是教学系统的各层次决策机构和执行机构。根据系统优化的教学质量管理原则，决策机构、执行机构与咨询监督机构要加强沟通，密切配合，克服壁垒障碍。执行机构应根据反馈的信息，及时采取措施，纠正偏差。决策机构应根据反馈的信息，分析产生偏差的原因，对有利于提高教学质量的教学改革（如有利于创新性培养的教学改革探索和实践可能违背已有的管理规范），应修改规范并给予激励。对不利于提高教学质量的违规行为要有相应的制约，并追究其责任。对并不影响教学质量，属于教师风格或课程特点（如艺术类课程、外教授课等）的违规行为，应适当调整教学管理中有关的刚性规定。否则，教学督导就会经常发现相同的问题，反映相同的问题。

（2）控制过程的步骤

①检查。即根据职能部门的安排，对教学的全过程进行经常性的督察、检查。检查的重点无疑是课堂教学。目前教学督导员的活动也主要集中于课堂教学，但是不应局限于课堂教学，而应扩大至教学的全过程。除课堂教学外，应当着重检查的是教学实践环节。如：有些专业特别是工科专业的教学实践环节是相当薄弱的，生产实习环节大大削弱了，生产实习次数少了，实习时间短了，完全是"走马观花"。用人单位普遍反映：现在大学生的生产实践知识很缺乏，有的学生甚至是"一问三不知"。因此，加强对教学实践环节（实习、实验、课程作业等）的督察、检查是十分必要的。

②反馈。反馈是指将一个系统（被控对象）的输出信息与输入信息叠加后再作用于被控对象。教学督导系统被视为学校管理的反馈系统，也就是说，教学督导员通过听课、检查、调查、开学生教师座谈会等，反映教学第一线的意见和要求，实现学校各项政策、任

务、执行情况以及政策本身问题的"反馈"。

③评估。评估包括对每次教学质量检查的结果进行评价和根据需要对某些专门问题进行评估。要对每次教学质量检查结果做出实事求是、恰如其分的评价，关键是必须制定、掌握好评价标准。评价标准（指标体系）既要科学、合理，又要可操作性好。所谓可操作性好，一是要简明扼要，不要太烦琐；二是要比较具体，不要太笼统、抽象；三是要针对性好，不要一个标准通用。要做到这些，需要通过督察、检查活动不断摸索、不断改进，才能逐步完善。教学水平评估是教学质量宏观监控的一个重要手段，通过评估，可以摸清实力，发现问题，找出差距，改进教学。根据职能部门的需要，对某些专门问题进行的评估包括对专业教学计划的评估，对教学研究项目的立项评估，对教学改革成果的评估等。

④调查。即根据教学工作的需要，对某一单位的教学情况、某一门课程、某一教学环节或某一专门教学问题进行调查。例如，对毕业生质量进行调查。这是了解一个学校教学水平高低和培养人才质量的重要途径，调查结果是教学改革的重要依据。做好这项调查很有必要，但是有一定难度，必须运用科学的方法进行调查，通过对毕业生（包括本科生、研究生）进行深入、全面的跟踪调查，才能得出具有说服力的、真实的结论，为教学改革提供可靠的依据。

⑤研究。即对有关教育、教学问题进行专门研究。目前许多学校都有高教研究所（室），它们的任务是对高等教育的有关问题进行研究。教学督导工作还包括对一些有关教育、教学的问题进行研究。例如：目前多数高校招生规模不断扩大，如何在扩招情况下保证学生的培养质量，是一个很值得研究的问题。

（3）控制目标的实现

①开展教职员工全员教育思想大讨论，转变教育观念。教学质量建设是学校常抓不懈的凝聚工程，要通过全员教育思想大讨论，树立面向 21 世纪的教育人才观、服务观，推进全面素质教育，培养创新型人才。在统一思想、统一认识，特别是统一校级领导班子的思想与认识的基础上，才能步调一致，产生巨大的凝聚力；才能在困难面前百折不回，一步一个脚印地去争取胜利，实现教学优秀学校的阶段发展目标。

②建立健全实现教学优秀学校发展目标的组织机构，分解落实任务。教学工作评价指标体系涵盖了学校各部门的工作，规定达到 A 级标准，才可通过优秀评价。因此，必须将指标体系的 A 级目标值分解到各有关校领导，有关职能部门，各院、系、部及全体教职员工，对照目标值找差距，定措施，促改革，制订具体实施计划，同心协力搞好这一系统工程。而教学督导工作则可按重点建设工程的项目监理要求，按照教学工作评价指标体系的标准及学校有关职能部门、院、系、部制订的实施计划，配合有关职能部门和各院、系、

部能动地进行有计划、有目的的检查与督导，形成生动、活泼的工作局面。

③确定教学优秀学校建设的中心工作，协同合作。各职能部门及院、系、部既要努力做好教学资料、文件的归档工作，又要抓住专业调整的契机，迎接挑战，加强教学规范化管理。同时，还要开展教学研究，确立教学改革特色项目，抓紧部署与实施。

④把提高教学质量作为高校工作的永恒主题，不能动摇。以评促建，评建结合，重在建设，重在提高，这是开展教学目标建设的根本目的。因此，应深化教育与教学内容、方法的改革；规范教学与教学督导管理，提高管理水平；改革招生工作，提高生源质量；调整学校发展建设规划，促进教学基础设施、教学条件和校园环境建设；加强学科和师资队伍的建设；加强后勤社会化改革，为教学提供全方位服务保障体系的建设；加大教学投入，保证教学经费，改革现行的财务管理制度；开创产、学、研结合，创新人才培养的新局面。

3. 反馈结果

（1）加强教学督导的信息反馈机制

为增进教学过程中信息反馈的功效，必须充分发挥教学双方信息反馈的全面性和丰富性。在教学过程中，信息反馈的渠道是多种多样的，所提供的教学信息的真实性也各不相同。只有进行全面的信息反馈，才能全面地了解教学的实际情况。有的教师只看考试分数，有的学生只注重书面考试，这都会失去大量的信息，从而不能全面地把握教学过程。为此，在教学过程中应提供更多的反馈信息，同时收集不易察觉的反馈信息，以便对教学信息进行全面的评价和调控。

教学督导员深入教学第一线，亲手获得大量的第一手资料和信息，这些信息非常珍贵，而且涉及方方面面，要及时传递给有关职能部门和有关学校领导，不使有效信息流失和衰减，就必须建立规范化的反馈制度，及时处理，并将处理结果反馈到督导办公室。只有这样，才能更好地发挥督导作用，增强督导的力度。教学督导工作是动真格的，一批教学督导员，深入教学第一线，认真负责，既了解教的情况，也了解学的情况，敢于说真话，反映真实情况。可能有的职能部门听了不高兴，认为是揭了短，曝了光，有些话领导听了感到刺耳，不太舒服。但是要从学校的全局出发，从长远发展考虑，抱着"闻过则喜""有则改之"的态度，对一些教学督导员提出的真知灼见或尖锐苛刻的意见，听则有益，而且这种敢于直言的精神非常宝贵。从各高校的实际情况出发，应完善教学督导的反馈机制，使督导更好地发挥作用。

（2）建立教学质量的信息反馈网络

教学督导员进行教学督导工作，只是教学质量监控系统中的一部分。还应建立教学质量信息反馈网络。它包括教师教的质量信息和学生学的质量信息，以及学校培养人才进入社会，经过用人单位使用，接受社会实践检验的信息。要收集这三方面的信息，除通过学期初、学期中、学期末的教学检查，教学管理部门和校、院（系）两级领导干部听课以及教学督导评估得到的信息外，还必须建立学生信息网、教师信息网和毕业生信息网三个反馈网。

（3）采用多渠道、双向式教学督导信息

为全面、准确、迅速地反馈信息，应制作教学督导工作意见与建议征集表、教学督导巡视表、听课表、毕业设计（论文）检查表、教材使用调查表、青年教师调查问卷等，印制《教学督导办公室文件》《教学督导工作简报》《教学督导工作快讯》《教学督导工作参考》等资料，设立意见与建议信箱，开通书面渠道；通过召开教学督导工作研讨会及座谈会、教学督导小组碰头会等会议，开通口头渠道；利用留言电话与传真，开通电话渠道；建设督导办公室局域网并推行办公自动化，开通教学督导工作网站，建立教学督导电子信箱，拓展收集教学督导工作意见与建议的网络渠道。

4. 咨询决策

在整个教学质量管理过程中，高校领导决策机构是实现学校教育教学质量目标的关键，是联结教学计划工作、组织工作、控制工作和评估工作等各个环节的纽带。具体说，学校高层管理者在教学质量管理系统中的领导决策作用主要体现在以下方面：

（1）合理组织

即在学校质量管理系统内部建立效果好和效率高的质量管理体系，确定学校的质量方针和质量目标，创造一个使全校教职员工参与并使质量体系有效运行的环境；确定教学质量管理组织机构的设置方式，明确各组织机构的任务分配；加强质量管理资源要素的合理配置，既要保证各部门、机构、人员在质量活动中职能的充分发挥，又要保证质量管理资源的最优利用。

（2）平衡协调

协调是领导决策时组织环节的重要补充。一是指保证质量活动在空间、时间上紧密衔接，建立各种平衡关系；在质量体系的运行中，所有的主要质量环节重要活动的内容和程序，都必须在目标、分工、时间和联系方面协调一致，保持体系的有序性。二是指在内外条件和环境发生变化时，对各部门质量职责和要素分配进行协调，以加强质量系统对环境的适应性。

（3）监督评估

监督是指学校高层管理者按照质量方针、目标对质量体系运行所进行的检查、督促、纠偏的一系列活动。在质量管理活动中，需要对各个局部环节的活动进行监督与控制，及时发现产生问题的部位及原因，并将实际状况同原定计划目标做出比较、找出偏差、分析原因、发掘潜力，采取措施以纠正偏差。教学监督的配套手段是教学评估，即：对质量体系运行状态及结果的测评与估价，对质量文件体系本身的评价（质量体系的审核和复审），对职能部门和岗位完成质量目标的评价，对教学过程各环节的评价。

第二节　高校教学管理方法

一、高校教学管理方法概述

在高校教学管理过程中，管理方应遵循科学教育与管理规律，树立良好的教育理念，以此为基础对教学进程进行组织计划、协调、指导并控制以达到教育资源配置最优化，使教学活动获得效益最大化，同时实现教学目标过程。

（一）教学管理方法的基本概念和特点

1. 管理方法、教学管理方法的概念和内涵

所谓方法，是指人类认识和改造客观世界所采用的方式和借助的手段。方法由人们掌握和运用，服务于认识世界、改造世界和取得某种成果、获得效率效益的目的，是与人们的特定实践活动相联系的。管理方法就是运用科学理论和原理，解决管理活动中的实际问题，提高管理功效，实现管理目标所采取的方式、手段和措施。这一概念包括四层含义：第一，它界定了掌握和运用教学管理方法的主体——管理者；第二，它表明了教学管理方法贯穿于教学管理的全过程；第三，它明确了运用教学管理方法是为了解决教学管理问题、实现教学管理目标；第四，它指出了教学管理方法在活动方式、管理手段、工作措施等方面具有多样性。

2. 高校教学管理方法的特点

教学管理方法是管理科学理论和方法在教育教学领域的移植、借鉴和发展，是教育学理论和方法在教学管理中的具体运用，因而它既具有一般管理方法的特点，又具有自身的性质和特点。主要体现在以下几个方面：

（1）目的性

教学管理是一种目标明确的有目的的活动，它通过管理目标来引导管理过程，充分发挥教师、学生投身教学及质量管理工作的积极性和创造性，使教学管理真正起到推动教学改革、促进教学质量提高的目的。而教学管理方法就是为达到这种目的、达成这一目标而采取的管理方式和手段。由于目的和目标具有多样性，因此也就有不同的管理方法和管理手段。

（2）科学性

教学管理方法是以科学先进的管理思想为指导的，在管理科学中已经形成并在实践中被证明是行之有效的管理方法与手段，都可以直接或间接地渗透和移植到高校教学管理中来，如系统论、控制论、信息论、耗散结构论、协同论、全面质量管理理论、决策理论以及数理统计、网络技术和计算机技术等，在教学管理理论和方法中都能充分地体现和加以运用。

（3）中介性

教学管理理论必须通过教学管理方法才能在管理实践中发挥作用。教学管理方法是现代管理原理和教育教学理论的自然延伸和具体化，是管理理论指导管理实践的必要中介和桥梁，是实现教学管理目标的途径和手段。

（4）规范性

教学管理方法具有很强的规范性和原则性，它为教学管理的具体活动、各项工作指明了必须遵循的途径、程序和方式。这些程序和方式不能轻易打乱，否则就会导致方法失效。当然，教学管理方法也要突出弹性管理，尽可能减少不必要的规范、规定和要求。

（5）普遍性

教学管理方法大都具有抽象性和普遍性的特征，亦即各种方法都扬弃了教学管理过程中各自的具体特点，只着重于管理过程的一般性特征和普遍性问题，侧重于管理活动中的共同规律性。普遍性较高的教学管理方法，适用于各种具体的情况，运用于各种不同的管理范围和活动领域。当然，有些具体的管理方法则具有较强的针对性。

（6）系统性

一方面，每一种教学管理方法都自成体系，都有其内在的系统特征，包括有明确的目标和功能，一定的程序、步骤、方式和途径，一定的限制条件和适用范围等。另一方面，各种管理方法相互联结、相互依存，促进管理方法呈现整体化运作，形成教学管理的方法体系。

（7）多样性

高校教学管理因管理活动的主体、对象、内容、形式、目的等的多样性，而采取不同的管理方式和方法，以保证教学管理目标的达成。教学管理方法可以从不同的角度、按不同的标准加以分类。例如：按管理方法所处的层次，可分为哲学方法、一般方法和具体方法；按管理对象的范围不同，可分为宏观管理方法、中观管理方法和微观管理方法；按管理方法的权威性和作用机制不同，可分为行政方法、法律方法、经济方法、教育方法；按科学性、精确性的程度分类，可分为经验方法、科学方法或定性方法、定量方法等；按产生的历史时期不同，可分为传统方法、现代科学方法等；按管理对象的性质不同，可分为人力资源管理方法、物资管理方法、财务管理方法、信息管理方法；按管理活动类型的不同，可分为预测方法、决策方法、控制方法、制度方法、程序方法、目标方法等。随着人们对管理方法认识的深化，高校教学管理方法体系也将不断完善和日趋多样化。

（二）教学管理方法的功能与作用

"工欲善其事，必先利其器"，这里的"器"是指工具，也可视为方法。方法是提高效率、创造质量的实践工具，做任何事情都要讲究方法，方法自古就为人们所重视。古今中外，无论是政治家、科学家还是管理学家，都十分重视方法问题，因为科学的方法一旦形成，就能指导人们有效地思考和行动。高校教学管理方法是用以实现教学管理目标、开展教学管理活动的具体方式和手段。教学管理方法是否科学、合理，直接影响教学管理的质量和效果。高校如果缺乏科学的教学管理方法，即便有正确的管理目标，有健全的教学管理体制和运行机制，有现代化的管理手段，也难以做好教学管理工作。这是因为教学管理方法具有以下功能和作用：

1. 导向功能

教学管理方法是为完成教学管理任务、达成教学管理目标而采取的具体方式和途径，是贯彻管理原则的重要手段。管理原则是用来指导管理实践的准绳，在实践中，原则对工作的指导总是借助于管理方法的选择和运用来实现的。因此，教学管理方法是将教学管理导向成功的方式，如果没有教学管理方法的导向和中介作用，教学管理过程就会因失去目的和方向而陷于混乱，各项管理工作也会偏离正常的运行轨道。

2. 纽带功能

工作任务好比过河，而工作方法好比是桥或船，这充分说明方法具有纽带功能。教学管理的每个环节、每一层次、每一次具体的实施操作过程，都是管理主体与客体多种因素相互交叉、相互作用的结果，而教学管理方法则是教学管理活动的主体与客体相互联结的方式和纽带，是沟通两者的中介和桥梁。在实际教学管理过程中，管理者往往借助于管理方法将管理理论与管理实际联结起来，将教学管理目标从抽象的精神形态逐步转化成现实的物化形态，以实现教学管理的功能，达到合理配置教学资源的目的。

3. 激励功能

教学管理的主体是人，管理的对象也主要是人，高校教学管理成功与否和效能的高低，在很大程度上取决于管理参与者——人的积极性和创造性是否充分发挥。因此，教学管理的一个重要任务就是如何激发管理参与者——广大师生员工的主动性、积极性和创造性。高效能的管理者一般是在深入分析与研究学校教学管理活动及其客观规律的同时，仔细认真地了解广大师生员工在精神与物质上的各种需求，通过选择和组合科学的管理方法来实现对师生员工精神激励与物质积累的有机结合，建立更为灵活和人性化的沟通、评价与激励机制，以保证教学管理目标的达成和教学质量的提高。

4. 控制功能

教学管理方法是学校管理者对教学管理过程实行引导、干预和控制的手段和方式，通过同各种自发的、外在的干扰因素和偏离目标的因素相抗衡，保证教学管理职能的执行和预期管理目标的实现。正是教学管理方法有这种控制性功能，才能将教学管理过程置于管理者的有效控制之下，保证学校教学活动和教学管理工作的顺利进行，以实现教学管理的职能，达成管理的目标和效果。

5. 效率功能

"方法好，多快好省，事半功倍；方法不好，少慢差费，事倍功半。"管理方法是提高管理效率的重要因素，是促进管理方式由粗放式管理向高效化管理转变的重要手段，先进正确的方法往往能起到事半功倍的作用。高校教学管理活动、管理过程实际上是教学过程中的人力、物力、财力等资源以及信息、时空的配置过程，教学管理方法很重要的功能就是把教师、学生、教学资源、信息等各种因素合理地组织起来，有机地协调成一个多功能、多层次、多属性的综合教学系统，使教育教学资源的配置达到合理化和高效化。在高校教学管理实践中，任何一项管理工作，只要选择和运用管理方法得当，就能节省工作时间，提高管理效率和办学效益，做到物尽其用、人尽其才、财尽其力，以最小的代价换取最佳的效果。

(三)运用教学管理方法应注意的几个问题

在高校教学管理中运用上述方法时，还应注意以下几点：

1. 要注重吸收传统管理方法中的有益成分

所谓传统管理方法，是指在管理作为一门独立的科学尚未诞生之前，由管理者自发地凭经验积累起来的一整套管理方法。其特点是管理者注重的往往是传统的延续、历史的类比、经验的积累、定性的分析以及主观的判断和想象等，借助的手段也比较原始和简单。但传统的管理方法也有许多科学的成分，对我国高校在长期办学实践中形成的一套传统的管理方法，不应全盘否定，而要加以科学总结和合理吸收利用。

2. 以事实为依据，尽量用数据说话

在高校教学质量管理过程中，要坚持实事求是，尊重客观事实，尽量用数据说话。真实的数据可以定性反映和定量描述客观事实，给人以清晰明确的数量概念，纠正过去那种"大概""好像""似乎""可能"的凭感觉、靠经验的工作方法，做到用事实和数据说话，把教学质量管理建立在科学的基础之上。

3. 广泛运用科学技术和现代管理科学的新成果

全面质量管理是现代科学技术和现代化大生产发展的产物，所以它广泛地运用了科学技术和现代管理科学的最新成果，如先进的专业技术、检测手段、计算机和网络技术以及系统工程、价值工程、网络计划、运筹学等先进的科学管理方法。高校教学管理方法不是一成不变的，而是在不断移植、汲取、引进各种管理科学理论和自然科学及社会科学方法基础上的不断丰富和创新。高校教学管理也要本着一种开放的态度，引进现代管理方法，特别是系统论、控制论、信息论、全面质量管理、决策科学等现代管理理论和管理方法，并注重运用计算机、通信技术、网络技术等现代科技手段，增强决策和管理的科学性。

4. 注重教学管理方法的优化组合

教学管理过程是一种目标多元、方式多样、过程动态化的管理活动，因而对教学管理方法提出了很多要求，也需要有综合和系统的方法来保证教学质量。俗话说，"管理有法，又无定法"，这说明了管理方法具有选择的灵活性与多样性的特点。目前的教学管理方法都有长处和不足，高校教学管理的复杂性也导致单一的方法难以奏效。因而教学管理者应因时制宜、因地制宜，对教学管理方法做出多种不同的组合和不同的选择，不应拘泥于某一方法而忽视其他方法的运用。教学管理方法的选择组合及运用是否最优化，关系到教学管理活动的效率和质量。

二、高校教学管理的系统科学方法研究

(一)教学管理的系统方法

高校教学管理特别是教学质量管理作为高校管理的重要组成部分,是作为一个相对独立的子系统而存在的,并对高校管理系统产生影响。因此,系统科学的思想和方法就成为建立高校教学管理系统的理论基础。只有用系统论的观点和方法审视高校教学管理问题,研究教学管理系统各要素的相互联系与相互影响,分析系统的结构与功能,才能实现教学管理的科学化和现代化。

1. 系统分析的程序

运用系统方法必须按科学程序办事。高校教学管理中的许多重大问题,因为其联系复杂,制约因素多,所以,无论是决策还是指挥、控制,绝不是可以靠少数人的狭隘经验和主观臆断就可以解决的,而应遵循系统分析方法的一般步骤和程序——提出问题,明确目标;搜集资料,分析问题;提出方案,建模选优;组织实施,控制调整。

2. 系统方法的基本原理及在高校教学管理中的应用

系统管理是现代管理科学的重要组成部分,它是以系统论作为管理的理论依据,以系统方法对管理对象进行科学管理的。现代教学管理系统是把教学管理活动中的人、财、物、信息和时间等各种基本资源经过合理的组织和有效的利用,最大限度地发挥其作用,完成教学目标的一种管理组织系统,是由人的系统、组织系统、物的系统、信息系统等组成的多因素、多序列、多层次的复杂系统。高校教学管理活动是一个复杂的系统,它具有自身的构成要素、层次和功能等系统特性,如教学管理对象的复杂性与客观性、教学管理过程诸要素的相关性与有序性、教学管理主客体关系的能动性与制约性、教学管理环境的动态性与多样性等。教学工作的系统化管理,就是根据教学工作本身的规律和特点,运用系统科学的方法,把整个教学管理过程作为一个系统进行研究,以求得整体上的最优;通过组织、协调各子系统的关系,使各组成要素和结构组成一个协调运行的整体,以达成系统的整体性目标,达到提高管理效率和人才培养质量的目的。因此,系统方法是高校教学管理的一类非常重要的方法,其基本原理和应用内涵主要体现在以下五个方面:

(1) 管理工作的目的性

目的性是系统论的首要思想,开放系统在与环境的相互作用过程中会达到一个稳定的状态,这种状态表明该系统具有目的性。系统的目的性就是系统的功能所表现的趋向性、

方向性。在企业质量管理中，要设定质量方针目标，它是质量管理体系的基础，各子系统要为达成这一目标而共同努力。质量方针目标是企业运行的行动纲领和方向，指导质量管理体系的建立，包括进行质量职能分解、组织机构设置、过程的确定、资源的分配等。在高校，教学管理主体与管理对象都处于特定的教学质量管理系统中，教学管理主体必须运用系统理论组织教学质量管理活动，运用系统方法调节、控制教学系统的运行，最终引导教学管理对象实现预定目标，这也是教学质量管理目的性的体现。根据系统方法的目的性原理，任何管理行为都是为了实现系统的价值目标。高校教学质量管理系统的价值目标主要包含两个方面：一是全面提高教学质量，使培养的人才适应经济社会发展的需要；二是提高教学及质量管理工作的效率和效益，两者要有机结合，不可偏废。因此，作为高校的领导，必须紧紧把握住教学质量管理的价值目标，不仅要制定出符合本学校、本单位特点的，并与教育方针相一致的总体人才培养目标，而且要指导下属各部门、各单位都要围绕这一总体目标制定出协调一致的具体目标。当子系统的目标与整体目标矛盾时，要以实现总体目标为准则。各级管理者还要善于把握目标的发展方向，消除各种影响系统目标实现的干扰因素，确保教学质量管理价值目标的实现。

（2）管理系统的整体性

整体性是系统方法论的核心和基础。系统是指由两个以上相互作用、相互联系的要素、元素、部分、环节，按一定层次和结构组成的具有特定功能的有机整体。"整体大于部分之机械总和"，这一命题是系统整体性的集中体现，所以整体性又称非加和性。系统的整体功能不等于各个要素之功能的相加，而是要大于各部分功能之和。系统的各部分在组成一个整体后，各部分不再只是发挥其原来的功能，而是互相有机地结合在一起，产生出总体的功能。这种功能的产生是一种质变，是原来各部分所不具备的。它要求高校教学管理者在研究和处理问题时，要牢固地树立全局观念，始终把管理对象看作一个有机整体，而不是孤立地研究它本身，否则就会犯"头痛医头，脚痛医脚"的毛病。研究任何问题，首先都要弄清它处在一个什么样的系统之中，它所处系统的性质和整体目的，它在这个系统中的地位和作用，它与该系统中其他各因素的关系，这个系统所处的环境条件等，只有把这些问题弄清了，才能正确地对它进行判断，才能保证整体的优化，达到配合整体功能的要求。

（3）管理要素的相关性

系统论认为，系统就是相互关联和相互作用的一组要素构成的整体。系统的相关性是指系统内部要素与要素之间以及系统与外部环境之间的相互联系、相互依赖、相互作用的特性。它告诉我们，系统各要素之间、要素与整体之间、整体与整体之间、本系统与外系统之间存在着普遍的相互联系。因此，系统内外任何要素的存在、运动、发展、变化，都与其他要素相关，并在系统的内、外部形成一定的结构和秩序。高校教学管理系统是社会系统和学校管理系统的一个组成部分，是社会和学校大系统的一个子系统。一方面，社会上的政治、经济、科技和文化等因素的变化，制约和影响着高校的人才培养和教学管理工作，只有重视了教学及其管理系统与社会环境的相互作用，教学管理才有生机和活力；另一方面，要保证教学管理系统与学校管理大系统中的教师管理系统、学生管理系统、科研管理系统、后勤管理系统之间的协调发展。当然，高校教学管理系统自身也要处理好各部门、各层次、各要素间的相互关系，并将其合理组合起来，实现交叉和整体优化。比如，在实施学分制教学改革时，应从提高教学管理水平、实现人才培养目标这一整体功能出发，综合考虑学分制的课程结构、教学方式、教学组织形式、教师资源、学生管理模式、选课信息管理等相关因素的配合与协同情况。

（4）管理结构的层次性

系统是由不同层次的等级结构组成的有机整体，无论是结构，还是功能，系统都可以划分为不同的等级层次。高一级系统包含低一级系统（子系统），而低一级系统往往是高一级系统的要素（子系统）。它告诉我们，系统要素的结构与功能之间存在着不可分离的关系，通过对系统要素的等级层次的有序化建构和协调，可以实现系统整体功能的最优化。因此，在分析和认识系统整体的性质、目的和要求的基础上，还要将整体加以分解，对系统的各个因素及其内部结构进行必要的分析。对高校教学工作进行系统管理，也要讲究管理的层次性，实现校、院、系等教学管理组织机构的分级管理，实现各个层次的相对独立，各司其职。

（5）管理过程的动态性

在系统论看来，任何系统都是一个运动过程。系统方法要求我们以动态的观点去分析考察事物的运动状态和运动过程。从明确办学定位，进行社会需求和人才市场调查，到确定人才培养目标和培养规格，进而确定课程体系、教学内容和教学过程，再到加以实施、评价等，就是系统化教学管理的过程。课堂教学过程也是一个完整的动态系统，其基本要素有教师、学生、教学媒体、教学措施和教学环境。教学过程这个动态系统，沿着课前备课与预习、课堂传送与接受、课后辅导与复习、课终检查与评定这四个程序运行。课堂教学系统要想发挥其最佳功能，即取得最优化教学质量，就必须按照系统论的整体性和动态性原则，依据整体目标优化系统中师、生、教学媒体等要素，重视并优化课前预习、课堂讲授、课后辅导、复习、课终检查与考试等程序，使之形成一个有序的动态系统。

（二）教学管理的控制方法

1. 控制方法的基本原理和步骤

控制论研究问题的基本方法是把研究的对象看成是一个整体，称为被控系统，把研究对象受周围环境的作用看成是通过特定通道实现的"信息输入"，把研究对象对周围环境作用下的反应看成是通过特定通道来实现的"信息输出"，把给定信息作用的结果通过输出信息返送回来，并对信息的再输入产生影响，以起到调节控制作用。与传统控制方法不同的是，现代控制方法不是利用行政干预的方法，而是运用信息反馈的方法，对被控制的对象加以控制。简言之，控制方法就是将给定信息（目标、任务、计划、要求等）输入被控对象，再把对象产生的反应、结果（输出信息）反馈回来，并与给定信息进行比较判断，这当中不需考察该系统内部要素、结构及内容和形式。如果发现这两者有偏差，便采取措施加以纠正，从而消除或减少差距，保证既定目标的完成。

控制方法具体运用起来其形式和步骤有很多，要将其运用到组织（如企业）管理中，一般应抓住以下几个环节和步骤：①明确控制对象。如将组织总体目标或将组织中的人力资源管理，作为控制对象。②制定控制目标。控制方法要求将目标任务作为给定信息输入被控制对象，所以在建立控制系统时必须首先制定目标。③制定标准规范。要按标准化的原理对所要完成的目标任务（数量、质量、时间）、责任以及考核的办法，制定出明确的标准，形成一套标准化体系，以便能按标准要求执行，并便于考核和奖惩。④实现自我控制。控制论方法的核心是被控制对象实行自我控制，凡是组织成员能自己处理的应该让他们自己处理。⑤评价实施结果。控制方法主要是运用信息反馈的方法进行控制，所以要对实施结果进行评价。不仅要对最终结果进行评价，在实施过程中也要及时进行评价，以便按评价的结果进行调整。

2. 控制方法的基本原则

（1）适时性原则

对组织系统在运行过程中产生的偏差，只有及时采取措施加以纠正，才能避免偏差的扩大或防止偏差对组织不利影响的扩散。及时纠偏，要求管理人员及时掌握能够反映偏差产生及其严重程度的信息，如果等到偏差已经非常明显，且对组织造成了不可挽回的影响后，反映偏差的信息才姗姗来迟，就不可能对纠偏产生什么作用。纠正偏差的最理想方法应该是，在偏差产生以前就注意到偏差产生的可能性，从而预先采取必要的防范措施，防止偏差的产生。

（2）适度性原则

适度控制是指控制的范围、程度和频度要恰到好处，防止控制过多或控制不足。控制常给被控制者带来某种不愉快，对组织成员行为的过多限制会扼杀他们的积极性、主动性和首创精神；但过少的控制，将不能使组织活动有序地进行，不能保证各部门活动进度和比例的协调，会造成资源的浪费和组织活动的混乱。有效的控制应该既能满足对组织活动监督和检查的需要，又能防止与组织成员发生强烈的冲突。

（3）客观性原则

有效的控制必须是客观的，即要根据组织的实际情况，采取必要的纠偏措施，促进组织活动沿着原先的轨道继续前进。客观的控制源于对组织活动状况及其变化的客观了解和评价，这就要求在控制过程中所采用的检查和测量技术与手段必须能正确地反映组织活动的真实状况，准确地判断和评价组织内各部门、各环节的工作与计划要求的相符或相背离程度，从而制定出正确的措施进行客观的控制。

（4）柔性化原则

组织系统在运行过程中，常常会遇到某种突发的、无力抗拒的变化，这些变化使组织的计划与现实条件严重背离。有效的控制系统应在这样的情况下仍能发挥作用，维持组织的运行。也就是说，应该具有柔性和灵活性。柔性化控制要求组织制订柔性的计划和柔性的衡量标准。

（5）反馈性原则

反馈是控制论中的一个重要概念，它指施控系统的信息作用于受控系统（对象）后产生的结果的信息，再输送回来，并对信息的再输出产生影响的过程。所谓反馈性原则，就是运用反馈原理，使施控系统根据反馈情况调节受控系统的信息输入，以实现控制的目的。反馈有正反馈和负反馈之分。如果反馈结果不断强化原运动过程或强化偏离目标因素，加速系统的不稳定甚至崩溃，就是正反馈。如果反馈结果不断削弱原运动过程的偏差，使其稳定地趋向目标状态，就是负反馈。反馈是系统稳定存在和顺利发展的保证。

3. 高校教学质量管理的控制方法

高校教学过程及其质量管理活动实际上就是一种控制过程，可以运用控制论方法来进行管理。所谓教学质量控制，其基本含义就是按照教育教学规律，通过信息的传递、交换、处理和反馈，对各部门、各系统、各成员的教育教学工作进行有序调控，促使教育教学质量向着预定目标发展。可见，教学质量控制实质上是对教学质量发展的可能性进行有方向的选择并加以调控的过程。

为使整个教学质量管理大系统合理地运行，必须建立有效的教学质量控制系统做保障。教学质量控制系统主要包括目标控制体系、教学过程控制体系、教学信息反馈体系三个部分，它是通过对教学目标的前馈控制、对教学过程的适时控制和对教学信息的反馈控制而形成的一个完整的闭合系统。教学质量控制的有效性，取决于科学的质量控制方法。控制论中的控制方法包括前馈（事前）控制、适时（事中）控制和反馈（事后）控制三种，教学质量控制同样也包括这三种方法，并细分为定向控制、条件控制、程序控制、随机控制、反馈控制、循环控制等具体控制方法，它们构成教学质量控制的有机整体。

（1）前馈控制

前馈控制也称事前控制，即通过系统输入和信息馈入，使之在运行过程的输出结果受到影响之前就做出纠正，它是一种面向未来的控制，其重点在于"防患未然"。教学质量管理中的前馈控制，是指在教学活动开始之前，对教学准备工作及影响教学质量的各项因素进行分析与控制，这是一种以预防为主的主动的教学质量控制方法。实践证明，前馈控制意识越强，教学质量管理中的失误就越少。前馈控制主要包括定向控制和条件控制两种方法。

①定向控制法。控制论认为，不论对何种系统进行优化控制，都必须有明确的控制目标。控制目标是控制活动的最基本的根据，是控制活动的出发点和落脚点。缺乏目标或目标不明确，就难以进行有效的控制。同样，如果教学质量管理的目标和方向不明或定向错误，教学质量的管理就会偏离正确轨道。教学质量的定向控制，就是通过建立教学质量目标，控制教学质量向着预定的目标方向发展并纠正出现的偏差。主要措施包括：一是确定人才培养目标，根据培养目标研究人才的知识、能力和素质结构；二是制订教学计划，根据教学计划进行课程设置和教学环节安排；三是制定教学质量标准，依据教学质量标准进行质量监控和质量评估；四是制定专业、课程等的质量评估指标体系，并以此对专业、课程等的建设进行目标导向和质量诊断；五是制定明确的课堂和实践教学的目标，以对整个课堂和实践教学的控制有一个总的依据，实现对教学工作的优化控制。

在采用目标定向控制法时，要注意根据学校的师资、办学资源、学生素质等实际条件，提出一个经过努力可以达到的质量目标，并制订质量发展的近期计划和中长期规划，这样，提高教学质量就有了方向，质量管理就有了依据。

②条件控制法。条件控制就是根据调查和教育预测，事先设计、提供和创造一定的条件，或者有针对性地排除一些可能干扰教学质量的因素，保障教学活动的顺利进行。主要措施有：提高教师、教学管理人员和政工干部的素质和业务水平；改善教学设施、仪器设备、实习基地、图书资料等教学物质资源条件；建设优良的校风、教风和学风，营造良好的教学环境；提供良好的学习、工作和生活条件，不断改善科研条件、办公设备条件和校

园环境等。

（2）适时控制

适时控制也叫事中控制或同步控制，它是在活动正在进行的过程中所实施的控制，其纠正措施也作用于正在进行的计划执行过程之中。进行适时控制，可以在发生重大损失之前及时纠正问题。适时质量控制的中心任务就是要依据教学计划和质量标准，及时发现偏差并适时加以纠正，防止偏离教学计划和质量目标轨道，确保教学活动的质量。适时控制包含程序控制和随机控制两种方法。

①程序控制法。实施程序控制，就是依据教学工作的运行规律，建立教学活动的工作程序和管理工作的日常程序，促使教学管理过程诸环节的运行向着合乎目标的方向发展，并通过信息反馈随时调节纠正运行中的偏差。教学质量目标的实现，是一个连续的、有序的螺旋上升运动过程。程序控制法的实质在于确保质量发展过程的连续性。为此，应当建立如下的程序控制：第一，建立学制阶段全过程质量管理的一般程序。按学生身心发展规律安排作息时间，按教学计划的规定开设课程，按学校培养目标和学位授予标准决定学生的毕业、肄业或学位授予等。第二，建立学期工作管理的一般程序，学期初抓计划，期中抓检查，期末抓总结，平时抓落实。第三，建立师生教学活动的一般程序，教师建立认真备课、上课、作业批改、答疑、实验、实习以及考试考核和教学总结等教学工作程序；学生建立先预习后听课、先温习后做作业、先准备后实验、先复习后考试的学习程序；教学管理人员建立计划、实施、检查、总结、交流、考评与奖惩的教学管理工作程序。虽然质量控制的程序是严格的，但绝不是一成不变的，它会因内、外环境变化而经常发生变化。

②随机控制法。所谓随机控制，就是在教育教学运行过程中，及时沟通和反馈信息，并采取有力的调控措施，排除造成质量波动的各种干扰因素，使教学工作运行正常，教学质量得以不断提高。教学系统在其运行过程中，经常会受到内、外部环境因素的干扰，前者如教师教学态度不端正、教学仪器故障等，后者如教室外的喧闹声等，从而使教学质量出现波动或偏离目标轨道。这时，就需要进行随机控制，其方式主要是对教学工作进行质量检查、评估、监督和指导。

（3）反馈控制

反馈控制也称事后控制，是以系统输出的变化信息作为馈入信息，通过反馈作用调节和改进系统的运行状态，防止已经发生或即将出现的偏差继续发展或再度发生，预防将来发生更大的偏差。要使整个教学质量监控系统合理地运行，必须通过教学检查、教学督导、教学评估及信息反馈等途径，建立有效的教学状况信息反馈系统，来实行反馈控制。通过对教学活动的最终结果偏离目标的差距进行分析与信息反馈，发现存在的问题和偏差，及时采取措施补救，确保教学活动不偏离目标和达到预期的目的。如果达不到预期的目的，补救是要付出代价的，并且有的还不可补救。因此，反馈控制的行为带有一定的"亡羊补牢"色彩，要使质量控制达到事半功倍的效果，就应把控制重点放在事前控制上。

反馈控制的一个典型模式是循环控制，循环监控是为了及时地总结一个周期工作的经验教训，适时地反馈到下一个周期循环，对下一个循环的教学工作进行调控，以不断优化教学过程和持续改进教学质量。

第五章　高校教学资源建设与管理

第一节　教学资源的分类与获取

一、信息化教学资源及其分类

教学资源是指那些可以提供给学习者使用，能帮助和促进他们学习的信息、技术和环境。教学资源不但在传统教学过程中占有重要的地位，在信息化教学中也是一个重要的支撑条件。信息化教学资源是指以信息技术为支撑的教学资源。

信息化教学资源也包括信息、技术和环境这三类资源。其中，信息资源是指各种数字化形式的能够为教学所用的知识、资料、情报、消息等，包括图片、文本、音频、视频、网页、数据库、教育网站等；环境资源指构成信息化物理空间的各种硬件设备，如计算机设备、网络设备、通信设备，以及形成网络虚拟空间的各类系统软件和应用软件；技术资源是指支持信息化教学得以顺利开展的一切技术手段。

二、数字教学资源的特征

与传统教学资源相比，数字教学资源在数量、结构、分布、传播范围、类型、载体形态、内涵、控制机制、传递手段等方面都有明显的差异，呈现出很多新的特征。

（一）处理数字化

这是指将声音、文本、图形、图像、动画、视频等信息经过转换器抽样量化，由模拟信号转换成数字信号。因为数字信号的复制、传输的可靠性远比模拟信号高，所以对它的压缩、解压、纠错处理也容易实现。

（二）显示多媒化

利用多媒体计算机技术可以存储、传输、处理多种媒体的学习资源，如声音、文本、图形、图像、动画等。这与传统的单纯用文字或图片处理信息资源的方式相比更加丰富多彩。

(三)传输网络化

数字信息可以通过网络实现远距离传输。学习者只要通过一台能上网的计算机，便可以获取自己需要的信息资源。

(四)教学过程智能化

教学软件的专家系统提供了对教学过程中的信息资源使用的实时监控、数据采集、分析和帮助等机制。它能根据学生的不同特点选择最适当的教学内容和教学方法，并可对学生的学习特征进行有针对性的个别指导。它不仅能发现学生的错误，指出学生错误的根源，还能做出有针对性的辅导或提出学习建议。

数字化的教学资源具有数量大、类型多、多媒体、非规范、跨时间、跨地域、跨学科、多语种的特点，文本、数据、图形、声音和视频等均列其中，分布式存储成为了数字化教学资源存在的主要形式。从整体来看，数字化教学资源还处于一种无序状态，信息分布和构成缺乏结构和组织，信息资源发布具有很大的自由性和随意性，质量缺乏必要的控制。面对这些问题，我们更需要用"慧眼"去粗取精，去伪存真。

三、数字教学资源的分类

(一)数字教学资源的类型

我们可以从不同的角度对数字教学资源进行分类。依据多媒体对象的属性，可以分为文本、图形、图像、动画、声音、视频等类型。从教学资源的存储和传输的角度，可以分为计算机的本地资源、校园网内的学校内部资源、互联网的远程教学资源。从对教学资源应用的角度，可分为课件、教学网页、专题学习网站、教学素材库、积件五种类型。我们将着重从应用的角度介绍对数字教学资源的分类。

1. 课件

以制作动画、图片及音视频片段为主。其作用是将难以实际观察或实地观察的事物、事件的过程通过以上手段表现出来。它是构成信息资源的基本要素之一。

2. 教学网页

针对某一教学内容，将文本、图形、图像、动画、视频、音频等素材资源进行有机的组合，制作成网页，将知识内容通过树形结构或网状结构的形式呈现给学生，进行教学活动。

3. 专题学习网站

在互联网环境下，围绕某一项或多项学习专题进行研究的资源学习型网站。在专题学习网站中提供了文本、图形、图像、动画、视频、音频等素材资源、网站链接、网络通信工具、多媒体课件以及相关的学科工具等。专题学习网站是学生获取信息、情境探究、协作交流、自我测评的认知工具，其作用是为学生的自主学习和协作学习创设有意义的学习情境。

4. 教学素材库

它提供的是教学中所需的文本、图形、图像、动画、视频、音频、简单课件等各种素材。该素材库中的素材并不直接用于教学。它通常结合软件平台来制作教学课件、教学网页或专题学习网站来供教学使用。教学素材库的作用是供教师根据自己对教材的理解，结合学生的实际，对素材进行编辑、组织后再应用于教学。

(二)常见数字教学资源的格式

无论按照哪种方式对数字教学资源进行分类，数字教学资源的格式都非常容易区分。常见的数字教学资源格式有：可执行文件（exe 等）、文档格式（doc、ppt、xls 等）、图像格式（bmp、gif、jpg 等）、视频格式（avi、mov、mpg 等）。

1. 可执行文件格式

可执行文件就是计算机可以直接运行的文件，文件名后缀为 exe. com. bat，双击文件直接运行。

2. 文档格式

doc 格式是用 Word 创建的文档，ppt 格式是用 PowerPoint 创建的幻灯片文档，xls 是用 Excel 创建的电子表格文档。

3. 图形、图像格式

①BMP 格式是英文 Bitmap（位图）的简写。它是 Windows 操作系统中的标准图像文件格式。其特点是包含的图像信息较丰富，几乎不进行压缩，但占用磁盘空间过大。

②GIF 格式是英文 Graphics Interchange Foimat（图形交换格式）的缩写。由于其压缩比高，文件短小，下载速度快，故适合于网络传输。这种格式的图像颜色数目不超过 256 色，因此适用于对色彩数目要求不多的插图、剪贴画等场合。由于它可以将多张图像保存

在同一文件中，按预定时间逐一显示而形成动画效果，因此在网页制作中被大量使用。

③JPEG 格式也是常见的一种图像格式。它由联合图像专家组（Joint Photographic Experts Group）开发，扩展名为 JPG 或 JPEGO。它用有损压缩方式去除冗余的图像和彩色数据，在取得极高的压缩率的同时能展现十分丰富生动的图像。它还允许用不同的压缩比例对这种文件进行压缩，如最高可以把 1.37MB 的 BMP 位图文件压缩至 20.3KB。各类浏览器都支持 JPEG 格式。它的文件尺寸较小，下载速度快，使 Web 页可以在较短的时间提供大量美观的图像。JPEG 成为网络上最受欢迎的图像格式。

④JPEG 2000 格式同样是由 JPEG 组织负责制定的。作为 JPEG 的升级版，其压缩率比 JPEG 高 30%左右，同时支持有损和无损压缩。JPEG 2000 的一个极其重要的特征在于它能实现渐进传输，即先传输图像的轮廓，然后逐步传输数据，不断提高图像质量，让图像由朦胧到清晰显示。JPEG 2000 还支持所谓的"感兴趣区域"，即可以任意指定影像上你感兴趣区域的压缩质量，还可以选择指定的部分先解压缩。JPEG 2000 和 JPEG 相比优势明显，且向下兼容，因此有取代 JPEG 的趋势。

⑤TIFF 格式（Tag Image File Foimat）是 Mac 中广泛使用的图像格式。它的特点是图像格式复杂，存储信息多。它存储的图像细微层次的信息非常多，图像的质量也得以提高，因而非常有利于原稿的复制。目前在 Mac 和 PC 机上移植 TIFF 文件也十分便捷，所以 TIFF 现在也是使用较广泛的图像文件格式之一。另外，PNG 格式、PSD 格式、SWF 格式、SVG 格式都是目前比较流行的图像格式。

4. 视频格式

①AVI 格式是 Audio Video Interleaved（音频视频交错）的缩写。所谓"音频视频交错"，就是允许视频和音频交错在一起同步播放。由于没有限定压缩标准，不同压缩标准生成的 AVI 文件必须使用相应的解压缩算法才能播放。它一般用于保存电影、电视等各种影像信息。这种格式的优点是调用方便，图像质量好，可以跨多个平台使用，但文件体积过大。

②MOV 格式（QuickTime）是 Apple 公司开发的一种音频、视频文件格式。QuickTime 文件格式支持 25 位彩色，支持领先的集成压缩技术，能提供 150 多种视频效果，并配有提供了 200 多种 MIDI 兼容音响和设备的声音装置。

③MPEG 是 Moving Picture Experts Group 的缩写。这类格式包括了 MPEG-1、MPEG-2 和 MPEG-4 在内的多种视频格式。MPEG-1 曾广泛地应用于 VCD 的制作和一些视频片段的下载上。

④RM（Real Media）格式是 Real Networks 公司开发的一种新型流式视频文件格式。

它共有三员大将：Real Audio，Real Video 和 Real Flash。Real Audio 用来传输接近 CD 音质的音频数据，Real Video 用来传输连续视频数据，而 Real Flash 则是 Real Networks 公司与 Macromedia 公司合作推出的一种高压缩比的动画格式。Real Media 可以根据网络数据传输速率的不同制定不同的压缩比率，从而实现在低速率的广域网上进行影像数据的实时传送和实时播放。

⑤ASF（Advanced Streaming Format）是 Microsoft 公司推出的高级格式，也是一个在 Internet 上实时传播多媒体的技术标准。

⑥WMV 格式是一种独立于编码方式在 Internet 上实时传播多媒体的技术标准。它是一种可扩充和可伸缩的媒体类型，支持本地或网络回放，支持多语言，扩展性好。

（三）数字教学资源的教学应用

依据多媒体对象属性划分出来的文本、图形、图像、动画、视频剪辑、声音等教学资源，在教学中起着各不相同的作用。

第一，计算机多媒体环境下的文本与传统媒体中文字的作用基本一致，主要用于描述事实，总结规律，书写教学提纲等。但计算机多媒体环境下的文本还有更多的用途，如"超文本"赋予了文本以信息链接指向的特殊功能，为教学信息的组织和教学顺序的排列提供了技术支持。

第二，图像可以将教学内容直观化，起到与传统的图片相仿的功能。计算机中的图像在制作、修改、存储、呈现等方面，比传统图片更方便，画面也可以表现得更加突出。而计算机中的图形则以小巧的体积和灵活的呈现方式，在教学中得到越来越广泛的运用。

第三，动画使动态的信息被大量地运用于教学过程中。它能突出教学的要点，改善教学效果。目前，动画已经成为计算机多媒体技术在教学中运用的典型代表。

第四，视频剪辑是计算机多媒体与传统影视媒体之间的一个接口，因其信息来自影视等媒体，在时间概念和空间概念的表现上有很强的真实性，常用来呈现真实的景观，描述事物的发展变化。它与动画采用的存储格式和回放技术相同。

第五，声音可以起到烘托气氛的作用，可在教学过程中突出区域特征，也可在计算机的操作过程中起到提示音的作用。数字化的声音在声音质量、播放控制等方面都比普通声音的运用来得方便。

四、数字教学资源的获取

(一)获取数字教学资源的基本方法

不同类型的教学资源,获取的方法各不相同。

1. 文本素材的获取

在实际应用中,文字输入主要采用人工录入,手写汉字识别系统输入,扫描仪或语音识别系统输入等方式,然后用文字处理软件进行编辑整理。目前文字的输入还可利用文本抓取工具。用它抓取的文字可以应用在任何 Windows 文字编辑器中进行编辑。

2. 图形、图像素材的获取

图形、图像的采集主要有:用扫描仪扫描,用数码相机拍摄,用数字化仪输入,从屏幕、动画、视频中捕捉和用工具软件创作。

3. 视频素材的获取

常见的视频素材是用视频捕捉卡配合相应的软件来采集的。录像带的使用在教学中比较普及,因此采用这种方法,素材的来源较广。还可以用屏幕抓取软件(如 Snagit32,HyperCam 等)来记录屏幕的动态显示及鼠标操作,以获得视频素材。得到的 AVI 文件或MPG 文件,可以使用 Adobe Premiere 软件进行合成或编辑。

4. 动画素材的获取

动画根据表现形式可分为二维动画和三维动画。三维动画立体感强,动画效果逼真。从生成的角度来说,制作三维动画要比制作二维动画复杂一些,要考虑灯光、摄像机镜头等诸多因素。相对而言,二维动画比较容易制作。动画制作软件很丰富,常用的有 Flash(二维动画)和 3D Studio Max(三维动画)。

(二)数字教学资源的查询与检索

在很多时候,教学资源并不需要我们亲自动手去做,因为因特网作为一个巨大的资源库,里面蕴含着丰富的教学资源,为广大教师互相借鉴、交流提供了广阔的天地。那么如何从网络上获取我们所需的教学资源呢?这就需要我们掌握一些信息查询和检索的方法和技巧。在网络上进行信息的查询和检索时,一般借助于搜索引擎。搜索引擎其实就是一个网站,按其工作的方式分为两类。一类是基于关键词的检索。输入关键词或包含关键词的逻辑组合后,计算机根据这些关键词寻找所需资源的地址,然后将包含关键词信息的所有网址和指向这些网址的链接反馈给用户。另一类是分类目录型的检索。该方式是把因特网中的资源收集起来，依据资源的类型划分为不同的目录，在同一目录中再对资源进行更进一步的细化分类，将资源层层归类。检索时，按分类逐层深入，最后就能找到想要的信息。

1. 查询与检索的常用工具

要提高检索效率，获得网络上的资源，应当给计算机安装以下几种软件：

①WinRAR 解压缩软件。网络上的很多资源都是以压缩文件形式存在的，利用此工具可以压缩文件和解开压缩文件。

②ACDSee 看图软件。便于快速浏览图片或某些教学课件，同时它还具有简单的图像编辑和处理功能，是一个非常方便的图像工具。

③Flash、Authorware 等多媒体软件。便于查看课件、影音文件等。

④百度、搜狗等搜索引擎，便于查询相关网址。

⑤Word 或其他文字处理软件。

2. 查询与检索方法

我们可以利用百度、搜狗或其他网站上的搜索引擎来解决这个问题。在搜索栏中键入所要查询的关键词，如生物教学、动物、植物等，点击"搜索"，接下来打开的页面上就会出现与你所查关键词内容相关的网站名称、地址及网址摘要，根据这些摘要信息来选取相关网址，点击链接即可找到所需资源。

3. 资源的保存

当我们找到有用的资源时，该如何将其保存下来以备将来之用呢？网上可以找到的教学资源通常有文字类（包括试题库、论文库、教案库、教育教学信息等）、图片类、影音类和课件类。

（1）文字类

试题、论文或教案等资源有两种获取方法。首先进入某一教学资源网站，再进入相关主题（如："生物试题"）。如果该题库的试卷以压缩包的形式存在，则在点击需要下载的试卷名时，下载软件就会自动运行，设置好保存路径和文件名后即可下载。试卷下载一般不会超过 1 分钟，下载完毕解压后即可查阅试卷内容。对于直接呈现在网页上的文字内容，用鼠标左键选择所需的文字内容（左键拖住所选范围），用工具栏或右键快捷菜单的"复制""粘贴"命令，将所选文字粘贴到新建的 Word 或 wps 文档中，设置好相应的路径和文件名后，保存即可。

（2）图片类

当我们在网络上找到对教学有帮助的图片时，可以直接点击以压缩包形式存在的图片，下载图片。进入图片所在的页面，用鼠标右键快捷菜单，选择"图片另存为"，设置好保存的路径、文件名，按确定即可。

Windows 系统自带的 IE 浏览器对浏览过的网页上的图片有"记忆"功能，所浏览的图片文件均会自动保存于 C 盘的 Windows Temporary Internet Files 文件夹下。利用 ACDSee 软件打开该文件夹，浏览并选择好自己所需的图片，利用工具栏上的"复制到"命令，设置好保存的路径即可转移保存。

（3）影音类和课件类

这类资料在网上都是以压缩包的形式存在的。用鼠标左键点击所选课件或影音文件，迅雷会自动运行，设置好相应的路径、文件名后即可下载保存了。下载完毕后可用 Flash 或 Authorware、超级解霸等软件来观看所选课件或影音文件的效果。

当然，下载后的文字、课件等资料，并不能完全满足课堂教学实际，这就要求我们根据课堂实际需求加以归纳、剪辑和整理。

（三）获取数字教学资源时应注意的问题

随着信息技术的发展，网络资源越来越丰富。网络上的信息可以分为两大类：一类是随意共享的公众信息，一类是受到版权保护的信息，即在使用时带有一定的版权要求。因此在使用网络资源时，应该遵循"合理使用"的原则，即为了学习、引用、评论、注释、教学、科学研究、保存版本等，在不影响作者或出版商获取利润的条件下，使用其信息资源而不需要向版权人支付报酬。因此，我们在引用网络上的教学资源时，要自觉注明出处。总之，在从事教学、学术研究时，既要充分利用网络带来的便利条件，又要树立版权意识。在享受他人成果的时候，也要尊重他人的劳动成果。

（四）数字教学资源的集成工具

有了教学资源，并不等于就有了教学课件，还必须有一个课件集成的过程，也就是对数字教学资源进行组织的过程。这就需要用集成工具来创作和整合各类数字教学资源。教师可以根据教学需要，选用适当的媒体工具，组织和编排从资源库中选出的资源，从而创作出适合教学实际的、具有教学特点的课件。

第二节 物力与财力资源管理

一、物力资源管理

(一)高校教学设施管理的任务

高校教学设施管理的基本任务主要有以下几项：

1. 整建环境

学校环境建设是高校教学设施管理的重要任务之一。优良的学校自然环境是一种积极的教学因素，是优良校风形成的标志之一，也是办好学校的一个不容忽视的物质条件。

2. 完善设备

不断完善高校教学设备是高校教学设施管理的一项重要任务。要完善教学设备，就必须使其标准化。为此，许多国家都制定了教室、实验室、体操房、课桌椅等学校设备的国家标准，而且对学校图书馆藏书的最低限额也做了规定。

完善教学设备的目的是使教学设备尽可能地符合学生的身心发展特点。例如，如果学生使用的课桌过低，身体必须前倾，那么其内脏器官和血管受压后，容易造成脊柱弯曲；如果课桌过高，学生写字时眼与书本的距离过近，那么容易引起视力减退等。因此，只有根据学生的实际情况来完善设备，才有助于学生学习。

3. 管好设施

管好设施具体体现在以下两个方面：

第一，校舍布局合理，教学区、运动区、生活区等区域划分明确，互不干扰，教育与服务有机协调。

第二，加强管理，保障学生及教职工的安全和健康，如校舍的建造应力求坚实；理化实验室、语音室等要严格防止出现触电事故等。

(二)高校校园的规划设计

校园环境建设要通过校园的规划设计体现出来。一般来说，在进行校园规划设计时，要根据学校的规模和性质，从整体出发，因地制宜，构建一个完整的室内外活动空间，并营造出环境优美、使用方便的学校校区。

学校规划设计应做到以下几点：

①校园的总体规划设计应因地制宜，合理利用地形、地貌，并且根据需要适当预留发展余地。教工住宅应纳入城市建设规划统筹安排，不应建在校园内。

②校园总平面设计宜按教学、体育运动、生活、勤工俭学等不同功能进行分区，合理布局。各区之间要联系方便，互不干扰。教学楼应布置在校园的安静区域，并且保证良好的建筑朝向。校园内各建筑之间，校内建筑与校外相邻建筑的间距应符合城市规划、卫生防护、日照、防火等有关规定。

③校园、校舍的建筑组合应该紧凑、集中，建筑形式和建筑风格要体现教学建筑的文化内涵和时代特色。应依法保护具有重大历史文化价值的校园及校舍，并且合理保持其特色。校园绿化、美化应结合建筑景观，统一规划设计和建设，以形成优美的校园环境和人文景观。

④体育活动场地与教学楼应有合理的间隔且联系便利。设有环形跑道的田径场地、球类场地，其长轴宜为南北方向。

⑤校园内的主要交通道路应根据学校人流、车流、消防要求布置。路线要通畅便捷，道路的高差处宜设坡道。路上的地下管线和井盖应与路面标高一致。

⑥室内外上下水、煤气、热力、电力、通信等地下管线应根据校园总体规划的要求合理布置，并且按防火规范要求在适当位置设置室外消防栓供水接口。变配电系统应独立设置，规划设计用电负荷应当留有余量。室外多种管线的铺设应用地下管沟暗设。

⑦学校主要出入口的位置应便于学生就学，有利于人流迅速疏散，不宜紧靠城市主干道。校门外侧应留有缓冲地带和设置警示标志。

⑧旗杆、旗台应设置在校园中心广场或主要运动场区等显要位置。

⑨校园应有围墙，沿主要街道的围墙宜有良好通透性。

(三)高校校舍的管理和维护

校舍是高校教育教学活动的重要场所。校舍是否安全适用，关系到高校师生的生命安全以及教育投资的效益。因此，必须抓好高校校舍的管理和维护，具体要做好以下几方面工作：

①建立健全各种管理和维修制度。

②要坚持经常检查和定期全面检查，尤其对一些年久失修的旧房，要重点进行细致检查，如发现结构损坏、蛀蚀、腐烂或其他重大险情的，应及时报告教育行政部门和有关地

方政府，凡经技术鉴定为危房的，立即采取措施，一律不得使用。

③要经常对校舍的辅助设施，如排水系统、电气照明系统、锅炉、水泵、避雷针等进行维修保养。

④要经常面向师生员工开展安全教育宣传工作，提高他们的安全意识，掌握安全知识和提升专业素质。

⑤加强校舍档案管理，这也是校舍管理不可缺少的一个方面。健全的校舍档案，可以为校舍管理提供从勘测设计到施工验收等各阶段的完整的文书资料、技术参数、账册图表的原始凭证，帮助我们清晰地了解校舍建设的历史和现状，为日后的校舍管理与维修提供便利。校舍档案的内容主要包括：校舍总平面图；学校房屋平面图及情况说明书；学校房屋的施工、竣工图及有关资料；运动场地的施工、竣工图及有关资料；全校给、排水系统，照明及动力线路系统，电信线路系统图及有关资料；历年校舍的增减情况及说明等。在建立健全校舍档案工作中，要制定切实可行的制度。各级教育行政部门对下属学校的校舍要进行立案，实行分级管理，层层负责。每所学校的校舍档案要有完整详尽的文件与资料。上级教育行政部门要定期对学校的校舍进行统计与汇总，及时了解校舍状况。特别是对旧房和危房要做到心中有数，以便制订修缮改造方案，及时维修与改造，避免发生伤亡事故。

(四)高校教学设备的管理

对高校教学设备的管理必须贯彻统一领导，分工负责，管用结合，物尽其用的原则。同时，管理高校教学设备必须建立健全管理制度，充分发挥设备的教育与经济效益。

高校教学设备的管理主要包括以下两个方面：

1. 固定资产的管理

学校的固定资产分为动产和不动产两类，管理上宜用分工负责制。校舍由学校总务部门管理；设备、仪器等按使用部门和存入地点，落实到处、室、个人管理。

固定资产分为以下四种类型：

①房屋和建筑物，包括学校的教学、生产、办公用房及围墙等设施。

②专用设备，包括教学仪器、仪表、教具、模型、图书资料、电教设备、文体设备、医疗器械、交通运输工具等。

③一般设备，包括课桌椅、黑板、办公用具、水电、消防设备、炊事用具、被服装备等。

④其他各种固定资产。

学校的固定资产，除校舍等建筑物外，一般设备单价在 100 元以上，专用设备在 200 元以上，耐用时间均在一年以上，或虽不满上述金额，但耐用时间在一年以上的大批同类财产，均属于固定资产核算范围。

学校要建立财产管理制度，设置《固定资产明细账》，将在用、在库的固定资产登记清册，做到账物相符，账账相符，账册记录齐全，以便定期核对，规范管理。

2. 教学用材料和低值易耗品的管理

学校教学用材料分为两类：一类属于使用后便消耗或逐渐消耗不能复原的物质，如笔、墨、本等；另一类是不够固定资产标准的器具设备等，如烧杯、量具、插座等。一般来说，上述材料可按品种由财会人员统一核算，集中管理，设置《物资材料进出登记簿》《库存材料明细账》，健全购物验收，使用列账的材料审核制度，并且在实施中不断完善，真正使教学设备发挥其教育功能。

(五)高校体育教学场地设施管理

1. 体育场馆的管理

在学校中，体育场馆设施是进行体育教学、相关活动、运动训练的专用场所，为了充分发挥出体育场馆的资源优势，更好地服务于广大师生，并使相关设施得到安全使用，学校对体育场馆制定了相关的管理规章制度。

(1) 体育场馆使用的一般规定

为使体育场馆拥有一个良好的环境，保证体育教学顺利开展，要制定出体育场馆的使用规定，供学生来遵守，同时教师和相关管理人员要进行监督。

体育场馆的一般规定参考如下：

①严格遵守体育场馆的开放时间安排；在上课期间，不上体育课的学生不得进入场馆的上课区域内活动，以免影响正常的教学，闭馆时要自觉离开。

②课外活动时间，体育场馆作为校运动队的训练和比赛场地，校代表队有优先使用权，其他空闲场地可以向广大师生开放。

③未经教师和管理人员允许，不得随意更改场馆中各个教室的工作用途。

④未经教师和管理人员许可，不得对场馆内的相关器材进行拆卸，更不能随意挪用。

⑤体育场馆的本职是满足体育课的教学和课外体育活动的需要，因此，未经许可，不得将体育场馆用于非体育运动用途。

⑥在体育场馆内应穿运动服装，不建议牛仔裤、休闲鞋等休闲服装，在体育课上不按规定着装者，教师要予以警告，屡教不改者要进行批评教育。

⑦上课时，严禁在场馆内大声喧哗，避免对其他班级的正常教学产生影响。随身携带的物品要放在储物柜或其他合适的位置上，不得在体育器械上悬挂相关物品，如衣物和饰品等。

⑧携带贵重物品要小心存放，妥善保管，如有丢失概不负责。

⑨场馆内严禁吸烟、随地吐痰、乱扔果皮纸屑，做一名文明的学生。养成垃圾入箱或随身带走的好习惯，保持场馆内良好的卫生情况。

⑩场馆内严禁大力踢球，以避免对馆内人员和器械造成伤害。

⑪校外其他单位若想使用场地设施，应事先向学校申请、办理相关手续，经批准履行后方可使用，否则不能进入。

⑫违反上述条例者，工作人员有权对其进行教育和处罚。

（2）体育教室的使用管理

①乒乓球室管理。在体育场馆中一般均设有乒乓球室，专门用于乒乓球运动的教学与训练。针对乒乓球室制定的管理制度能确保乒乓球教学有序展开。

A. 按规定着装后进入乒乓球室，不允许穿不适合乒乓球运动的鞋。

B. 不允许故意用球拍或手大力拍击和敲打球台。

C. 乒乓球台面和球网不能堆放或悬挂衣物、帽子等物品。

D. 坚决反对利用乒乓球进行赌博等违法活动。

E. 不能坐或站在球台上，禁止攀爬、打闹。

F. 不随地吐痰，乱扔果皮纸屑，保证室内清洁。

G. 遵守乒乓球馆的运营时间，闭馆时间到了便应自觉离馆。

②健身教室管理。健身教室在体育教学中用途很多，既可以用来进行健美运动，也可以用于身体素质练习等相关锻炼。这里设备、器械繁多，具有一定的危险性，若使用方法不对极易造成安全事故。因此，要建立相关的规章制度来保护健身教室及其中的设备、器材，同时对学生的人身安全也是一种保护。健身教室的管理制度主要包含以下几个方面的内容：

A. 进行健身练习要服从教师安排，不得擅自逞强，以免发生危险。

B. 按器材上铭牌的要求正确使用健身器材，避免因操作不当造成器械损害和伤害事故。

C. 杠铃等可挪动的器械在使用结束后要摆放回原处，不能随意放置。

D. 随身携带的物品放在储物柜或适当位置，不能放在器械上。

E. 随身携带的贵重物品妥善保管好，丢失概不负责。

F. 不许随地吐痰，不许乱扔果皮纸屑，保证室内清洁。

G. 在开放时间内进入，闭馆时间到了便应自觉离开。

③多媒体教室管理。部分学校的体育场馆内还设有多媒体教室，在体育教学中一般用于体育理论课和体育欣赏选修课等，多媒体教室的管理制度有以下几方面：

A. 多媒体教室要设有专门的管理人员，不允许其他人员擅自进入。

B. 在非上课时间使用多媒体教室要事先申请，确认好使用时间，经批准后才能进入，注意爱护相关器材。

C. 在多媒体教室上课时不要大声喧哗，以免造成不良影响。

D. 爱护多媒体教室内公共设施，如有损坏要照价赔偿。

E. 在多媒体教室上课要保证室内环境卫生，不得随地吐痰，乱扔果皮纸屑，垃圾入箱。

F. 进入多媒体教室上课，如果没有教师的命令，不得擅自使用电教设备。

2. 体育场地的管理

（1）田径场地的管理

对于任何学校来说，田径场地都是较重要的场地设施，它不仅是进行各种体育教学活动和举办大型运动赛事的场地，在平常也是广大师生进行体育健身活动的重要场所。田径场地的管理制度参考如下：

①建议田径场地实行封闭式管理，学生进入田径场地后要服从场地管理人员的管理。

②外校人员如果想进入足球场和田径场地，首先向学校提出申请，经批准并履行租用手续交纳租金后方可进入。

③严禁在田径场地内吸烟、乱扔果皮纸屑，保持良好的卫生习惯。

④田径场地和草地都相对特殊，不建议将果汁、汽水等饮料带入田径场地内，因为倘若这些饮料洒在塑胶场地或草地上会对场地产生不良影响。

⑤上体育课时间，禁止其他人员进入田径跑道。

⑥在田径场上穿运动鞋，在足球场内穿足球鞋或运动鞋，严禁穿不适合的鞋进场活动。

⑦足球场封坪育草阶段不得进入。

⑧一般情况下，严禁一切车辆驶入田径场地，不听劝告违反规定者要对其进行相应的惩罚处理。

（2）其他室外运动场地管理

①煤渣场地的管理。

A. 煤渣场地较为特殊，其表面要尽量保持适宜的湿度。

B. 场地表面要保持一定的硬度，在翻修期间内暂停使用。

C. 及时铲除运动场地上的杂草，尤其是在雨季更要注意。有条件的场地要在四周围种上花草树木，净化空气，防风沙。

D. 场地内沿边的积土要定期清理，不影响场地的正常使用。

E. 及时对场地进行修正，定期喷水、压实，确保场地的平整。

F. 严禁在场地上行驶各种车辆，包括自行车在内。

②水泥场地的管理。

A. 水泥场地一般比较平整，沙、石、泥土和污物落在上面就影响了场地的平整性，因此要按时清理，保持整洁。

B. 到了汛期，要打开排水系统，及时清除积水；冬季若遇到结冰和降雪，及时清除冰雪。

C. 做好水泥场地接缝处的填充或铲除工作，保持接缝完好，表面平顺。当冬季地表气温较低时，对出现的较大接缝空隙处进行灌缝填料；当夏季气温较热时，填缝料挤出缝口，应适当铲除并设法防止沙、石挤进缝内。

③木质场地的管理。

在有些条件较好的校园中，还设有木质场地。木质场地的硬度和坚韧度比不了塑胶场地、水泥场地等，因此要格外注意。

A. 未经允许，不得在木质场地上进行体育活动。

B. 禁止在木质场地内吃东西、喝饮料。

C. 禁止在木质场地内吸烟、吐痰、泼水。

D. 禁止在木质场地内开展体育运动，如足球、投掷、器械拉伸等。在木质场地上放置物品要轻拿轻放，将物体搬起移动。

3. 体育器材的管理

（1）体育器材的购置管理

在各级各类学校中，除了日常的体育教学外往往要开展众多体育活动，因此全面添置体育器材是十分必要的。一般来说，学校的体育器材虽然一部分来自社会的馈赠，但绝大多数都要自行购买。体育器材设备对体育教学来说非常重要，器材质量的好坏对体育教学效果有直接影响，甚至还关系到学生的安全。因此，购买体育器材装备时，要进行全面而细致的考评与研究，选择正规体育器材厂商生产的产品，购买器材时相关采购人员要全程负责跟踪，对购买的器材严格把关。

此外，体育器材的购置还应结合国际单项协会对比赛器材设备制造厂商的相关规定和规则要求，如名称、标记或商标的字号、高度等技术标准等。在购置过程中，对器材进行认真挑选，看其是否符合运动规则的相关规定，以免影响学生使用，造成资源浪费。

（2）体育器材的入库管理

购置体育器材之后，应分门别类地将其存入库中。由于体育器材在形状、质地上有所差异且均有各自的用途，因此要对某些器材进行特殊照顾，如木质器材和电子器材要放在干燥的地方，金属器材不能放在太高的位置，诸如球拍和球类等器材最好在储物柜中专门保管，以免受到其他器材的挤压。

二、财力资源管理

我国高校的快速发展与教育经费不足之间的矛盾越来越突出，加强教育经费使用绩效的管理成为亟待解决的问题。

（一）高校财力资源管理的任务、原则与体制

1. 高校财力资源管理的任务

高校财力资源管理的任务主要如下：

①依法多渠道筹集事业资金。

②合理编制学校预算，并且对预算执行过程进行控制和管理。

③科学配置学校资源，努力节约支出，提高资金使用效益。

④加强资产管理，防止国有资产流失。

⑤建立健全财务规章制度，规范校内经济秩序。

⑥如实反映学校财务状况。

⑦对学校经济活动的合法性、合理性进行监督。

2. 高校财力资源管理的原则

高校财力资源管理要贯彻以下几项原则：

①贯彻执行国家有关法律、法规和财务规章制度。

②坚持勤俭办学的方针。

③正确处理事业发展需要和资金供给的关系，社会效益和经济效益的关系，国家、集

体和个人三者利益的关系。

3. 高校财力资源管理的体制

高校实行"统一领导、集中管理"的财务管理体制；规模较大的学校实行"统一领导、分级管理"的财务管理体制。高校财务工作实行校（院）长负责制。符合条件的高校，应设置总会计师，协助校（院）长全面领导学校的财务工作。凡设置总会计师的高校，不设与总会计师职权重叠的副校（院）长。规模较小的高校，由主管财务工作的校（院）长代行总会计师职权。

高校必须单独设置财务处（室），作为学校的一级财务机构，在校（院）长和总会计师的领导下，统一管理学校的各项财务工作，不得在财务处（室）之外设置同级财务机构。

高校校内后勤、科技开发、校办产业及基本建设等部门因工作需要设置的财务机构，只能作为学校的二级财务机构，其财会业务接受财务处（室）的统一领导。高校二级财务机构必须遵守和执行学校统一制定的财务规章制度，并且接受财务处（室）的监督和检查。

高校校内设置财务会计机构，必须相应配备专职财会人员。校内各级财会主管人员的任免应当经过上一级财务主管部门同意，不得任意调动或者撤换。财务人员的调入、调出、专业技术职务的评聘须由财务部门会同有关部门办理。

(二) 高校财力资源管理的主要内容

1. 预算管理

高校预算是指高校根据事业发展计划和任务编制的年度财务收支计划。高校必须在预算年度开始前编制预算。预算的内容包括收入预算和支出预算。预算由校级预算和所属各级预算组成。

高校编制预算必须坚持"量入为出、收支平衡"的总原则。收入预算坚持积极稳妥原则；支出预算坚持统筹兼顾、保证重点、勤俭节约等原则。高校预算参考以前年度预算执行情况，根据预算年度事业发展计划和任务与财力可能，以及年度收支增减因素进行编制。校级预算和所属各级预算必须各自平衡，不得编制赤字预算。

高校预算由学校财务处（室）根据各单位收支计划，提出预算建议方案，经学校最高财务决策机构审议通过后，按照国家预算支出分类和管理权限分别上报各有关主管部门，审核汇总报财政部门核定预算控制数（一级预算单位直接报财政部门，下同）。高校根据预算控制数编制预算，由各有关主管部门汇总报财政部门审核批复后执行。

高校预算在执行过程中，对财政补助收入和从财政专户核拨的预算外资金收入一般不予调整；如果国家有关政策或事业计划有较大调整，对收支预算影响较大，确实需要调整时，可以报请主管部门或者财政部门调整预算。其余收入项目需要调增、调减的，由学校自行调整并报主管部门和财政部门备案。收入预算调整后，相应调增或者调减支出预算。

2. 收入管理

收入是指高校开展教学、科研及其他活动依法取得的非偿还性资金。高校收入包括以下几项：

（1）财政补助收入

这是高校从财政部门取得的各类事业经费，具体包括以下几个内容：

①教育经费拨款。这是高校从中央和地方财政取得的教育经费，包括教育事业费等。

②科研经费拨款。这是高校从有关主管部门取得的科学研究经费，包括科学事业费等。

③其他经费拨款。这是高校取得的上述拨款以外的事业经费，包括公费医疗经费、住房改革经费等。

上述财政补助收入应当按照国家预算支出分类和不同的管理规定来进行管理和安排使用。

（2）上级补助收入

这是高校从主管部门和上级单位取得的非财政补助收入。

（3）事业收入

这是高校开展教学、科研及其辅助活动取得的收入。

①教学收入，指高校开展教学及其辅助活动所取得的收入，包括通过学历和非学历教育向单位或学生个人收取的学费、培养费、住宿费和其他教学收入。

②科研收入，指高校开展科研及其辅助活动所取得的收入，包括通过承接科技项目、开展科研协作、转让科技成果、进行科技咨询所取得的收入和其他科研收入。在上述事业收入中，按照国家规定应当上缴财政纳入预算的资金和应当缴入财政专户的预算外资金，应及时足额上缴，不计入事业收入；从财政专户核拨的预算外资金和部分经核准不上缴财政专户的预算外资金，计入事业收入。

（4）经营收入

这是高校在教学、科研及其辅助活动之外，开展非独立核算经营活动取得的收入。

（5）附属单位上缴收入

这是高校附属独立核算单位按照有关规定上缴的收入。

（6）其他收入

指上述规定范围以外的各项收入，包括投资收益、捐赠收入、利息收入等。

在收入管理方面，高校应做到以下三点：

第一，高校必须严格按照国家有关政策规定依法组织收入。

第二，各项收费必须严格执行国家规定的收费范围和标准，并使用符合国家规定的合法票据。

第三，各项收入必须全部纳入学校预算，统一管理，统一核算。

3. 支出管理

支出是指高校开展教学、科研及其他活动发生的各项资金耗费和损失。高校支出包括以下四个内容：

（1）事业支出

这是高校开展教学、科研及其辅助活动发生的支出。事业支出的内容包括基本工资、补助工资、其他工资、职工福利费、社会保障费、助学金、公务费、业务费、设备购置费、修缮费和其他费用。

事业支出按其用途可以分为教学支出、科研支出、业务辅助支出、行政管理支出、后勤支出、学生事务支出和福利保障支出。

①教学支出，指高校各教学单位为培养各类学生发生在教学过程中的支出。

②科研支出，指高校为完成所承担的科研任务，以及所属科研机构发生在科学研究过程中的支出。

③业务辅助支出，指高校图书馆、计算中心、电教中心、测试中心等教学、科研辅助部门为支持教学、科研活动所发生的支出。

④行政管理支出，指高校行政管理部门为完成学校的行政管理任务所发生的支出。

⑤后勤支出，指高校的后勤部门为完成所承担的后勤保障任务所发生的支出。

⑥学生事务支出，指高校在教学业务以外，直接用于学生事务性的各类费用开支，包括学生奖贷基金、助学金、勤工助学基金、学生物价补贴、学生医疗费和学生活动费等。

⑦福利保障支出，指高校用于教职工社会保障和福利待遇以及离退休人员社会保障和福利待遇方面的各类费用开支。

（2）经营支出

即高校在教学、科研及其辅助活动之外开展非独立核算经营活动发生的支出。

（3）自筹基本建设支出

即事业单位用财政补助收入以外的资金安排自筹基本建设发生的支出。事业单位应在保证事业支出需要，保持预算收支平衡的基础上，统筹安排自筹基本建设支出，随年度预算报主管部门和财政部门核批，并且按审批权限，报经有关部门列入基本建设计划。核定的自筹基本建设资金纳入基本建设财务管理。

（4）对附属单位补助支出

即高校用财政补助收入之外的收入对附属单位补助发生的支出。

高校在教学经费支出方面，应从以下几方面加强管理：

第一，高校在开展教学、科研和非独立核算的经营活动中，应当正确归集实际发生的各项费用；不能直接归集的，应当按照规定的比例合理分摊。经营支出应当与经营收入配比。

第二，高校从有关部门取得的有指定项目和用途并且要求单独核算的专项资金，应当按照要求，定期报送资金的使用情况；项目完成后，应当报送资金支出决算和使用效果的书面报告，并且接受有关部门的检查、验收。

第三，高校要加强对支出的管理，各项支出应按实际发生数列支，不得虚列虚报，不得以计划数和预算数代替。对校内各单位包干使用的经费和核定定额的费用，其包干基数和定额标准要本着勤俭节约的原则科学合理地制定。

第四，高校的支出应当严格执行国家有关财务规章制度规定的开支范围及开支标准；国家有关财务规章制度没有统一规定的，由学校结合本校情况规定，报主管部门和财政部门备案，学校规定违反法律和国家政策的，主管部门和财政部门应当责令改正。

4. 财务监督

财务监督是贯彻国家财经法规以及学校财务规章制度，维护财经纪律的保证。高校必须接受国家有关部门的财务监督，并且建立严密的内部监督制度。

高校的财务监督包括事前监督、事中监督和事后监督三种形式。学校可以根据实际情况对不同的经济活动实行不同的监督方式。建立健全各级经济责任制和财务主管人员离任审计制度是实施财务监督的主要内容。高校的财会人员有权按《中华人民共和国会计法》及其他有关规定行使财务监督权。对违反国家财经法规的行为，有权提出意见并向上级主管部门和其他有关部门反映。

第三节　人力资源管理

一、教师管理

教师管理条例是针对高校教师的管理法规，旨在规范高校教师的职业行为，提高教育教学质量，保障高校教育教学秩序的稳定。

（一）教师的甄选与配置

1. 教师编制管理

编制管理是教师管理的重要组成部分，编制管理对于合理配置教师资源、提高教育质量和办学效益意义重大。

2. 教师准入管理及入职管理

（1）教师资格制度

教师资格制度是国家保证教师质量的基本制度，也是提高教师职业专业性的重要前提。我国《教师法》规定：取得高校教师资格，应当具备研究生或者大学本科毕业学历。

（2）新教师入职

做好新教师的入职安排，落实教师试用期制度，对促进教师的专业发展具有重要意义。

①新教师入职安排

首先，对新教师工作的安排要遵循互补的原则，即考虑新教师和团队其他成员在个性特征、能力特点、性别、年龄等方面的不同特点，进行有层次的安排。

其次，了解新教师的特点，做到知人善任，用人所长。

最后，为了帮助新教师尽快适应角色，还需要为其提供一系列的帮助和支持，如限定教学职责；帮助其收集教学材料；减少有经验教师的工作量，以便他们能在课堂上与新教师一起工作；把新教师无法应付的问题学生安排给更有经验的教师管教；根据社区、附近环境和学生的特点，开展专门的教学等。

②新教师入职教育

入职教育被认为是稳定教师队伍、促进新教师专业发展的重要举措而受到各国的重视，如日本的"新任教师研修制度"等。我国也在推行新教师的见习制度。教师入职教育的主要内容包括以下几点：

第一，了解学校的基本信息，与其他教师相互交流，以让新教师感觉受到欢迎且有安全感。

第二，熟悉学校各项规章制度以让其早日成为团队中的一员。

第三，促进新教师教学能力的提升，熟悉各种教学资源的使用，以鼓励其获得优异成绩。

第四，了解教师的权利、义务，顺利完成从学生到教师的角色转换。

第五，熟悉有关社区、学校、员工和学生的基本信息，以适应工作环境等。

（3）教师试用期制度

我国的政策法规对教师的试用期有相应的规定。《教师法》规定，取得教师资格的人首次任教时应有试用期。《中华人民共和国劳动合同法》对试用期的期限做了较为详细的阐述，劳动合同期限为3个月以上且不满1年的，试用期不得超过1个月；劳动合同期限为1年以上且不满3年的，试用期不得超过2个月；3年以上固定期限和无固定期限的劳动合同，试用期不得超过6个月。

（二）教师薪酬管理

教师薪酬指教师和学校由于劳动关系的存在而获得的各种报酬。在我国现阶段，教师薪酬主要指教师工资，还有各种奖励性收入和其他劳动收入。我国在教师薪酬管理方面推行绩效工资制，这一制度的推行提高了教师的工作待遇水平，体现了多劳多得、优绩优酬，有助于将激励机制转化为工作动力，给高校教学工作带来活力，此外该制度的实施还促进了学校分配自主权的扩大，对高校教学工作的开展具有重要意义。

需要注意的是，绩效工资制在实施过程中也存在一些问题，主要表现为奖励性绩效的许多方面很难量化，无法将教师工作的数量与质量充分体现出来；绩效工资分配方案中缺乏教师参与决策的内容；绩效工资制的公平性受到质疑等。鉴于这些客观问题的存在，继续实施并完善绩效工资制度是我国教师薪酬管理改革的基本趋势，具体从以下几方面来落实改革：

1. 研究制定绩效评价体系

把结果性评价和过程性评价结合起来，并且确定结果和过程各包含哪些维度。各维度应包含哪些指标，如何有效地对这些指标进行评测，并且最终形成有操作性的评价依据。

2. 工资的公平

在薪酬管理方面要考虑内部公平性和外部公平性，而且除考虑内外公平性外，还要考虑个体之间的公平性和程序公平性。

外部公平性指某一组织内部一个职员的工资率和其他组织职位大体相同的职员的工资率相比是怎样的。内部公平性指在同一个组织内部，一个职员的工资率和其他职位的人员的工资率比起来公平性如何。

从我国教师薪酬发放的实际情况来看，绩效工资的内部公平需要注意教育行业内部校际之间和区域之间的公平。而外部公平主要指教师行业和其他行业收入的比较，从这个角度来看，需要考虑把教师之间的绩效收入差距控制在合理范围内，以利于教师积极性的发挥。而程序的公平要让利益相关的教师参与学校绩效分配方案的制订，同时学校绩效分配要严格按制定的规章制度来操作，做到公开透明。

3. 精神激励和物质激励同样重要

有研究表明，在服务类企业中，经济激励和非经济激励（如成就认可等）相结合的奖励方式能够使业绩提高 30%，几乎是单独使用其中任何一种激励方法所产生效果的两倍。因此，高校更要重视真正形成尊师重教的风气，让教师的生活更加体面，在事业发展上给教师提供帮助和支持，使教师获得个人成就感，满足人更高层次的需要。

（三）教师专业发展的管理

教师专业发展的管理主要是对教师进行专业教育，包括职前培养和职后培训。教师专业发展强调教师的自主与自动，但也离不开学校的必要引领和管理上的保障。一般来说，为了确保教师专业发展的持续性，学校应该在资源、制度、文化三个方面给教师提供必要的保障。

1. 资源保障

教师专业发展离不开一定的资源保障。

首先，教师专业发展不可能完全局限于本校教师内部的活动，有时需要请校外专家来参与、请教研室的教研员来点评，有时需要与外校教师进行交流，有时甚至还需要走出校门，到其他学校去考察学习。这样的活动一旦开展起来，不仅需要学校组织人力资源，而且需要一定的经费开支。

其次，无论是进行个体性的还是群体性的教师专业发展活动，都需要一定的设施设备、图书影像资料的辅佐，也需要为教师提供一定的活动空间，并保证教师有一定的活动时间。

由此可见，资源保障中的"资源"是一个宽泛的概念。学校欲为本教师专业发展提供资源保障，就需要从人、财、物、时间、空间、信息等各个方面加以考虑。

2. 制度保障

为教师专业发展提供制度保障，要求学校建立一套保证教师专业发展活动正常开展的规则与程序，具体应包括以下五个内容：

①关于什么是教师专业发展，什么算不上教师专业发展的明确界定。

②对教师专业发展目标（可细分为长期目标、中期目标、近期目标）的规定。

③对教师专业发展内容和形式的规定。

④对个人、级组、学校各自在教师专业发展中分别应当扮演的角色以及三者之间权责关系的规定。

⑤对教师专业发展考核评估、奖惩办法的规定等。

3. 文化保障

资源与制度是教师专业发展的基础条件，学校必须建立有关的制度并提供相应的资源，以保证教师专业发展活动的实质性开展。不过，制度和资源只能维持教师专业发展的初级水平，因为教师参加各种专业发展活动只是为了遵守制度或服从学校对员工的要求而已。如果把教师的专业学习与探究活动由教师被动的依章行事转变为教师自觉自动的生活方式及教师日常的思维习惯与行为方式，就需要相应的文化保障。与制度保障和资源保障不同，文化保障需要学校领导者运用管理手段去精心打造，这需要一个漫长的过程。

（四）教师的培训管理

培训是人力资源开发的必要手段。教师培训是指有组织、有计划地让教师通过各种形式的学习和训练，使之改善工作态度、提高业务水平、生成专业智慧，以胜任本职工作的活动。完善培养培训体系，做好培养培训规划，优化队伍结构，提高教师专业水平和教学能力。通过研修培训、学术交流、项目资助等方式，培养教育教学骨干、双师型教师、学术带头人和校长，造就一批教学名师和学科领军人才。

1. 教师培训的意义

高校教师的培训对于促进教师个人专业发展，提升高校整体教育教学水平，全面实施素质教育，推进教育事业发展的意义重大。

（1）有助于教师自我成长

高校教师参与培训，可以帮助教师自我成长，这主要表现在以下三个方面：

首先，通过培训，高校教师可以更新观念，更新教育价值观、教学质量观、师生观等。比如传统教学中以教师为中心，教师是主宰者，权威的"扬声器"。新课改要求，教师的角色定位是研究者、设计者、组织者、引导者、促进者、伙伴等，要充当这些角色，需要理念的更新，也需要进行新角色所需的能力培训。

其次，高校教师在入职之前学到的知识能够用于教学实践的，少之又少。工作成效的取得主要依靠在职进修学到的知识，特别是实践性的隐性知识。而培训学习可以进行知识重建，完善高校教师的知识结构。

最后，通过培训，高校教师可以提升技能。教师的技能是在实践摸索和培训中掌握的。

（2）有助于高校整体水平的提高

教师是高校组织中最重要的成员，教师之间的学习，外出的学习，就是信息的接收与交流，是高校生命活力之源。教育教学质量是高校生存与发展的生命线，提高教育教学质量，有赖于高校教师优良的综合素质，而教师的优良素质需要长期的培训学习。因此，可以说，培训教师，就是培训学校；提高教师的水平，就是提高高校的水平。

（3）有助于我国教育大业的发展

教师培训事关教育大业的发展，素质教育的全面实施。在我国社会转型的特殊时期，进一步加强高校教师的培训，把教师群体建立成为全国最大的职业性学习型组织，是我国建立国际型社会的重要基础。高校教师培训关系到教育的大局，进而关系到国家、社会经济发展的大局，是建设创新型国家的迫切需要。

2. 教师培训的主要形式与内容

（1）主要形式与内容

高校教师培训应根据教师职务的不同，确定培训形式和规范要求。依照教师教学经验、职务的不同，可以将高校教师培训分成以下几大类：

①助教培训

助教培训以进行教学科研基本知识、基本技能的教育和实践为主，主要有以下形式：第一，岗前培训。主要包括教育法律法规和政策、有关教育学、心理学的基本理论，教师职业要求等内容。第二，教学实践。在导师指导下，按照助教岗位职责要求，认真加强教学实践环节的培养提高，熟悉教学过程及各个教学环节。第三，凡新补充的具有学士学位的青年教师，符合条件者可按在职人员以毕业研究生同等学力申请硕士学位或以在职攻读研究生等形式取得硕士学位。第四，社会实践。未经过社会实际工作锻炼，年龄在 35 岁以下的青年教师必须参加为期半年以上的社会实践。第五，根据不同学校的类型和特点，对教师计算机、外语等基本技能的培训，由主管部门或学校提出要求并做出安排。

②讲师培训

讲师培训以增加、扩充专业基础理论知识为主，注重提高教学水平和科研能力。主要有以下形式：第一，根据需要和计划安排，参加以提高教学水平为内容的骨干教师进修班、短期研讨班和单科培训，或选派出国培训。第二，任讲师三年以上，根据需要，可安排参加以科研课题为内容的国内访问学者培训。第三，在职攻读硕士、博士学位或按在职人员以毕业研究生同等学力申请硕士、博士学位。对连续担任讲师工作五年以上，且能履行岗位职责的教师，必须安排至少三个月的脱产培训。

③副教授培训

副教授培训主要是通过教学科研工作实践及学术交流，熟悉和掌握本学科发展前沿信息，进一步提高学术水平。主要有以下形式：第一，根据需要，可参加以课程和教学改革、教材建设为内容的短期研讨班、讲习班。第二，根据需要结合所承担的科研任务，可作为国内访问学者参加培训，或参加以学科前沿领域为内容的高级研讨班。第三，根据需要参加国内有关学术会议、校际学术交流，或选派出国培训。对连续担任副教授工作五年，且能履行岗位职责的教师，根据不同情况，必须安排至少半年的脱产培训或学术休假。

④教授培训

教授主要通过高水平的科研和教学工作来提高学术水平。其形式是以参加国内外学术会议、交流讲学、著书立说等活动为主的学术休假。连续担任教授工作五年，且能履行岗位职责的教师，必须给予至少半年的学术休假时间，并提供必要的保证条件。

（2）常见教师培训的主要形式与内容

①青年教师教学技能培训。为提高学校人才的质量，帮助青年教师提高教学能力，高校会开展青年教师教学技能培训，以课堂学习、观摩、研讨与学术报告等为主要方式，必修和选修课程相结合，从人文素养、教学实施、教学技能等方面提高青年教师的能力。

②新进教师培训。在教师正式进入学校的教学和科研之前，高校会定期开展系列的培训课程，围绕学校资源、政策法规、师德师风、实训与素质拓展等方面开展专题培训，以有效帮助新进教师更快地进入角色、更好地融入工作。

③搭建学术交流平台。为加强广大教师与知名学者的学术思想交流和碰撞，促进教师学术水平提升和跨学科合作，高校会搭建名师讲堂、学者论坛、学术沙龙等教师学术交流

平台，以促进青年教师成长，开阔教师视野。

3. 校本培训

校本培训兴起于 20 世纪 70 年代中期的英国和美国，是基于学校、服务于学校、服务于教师发展的一种教师继续教育形式。校本培训不必拘泥于一种理解，它不完全固定于所在学校，还可以调动多方资源为其活动服务，只要有利于教师发展提高，可以多种形式和涵盖多方面内容。校本培训与一般培训相比，有其自身特殊性，如针对性、灵活性、多样性、目标的直接指向性、组织的自我主体性等。此外，校本培训的经济成本较低，工学矛盾小，体现特色以及自主、自由度高。

（1）教师校本培训的内容

高校教师培训的内容决定培训的质量，选择符合教师发展需要的内容十分必要。校本培训内容确立的依据应是教师的素质结构、教师的知识结构、教师的技能（能力和技巧）结构。教师的素质结构包括道德品质、职业理想、教育观念、教育行为策略、教育监控能力等。教师的知识结构包括基本的文、史、哲知识，教育学心理学知识，学科专业知识，科研知识，基本的法学知识和生理学知识等。教师的技能结构包括课程研究开发能力、教育教学能力、学生管理能力、人际沟通协调能力、学生工作技巧、处理问题技巧、教学手段运用技巧等。培训的基本内容应包括人文科学素养、现代教育理论、专业知识、现代教育技术、教育研究方法、心理健康知识、管理能力以及其他有关学校特色内容或本校教育教学中的问题研究与探讨等。在设计培训内容时，要遵循务虚与务实统一、现实性与前瞻性兼顾、整体性与差异性结合的原则。

（2）教师不同发展阶段的校本培训

教师职业生涯理论将教师生活分为职前准备阶段、新手起步阶段、适应成长阶段、称职稳定阶段、成熟发展阶段、平稳退出阶段。每一个发展阶段都需要培训，以加快教师的发展。

①新手起步阶段的培训。这一阶段的培训重点是对刚入职的教师进行一招一式的具体指导，引领其入门，通过听课等活动学习常规教育教学方法。帮助其树立职业信念，了解学校工作常规，熟悉教材教法，以适应岗位工作。

②适应成长阶段的培训。这一阶段的培训是提高工作信心，补充专业知识，使知识结构逐步趋向合理。在骨干教师的带动下钻研业务，继续提高能力，掌握教育教学规律，开阔视野，多方面吸取他人经验，学习专业理论并自觉与实践相结合。

③称职稳定阶段的培训。这一阶段的培训，应当激发教师的危机意识，加强责任感、使命感教育，通过专题讲座、参观考察、外校挂职学习等方式学习新知，打破教师的思维

定式；更新知识结构，激发教师的活力；引导其从事科研活动，以科研促教学；学习与业务相关的理论，总结经验，帮助教师规划以后的发展目标方向。

④成熟发展阶段的培训。这一阶段当进行高层次的培训，如让专家、特级教师对其进行引领提升，也可以提供机会，帮助其成为学者型教师。

⑤平稳退出阶段的培训。这一阶段培训力度当适可而止，除了必要的时事学习内容之外，应有选择地、让其自觉自愿地参加一些学习活动，也可以培训一些电脑等现代技术性的内容，为其获取新知提供帮助。

（五）教师的考核管理

教师考核的目的在于通过科学评价与考核，调动教师的积极性，激发教师的潜能，促进教师自我发展，提高教师队伍的整体素质，为实现高校发展目标和教师职业发展目标提供路径，全面实现教师管理的调控功能。

1. 教师考核的目的

教师是具有高智商、宽知识面，受过高等教育的群体，他们不但是教育者，同时还是受教育者，他们既肩负着教书育人的神圣使命，又承担着国家科学研究的重担，所以教师是一个既基础又关键的学术职业。总的来说，高校教师考核评估的目的是实现个人、学科、高校的共同发展。具体来说，高校教师考核工作的开展就是为了通过考核评价，鉴别、诊断、改进教师的个人素质及工作水平等，促进教师个人的发展，从而促进学科的发展，进一步促进高校的发展。

（1）鉴别

鉴别是高校教师考核评价最根本的目的，这与长期以来世界各国的教育系统强调教育分层、选拔功能等目的有关。

鉴别就是按规定的要求与标准，考核教师工作的完成情况、工作质量的优劣水平等，根据考核结果将教师分为优秀、良好、合格、不合格等不同层次，作为奖励、选拔的依据。考核优秀的人可能得到晋升机会、绩效奖励，而不尽如人意的可能面临低聘、解聘等。

（2）诊断

诊断也是高校教师考核的目的之一。诊断主要是通过观察、问卷、测验等方式获取被评价教师的各类信息，并将被评价教师的情况与考核标准进行比较，了解被评者的优点与不足。高校教师在教育别人的同时，自己也是一个被教育者，因此诊断对于教师教育自己，不断改进自身问题，提高自身水平非常重要。

（3）改进

改进的主要含义是及时反馈信息，调控行为，促使考核对象不断完善与优化。与"诊断"比较，"改进"着重于提供关于进步的描述和对教育教学的促进作用；与"鉴别"比较，"改进"要求对目标本身的合理性进行判断并改善。高校教师评价是为了促使教师进步，可以说，改进是现代高校教师考核评价中最主要的目的。考核最重要的意图不是为了证明，而是为了改进。通过考核改进工作的思想，扩大了教育教学考核的功能范围，拓展了教育教学考核评价的视野。

2. 高校教师考核的作用

随着教师职务聘任制改革的深入，高校教师考核已不再是以往单纯的年终总结和评优依据，而是成为聘后管理的一个重要的环节和手段，也是实施与岗位聘任制配套的收入分配制度的依据，是岗位聘任制保持长期良性运作的基本保证。高校教师考核主要有以下几种作用：

（1）导向作用

高校教师考核的导向作用是指高校教师考核可以引导考核对象趋向于理想的目标。高校教师考核可以帮助教师诊断教育工作中存在的问题，改善教育工作策略，明确努力方向，起着定标导航的作用。

（2）检查作用

高校教师考核的检查作用是指通过依照特定的标准进行考核，得出考核对象达标与否、合格与否、资格具备与否、进步与否、贡献大小、水平高低等结论，对考核对象的现状做出基本判断。高校教师考核的检查作用能否充分、合理、有效地发挥，往往受到评价双方对评价价值的认识、考核对象参与评价的积极性、评价方法本身是否合理等因素的影响。

（3）激励作用

高校教师考核的激励作用是指高校教师考核的正确使用能够激发考核对象的内在动力，调动他们的潜能，增进他们工作的积极性和创造性。在高校教师考核的实践中，考核对象都有渴望了解自己工作结果的心理趋向，并会自发地与周围群体和个人进行比较，这本身就具有激励作用；考核结果的合理使用如作为晋升、奖惩及加薪的依据，能给人满足感，激励人不断进取。因此，可以说，高校教师考核的过程就是一种激励的过程。

（4）监控作用

作为组织管理的手段，考核指标系统与标准往往就是管理的目标，管理者与具体工作承担者的行为与各种调控措施，一般都要以此为依据。因此，在管理过程中，考核担负着监控的职能。当然，高校教师考核监控作用的有效发挥，是以尊重教育和科研活动的规律为前提的。

（5）交流作用

高校教师考核的交流作用是指高校教师考核促使考核活动的参与者，即考核者、被考核者以及其他与考核有关的人或群体内部及其相互之间互换信息。通过交流，考核的各方参与者加强了认知与情感的互动，由此促使了教师的自我反思、相互学习、取长补短、共同进步。

总之，考核不仅能使学校管理层更好地认识到教师队伍存在的不足，通过政策引导和激励，实现教师队伍整体水平的提高，而且也能帮助高校教师更好地认识自身的不足，调整修正自己的行为，以实现自我的发展。

3. 高校教师考核的原则

正确的考核原则不仅是统一教师的思想和行动的规范，而且是指导、控制、协调考核过程的保证。在考核过程中，正确贯彻各项原则，不仅有利于端正考核与被考核人员的态度，克服主观性、片面性、随意性，提高考核的信度和效度，而且有利于加强考核的规范化、科学化、有序化，增强考核的客观性和准确性。

（1）导向性原则

导向性原则是指对教师的考核一定要有利于学校实现教育目标，有利于端正办学方向，有利于树立正确的教育质量观、人才观。如果方向不明确，教师考核就会深入歧途，同时会对学校贯彻教育方针带来消极影响。因此，确定正确的方向是教师考核工作的重要前提。

（2）客观性原则

客观性原则就是在进行教师考核时，必须采取客观的、实事求是的态度，从客观实际出发，获取真实信息，抓住本质的东西进行考核。教师所从事的是以脑力劳动为主的，既劳心又劳力的特殊的复杂劳动。另外，教师的劳动具有创造性，教育工作具有周期长、教育效果滞后的特点，在进行高校教师考核时，这些因素均应充分考虑进度，这样才能使考核更符合客观实际。当前，高校教师考核处于起步阶段，应当允许它经历一个由不完善到逐步完善，由不科学到逐步科学的过程。

（3）可行性原则

可行性原则主要表现在三个方面：首先，指考核的指标、标准可行，要切实注意从实际出发，防止要求过高或过低；其次，考核的方法及运用的技术手段可行，既要注意科学性，又要注意简便易行；最后，工作安排可行，要与学校的日常工作相结合，不要增加很多额外负担。学校领导切忌把自己的愿望、主观的设想强加给教师，否则再科学、再完善的考核方案也是不可行的。

（4）全面性原则

全面性原则是指在确定和运用考核标准时要全面、不可片面。在对教师考核时，要进行多指标、多方位、多层次的分析和判断，力求真实准确地反映教师工作的全貌。考核的信息和资料要尽可能全面、准确、真实，不能凭片面的材料及少数人的反映进行考核。同时要按不同层次、有主次地进行综合的考核，而不是各考核要素不分主次、不区分重点与非重点，也绝不是把各指标数量简单地相加。

（5）考核指标分层分类原则

随着中国高校人事制度改革的深入发展，教师的岗位分类管理已经逐步成为一种普遍共识，并成为国内外各大高校的重要策略选择。从身份管理到岗位管理，由于学科的差异，高校教师主要可分为教学型、科研型、教学科研并重型三类。

以往高校教师的考核评估指标往往呈现出"重科研，轻教学"，这对于高校发展以及高校教师的发展都极为不利。对于不同类型的教师，根据其工作的特点，考核指标应具有针对性，并合理分配各指标的权重。例如，在考核教学型教师时，应重点考察其教学工作量、教学效果、教学成果、教学获奖，对科研工作量做最基本的要求。

对于不同层次的教师，其考核评估指标应该体现出层次性和连续性，对不同等级的教师，在教学、科研及公共服务上各有侧重。

（6）定性与定量相结合的原则

一般来说，定量考核是按照量化标准，对被评估者的工作业绩进行统计，比如，科研成果、科研工作量、教学工作量、获奖情况等；而定性考核是对被评估者的综合素质进行综合分析，给出相对客观评价，如职业道德、教学方法，等等。定量考核比较客观准确，而定性考核较为主观，模糊性较强，但是由于有些考评指标没法运用量化，所以定性考核是必要的。两者的结合能对高校教师的考核评估工作进行全面综合的分析，既体现了评估的科学性与准确性，又体现了对教师发展的关注。

（7）主体性原则

主体性原则是指明确被考核者在考核中的地位和作用。在对教师的考核中，教师既是考核的客体，又是考核的主体。因此，要尊重教师在考核中的主体地位，充分调动教师的主动性、积极性、自觉性，这样才能使考核的过程真正成为教师的自我认识、自我分析、自我改进、自我完善和自我教育的过程，使教师的考核工作达到预期的目的。

4. 高校教师考核的标准

高校教师考核评估的标准是具体的，针对不同的院校、不同的职称、不同的教师类型，都有着不同的标准。

首先，不同国家往往会根据自身的情况有所差别。

其次，不同类型的院校也会有所不同，相对而言，研究型院校更看重教师的学术成果，而文理学院则比较看重教师的教学成就。

再次，不同职称也会有不同的标准，例如，考核评定教授、副教授与助理教授的标准有很大的差别。

最后，随着管理的精细化，对教师的分类管理还考虑了研究类型的差异，如基础理论研究和应用研究，即使同在一个教师序列，其成果产出周期及形式仍存在较大差异，考核评估标准也会有一定差异。

5. 高校教师考核的方法

开发并选择一种优秀客观的高校教师考核方法是高校教师考核的主要内容。目前，比较盛行的高校教师考核评估方法主要是基于不同主题的评估方法，如教师自我评估、学生评教、同行评估、督导评估等。

（1）教师自我评估

教师自我评估就是建立在教师对自我教学工作和科研工作自我认知的基础上，依照教学和科研目标，对自我工作的完成状况进行自我判断和评估。教师自我评估不仅是高校教师考核评估工作组收集教师教学科研工作资料和信息的一种手段，更有利于教师进行自我激励、自我发展和自我提升，提高其积极性和主动性。教师自我评估通过自我分析，在激励教师潜能、发挥教师积极性和主观能动性、实现教师自主发展方面起着至关重要的作用。

教师自我评估主要有以下两个步骤：

第一步，由教师进行自我评估和综述，陈述自己教学和科研的工作目标、目标完成情况及已经取得的成果、对自己工作成果的评价、未来工作的期望及建议等方面的概况。

第二步，教师提供有关自己在教学工作、科研工作、服务学生工作方面取得成果的有关评审材料。

（2）学生评教

学生评教是高校教师考核和高校质量管理的重要手段之一。学生评教在时间上具有稳固性，而且学生评教的有效性和可靠性与参与教师评教的学生人数成正比，也就是说，评教持续时间越长、评教次数越多、参与评教的学生人数越多，学生评教的结果越可靠。

不过，要注意的是，学生评教受到课程性质、课堂背景知识的准备程度、学生个体差异性等主观因素的影响，评教的结果很难被接受和认可。为了完善高校教师考核评估方法，提升高校教师评估的有效性和信度，有必要继续改进学生评教的方法，规范学生评教的程序，提高学生评教在高校教师考核评估中的认可度。最重要的是，这种以学生为评估主体的教师考核评估方法，对改变只重科研、轻视教学的畸形教育现状起着非常重要的作用。

（3）同行评估

同行在考核评估教师能力方面最具发言权，因为同行评价者对于教师从事的教学工作、科研工作都有较为深入的理解，不仅能够从专业的角度给出较为客观公正的评价，也能够提出具有价值的建议和意见，对于教师的发展具有促进作用。而且，同行评估过程也相当于教师之间的教学和学术交流过程，有助于教师之间沟通交流、取长补短、互通有无，共同提升高校的教学和科研水平。因此，同行评估在国内外受到普遍的重视。

但是，为了确保评估结果客观、真实、有效，要完善同行评议制度，遵行回避和随机原则，规范教师考核评估的程序和准则，提升评议教师的专业化水平，评审同行应该具有较强的学术能力、判断力，熟悉评价的内容和评价流程，能够刚正不阿、公平公正、认真严谨地进行评价。

（4）督导评估

督导评估就是高校成立专门小组，对教师的教学科研工作进行巡检、考核评估、专项检查。为了提高教师评估的准确性、客观性、专业性、公平公正性，一方面，应该将督导评估与学生评教等方式结合起来，相互补充；另一方面，应不断优化督导评教程序，完善评估指标。

6. 高校教师考核的程序

高校教师考核是一个系统工作，必须按照一定的程序进行。高校教师的考核评估程序一般由下至上，首先是在所属系内评估，其次到学院评估，最后再到学校评估。

具体来说，高校教师考核的程序有如下五个步骤：

（1）个人述职

个人述职即教师在系或者教研室的考核大会上实事求是地进行述职，陈述自己在教学、科研各方面的目标及完成情况，并提供相应的资料以备审核。

（2）系（教研室）民主评议

系（教研室）民主评议就是在总结教师的个人述职的基础上，系（教研室）的全体人员对教师工作给予评价。通常，系（教研室）依据教师工作考核评估指标公正公开地进行民主评议。

（3）单位测评

单位测评就是院或单位考核领导小组在听取群众意见的基础上，根据日常考核以及个人总结，提出考核等级意见。院或单位考核领导小组对拟订等级的教师在本单位范围内公告，并将初步考核结果报学校人事处。

（4）学校审核

学校审核是指学校教务处对教师基础教学工作进行审核，科技处或科研处对教师科研工作进行审核。人事处对教学工作和科研工作审核情况进行汇总，并提交学校教师考核小组。学校教师考核评估小组根据学校相关部门对基础工作量的审核结果，对基层单位考核领导小组提出的考核意见进行评审。最后，将考核结果以书面形式通知被考核教师所在单位。

（5）评审结果反馈并存入档案

学校考核工作完成后，教师对考核结果若有异议，留有申诉的机会。整个教师考核评估工作结束后，将考核结果存入本人档案，并清楚说明考核结果在晋升、薪酬等方面的使用说明。

二、学生管理

（一）学生管理的目标

长期以来，学生管理是以将学生"管住"为目的的。通过种种约束性的规章制度，借助量化打分等手段，采用检查评比等方式，迫使学生服从纪律，保证教育教学活动的顺畅进行。学生管理需要一定的规范，但不能将此作为唯一目标，否则将不利于学生主体性的发挥和创新精神的培育，在推行中也会遇到重重阻力。

学生管理需要与时俱进，在目标上应当体现时代特征。学生管理的目的在于服务学生，目标是帮助学生形成良好的学习习惯、生活习惯与行为习惯，使学生具有基本的自理能力、自治能力和独立生活能力，在德、智、体诸方面得到全面和谐的发展。

（二）学生管理的任务

教育行政部门和学校是进行学生管理的主要机构，两者的根本目的是一致的，但在任务上各有侧重。

教育行政部门偏重于宏观调控，而学校偏重于微观管理。教育行政部门通过把握学生的总体状况，发现学生管理中的普遍问题，研究与制定相应的法规与政策，发挥间接管理学生的作用。

学校在学生管理中的任务主要有以下三项：

第一，运用国家的教育方针和政策，统一教职员工的思想和教育行为，开辟有效的教育教学途径，培养学生自学、管理、自我教育及心理承受的能力，为其树立正确的人生观、世界观打下基础。

第二，制订并执行学校学生管理工作计划，制定管理常规和管理措施。

第三，健全和完善学校管理组织系统，主要是健全和完善班级管理组织，明确班级管理的任务与目标，选派好班级管理的领导者——班主任，健全班委会和挑选、培训班干部；建立、健全年级管理组织，统一本年级管理力量和管理活动；健全以教导处为主体的学生管理指挥系统，以统筹安排，统一指挥，有效地进行学生管理工作。

(三) 学生学习管理

有研究者指出，学生是受教育的对象，也是被管理的对象。对学生的教育活动和管理活动是并行而又相互交织的。

学生在学校的主要任务是学习，教育行政部门和学校有责任帮助学生顺利完成学业，这是学习常规管理的根本目的。建立正常的教学秩序，规范日常的教务工作，能够为学生的学习提供适宜的条件。因此，可以说，学习常规管理是学习活动的基础性工作。

从时间流程上看，学习常规管理覆盖了从招生入学到毕业离校的整个学习过程，大致可以分以下三个阶段来实施：

1. 开端管理

招生和编班是开端管理的两项主要工作。

（1）招生

招生是十分烦琐且政策性很强的工作，教育行政部门和学校必须高度重视、认真组织、通力协作，确保招生工作的顺利进行。高校要提高招生工作的透明度，严格执行既定的程序，杜绝弄虚作假、徇私舞弊的现象，保证录取环节的科学、公正与高效。

（2）编班

招生录取工作完成后，还要进行编班工作，需要注意以下两个方面：

第一，班级规模。班级人数过多，必然会影响教育教学质量，因此学校（尤其是优质教育资源集中的学校）必须将班级人数控制在合理的限度内，而有条件的地区可以推行小班化教学。

第二，编班方式。学校应当以平行编班为主，为适应不同学生的兴趣和专长，可以采用"走班制"的方式。

2. 过程管理

过程管理主要包括对学生出勤与纪律情况的考查、课堂学习常规与课外学习常规的执行、作业与考核的管理等。

（1）出勤与纪律情况的考查

在校就读期间，学生不得无故缺课，不得迟到早退；请假须履行必要的手续，得到校方准许后方可；在教学活动中，学生应自觉遵守各项纪律，确保学习过程的顺利进行。要加强考查，对出勤率高、纪律好的学生予以表扬和鼓励；对出勤率低和纪律较差的学生进行批评教育，情况严重的还要给予一定的处罚。

（2）课内外学习管理

课堂是学生学习的主要场所，为提高课堂教学的效率，应对课堂学习的各个环节提出具体可行的要求。例如，在上课准备方面，要按时进入教室，保持课堂安静；在上课过程中，要认真听讲，积极思考；在课间，要注意休息，调整身心，为下一堂课做好准备。对于这些要求，学校应让每个学生都了解与熟悉，使之成为学生的自觉行动。在近年来的教育改革中，一些学校打破传统，允许学生在课堂上"插话"。这一现象提示管理者，有必要研究和建立新的课堂教学常规。

学习活动并不仅仅局限在课堂上，课外学习已经成为学生学习生活的重要组成部分。课外学习应更多地考虑学生的兴趣爱好与特长，因而课外学习常规不能简单套用课堂学习的规章制度。在课外学习的管理中，要给学生一定的学习自主权和更多的选择机会，培养学生的主动学习精神和善于选择的能力。

（3）作业与考核的管理

作业的布置与批改是教学过程中必不可少的环节，加强作业管理是必要的。作业管理的重点在于控制作业量，提高有效性，可以尝试分层作业。

考核是检查学校教学效果的重要方法，也是评定学生学习状况的主要依据，还是国家和社会选拔人才的有力手段。考核能够鉴定学生现有的发展水平，了解其长处与不足，预测其发展的趋势，激励学生更加努力学习。但是，如果考核的指导思想发生偏差，那就会对学生产生误导，成为阻碍学生健康成长的绊脚石。高校必须在科学思想的指导下对学生学习进行考核，充分发挥科学考核的作用。

3. 终端管理

结束一个学期的学习后，要安排学生考试，对于考试成绩优秀者予以奖励，如发放奖学金等，对于成绩不合格者，安排补考。

(四) 学生事务管理

1. 人格教育

人格教育的内容可以细化为人生观教育、品性教育、审美教育、劳动教育、自我认知与发展教育等几个方面。这几个方面是相互联系的统一体，共同构成了人格教育的内容体系。

(1) 人生观教育

大学生正处在人生观的形成乃至稳固时期。这个阶段，他们最迫切、最认真地关心人生态度、生活方式、生存价值等一系列问题。而一个人在高校阶段，其自身的自主性和独立性逐渐增强，价值观、人生观形成则主要依赖于无意识的学习榜样、效仿榜样，即同学和教师的潜移默化作用。

在高校学生事务管理中，首先要配合课堂教育与实践教育，增强大学生的责任意识，明确对自己、对家庭、对他人、对国家、对民族所应承担的责任，并把这种责任落实到自己的学习和生活中，把内涵丰富广泛的爱国主义具体化、层次化，从细小处出发，逐渐上升和深化，形成一个可操作的体系。其次，还应教育大学生把远大理想与个人现实目标相结合，从大学生个人的、近期的、具体的事情出发，逐步提高思想觉悟，升华精神境界。

(2) 品性教育

品性教育对于一个国家、民族及学生个人来说都是极其重要的。目前，教育在市场经济和功利主义的冲击下，反其道而行之，重智不重德，重才学不重品行，背离了教育的方向。高校不仅具有教学和科研的职能，更重要的是具有社会领袖的职能，即成为造就学生心灵——造就公众心灵的"圣殿"。所以，高校的本质首先在于品行的培养。同时，在品性教育的改革中，将品性含义发展为品格和个性，不仅仅注重美德的培养，而且着力于培养学生健康的个性，使其成为有品性的现代公民，同时是一个坚强、独立、乐观、豁达的人，善于沟通，能乐观、积极地面对困难，富有创造精神与团队合作精神。

(3) 审美教育

随着现代科技和经济的迅猛发展，人们的物质生活得到巨大满足，同时精神世界的审美需要也就显得尤为重要。一定的审美素养是每一个现代人，特别是高校大学生必备的素质。审美教育是人格教育的基本内涵，即通过教育帮助学生追求和塑造真、善、美的人格。审美素养是大学生"精神成人"的必备素质。审美素养可以帮助他们正确认识和疏导各种压力，促进自身的全面协调发展。

对大学生进行审美教育，就要培养和提高学生感受美的能力、鉴赏美的能力、学生表现美与创造美的能力，进而培养和提高学生追求人生趣味和理想境界的能力，使大学生具有发现和创造美好生活的基本能力，从而努力追求高品位的生活、高境界的人生。这一点不仅是学生个体生活幸福的需要，也是现代社会发展对教育提出的时代要求。同时，现代高校学生事务管理者要通过高校氛围与校园文化的构建来达到学生审美教育的目的，避免美育主要通过文艺类学科实施的狭隘思路，将大学生美育与丰富多彩的校园文化建设有机统一起来。

（4）劳动教育

劳动是一种有目的、有计划、有组织地培养受教育者多种素质的教育活动，是融德育、智育、体育、美育为一体的全面提高学生素质的综合性教育。按照马克思主义的观点，教育与生产劳动结合是培养全面发展的人的唯一方法。劳动教育可以使人格教育的目标（如劳动观点、态度、习惯和职业道德等）落实在学生的劳动实践中，内化为学生品德。在大学生中开展劳动教育，能有效地调动他们的各种潜能，在实践中创造性地分析问题、解决问题，有助于培养大学生的创新意识、创新精神和创新能力，使他们得以全面发展。

（5）自我认知与发展教育

自我认知是大学生完善自我个性、发展自身特点、实现自我价值的重要途径。客观地自我认知是大学生健康发展的前提，它能帮助大学生正确地欣赏自己的外貌、性别、爱好，认可自己祖国的文化和社会习俗，对自己的优缺点进行客观的分析，欣赏自己在社会生活中扮演的角色，妥善地听取别人的意见，增强对自身的了解，养成一定的自尊心，并形成稳定的人格特性。大学生自我认知与发展的过程，也是大学生人生观和价值观不断完善的过程。

要在学生事务管理中纳入大学生自我认知与发展的内容，对大学生进行自我认知教育，帮助他们全面地认识自我与规划人生。全面认识自我是形成正确自我意识的基础，如果一个人能够全面、正确地认识自我，客观、准确地评价自我，就能量力而行，为确立合适的理想自我，并实现理想自我而不懈努力，勇于创造，善于创造，经常有所发现，有所发明，有所革新，有所建树，进而实现个人的全面发展。

2. 行政管理

行政管理指企事业、各种社会团体等的内部管理。高校学生事务的行政管理，不是一个严格的概念，在此指学生事务管理内容中行政管理的事务，即学校的学生事务管理部门为实现学校的育人目标，依据一定的机构制度，采用一定的手段和措施，积极发挥管理职能，充分利用校内外各种资源和条件，有效地完成学校的工作任务，实现预定目标的管理活动。行政管理决定着学生事务管理的运行操作、功能发挥、学生质量、社会形象等方面的问题，关系着学生事务管理最基本功能的发挥与整个学生事务管理的正常运转，是学生事务管理的基本保障。学生事务管理部门在行政管理方面一般包括招生管理、注册管理、奖学金管理、学生资助、勤工助学、学分规划、社团管理、纪律处分、校友信息管理等内容。

3. 成长辅导

"成长"一词，有两层内涵，一是长到成熟阶段，有发育的意思；二是向成熟阶段发展。对于大学生而言，在校园里的成长，并非仅是一个单纯的形体器官发育成熟的过程，更有自身完善过程的意义。在高校的学生事务管理中，学生事务管理者不仅是组织管理者和协调者、教与学双向交流的信息员，更是学生成长发展的掌舵者和教育者，肩负着将国家方针、政策和学校各项规章制度及时传达给学生，并引导学生完善发展、健康成长的重要职责。故高校大学生的成长辅导可解释为通过给予大学生一定的帮助和辅导，着眼于学生个体的内在潜能，根据个体差异给予充分的引导、激励、唤醒和鼓舞，使每个学生的潜能得到最大限度的开发，进而实现全面发展，成为自主自觉、优化而和谐发展的健全个人。

为了促进大学生全面成才和健康成长，达到高校培育优秀人才的目的，高校学生事务管理要在辅导学生的成长发展上做好新生辅导、学业辅导、心理辅导、生涯辅导和升学辅导等几个方面。

4. 生活服务

高校学生事务管理中与大学生生活密切相关的服务内容，分为以下几个方面：

（1）住宿服务

大学生集体宿舍是学生相对稳定集中的地方，随着高校学生事务管理的发展，学生宿舍的功能开始有所扩充，不再限于提供住宿和休息起居，而是要发展"住宿服务"这一概念，强调学生住宿对于学生发展的功能。学生宿舍在拥有良好设施的同时，住宿生活对学生教育和发展的功能不能忽略，学校要拥有对学生宿舍更多的支配权，以扩大对学生的教育影响。这里说的住宿服务就是指高校中有关的学生事务管理部门依照既定目标和规章制度，通过一定的运行机制和思想教育来调节、规范大学生思想的协调活动，促进良好校风、舍风的形成，以达到管理育人、服务育人的目的。在此过程中，把一定的思想融汇到科学的宿舍管理条例制度中，从而使思想教育更加具体化、形象化。

（2）健康服务

确保学生在学校健康地学习与生活是高校的首要职责。而大学生正处于生长发育的后期，体格、心理和智力等各方面正趋向成熟，是增长知识和强健身体的重要时期，同时也是良好的饮食习惯形成的重要时期，均衡合理的膳食是大学生身体发育以及完成繁重学业的重要保障。每一所高校的学生事务管理都应该保证学生的健康要求，将健康服务当作学生事务管理中的一项重要内容。

（3）安全服务

随着经济的快速发展与社会的巨大变化，校园及周边环境的日益复杂导致校园内的不安全因素逐渐增多，大学生随时有可能面对袭来的校园安全危机。安全危机是指由于突发的、具有严重危害性的自然灾害或社会事件，正在或者即将对人们的科研、教学、学习和生活造成不利影响，如火灾、恐怖活动、传染病流行等。为了保障大学生学习与生活环境的安全，确保校园环境的稳定有序，有效的安全服务与对危机进行科学的防范与应对是极其重要的。

（4）体育服务

体育服务内容主要包括体育设施的管理和为学生体育训练服务，在组织机构上，大部分高校成立了相关的学生事务管理职能机构——体育运动部，主要负责管理运动设施，提供体育课程，培训运动员及体育运动队，定期举办各种体育活动。体育服务的主要职能首先是负责管理校内的运动场馆和设施。这是学生开展和参加课外体育活动的重要条件和物质基础。良好的体育环境对大学生体育锻炼行为的产生与保持具有积极的诱导和保障作用。充足的场地设施作为保障，能激发学生的体育热情，调动学生的积极性，丰富学生的活动内容。同时，体育服务还包括加强对学生课外体育活动的指导与帮助，特别是对在校内进行的体育比赛加强组织与监督，提供体育活动课程培训，组织体育运动队，并定期举办各类体育活动，担任运动顾问，为学生参加体育活动进行专业指导。

5. 素质拓展

拓展训练课程强调健身性、挑战性、终身性和实用性，突出学生学习的主动性、积极性和创造性，具有途径多、方法多样、形式灵活、内容丰富等特点，它能激发学生的学习兴趣，满足学生学习的需要，加强学生的主体地位，让每一个学生都能找到自己在集体中的位置，重视学生能力的培养，这也正体现了现代的教育理念。

在此基础上，高校学生事务管理引入了拓展这个概念，并将其与大学生的素质相结合，开展大学生素质拓展教育，提高大学生的综合素质，着眼于大学生个体的内在潜能，根据个体差异给予他们充分的引导、激励、唤醒和鼓舞，使每个大学生的潜能得到最大限度的开发，将作为人的本质的创造精神引发出来，使大学生成为自主自觉、优化而和谐发展的健全个人。大学生素质教育是一项复杂的系统工程，各个地区各个高校所涉及的内容和侧重点也不尽相同。归结起来，主要是以开发大学生人力资源为着力点，在进一步整合深化教学主渠道的基础上，以提高学生综合素质为目的的各种活动和工作项目，包括课外实践、通识教育、情商培养、领导力培养与交际能力培养等方面，引导和帮助大学生完善智能结构，全面成长成才。

第六章 高校教育教学管理与素质培养

第一节 高校教育教学管理的诉求与功能

一、高校教育教学管理的类型与功能

(一)高校教育教学管理与素质培养诉求的类型

1. 高校教育教学管理与素质培养诉求的分类

高校教育教学管理观念与素质培养诉求来源于内生性诉求和外发性诉求，即教育教学管理自身发展的诉求和国家、社会和利益相关者对教育教学管理的诉求。

高校中的师生组成为一个共同体，从事着教育教学管理实践，本身也是一种正当和求善的活动，高校教育教学管理观念与素质培养诉求是教育教学管理本身的内生性诉求，是教育教学管理组织、教育教学管理主体、教育教学管理实践与素质培养管理等要素自身发展的内生需求，发展诉求本身就是教育教学管理的内在表现和存在依据，也是对教育教学管理的基本预设。培养诉求一方面是主体的主观要求，另一方面，客观上是主体本身所具有的重要支撑要求。培养诉求就变成了一个动态的求索过程，通过发现教育教学管理本身的基础结构，在过程中生成更加合情、合理、有效的诉求。

中国高校并非作为完全独立和自主的组织存在于社会生态之中，伴随着国际高等教育的发展，中国高校人才培养规模已经跃居世界第一，在市场经济制度建立和完善的时期，高校中的管理，尤其是教育教学管理也面临转型和变革的需求，大众化和市场化的背景必然会影响到高校的内部，影响高校的发展。因此，在决定高校教育教学管理改革何去何从方面，除了教学本身的需求之外，高校外部的社会其他组织也对高校教育教学管理与素质培养提出了更高的要求：摒弃以实用、高效及经济效益为唯一的价值目标。

2. 高校教育教学管理与素质培养诉求的类型特征

（1）以"关系"为特征的"内发式"诉求

高校教育教学管理本身是一个"自完善"的系统，是一种特殊的共同体形式，有着内部的发展运行规律和系统结构。教育教学管理的内部基础和前提是处理教育教学管理各主体、各要素之间的关系，包括个人与个人、个人与组织、人与物、人与自然以及人与自我之间在高校教育教学管理与素养培养的场域内部，对各种关系的把握和处理，体现各种关系"如何"或"应当如何"的规范和引导。通过教育教学管理主体对一系列关系的认识与把握，达到一定的协调，促进教育教学管理的顺畅运行。这是高校教育教学管理内部与素养培养的诉求类型。

（2）以"实践"为特征的"外求式"诉求

教育教学管理无论从组织形态，还是从实践形态上讲，相对于整个社会大系统来讲，都是一种"子"系统形态，必然要通过"外求"的实践路径，与外界发生千丝万缕的联系。人的现实世界不是给予的世界，而是经过自己的活动参与创造的世界。实践活动不仅创造了人和人的活动，也创造了人的生活世界和对象世界。以一定的实践形式，采取相应的行为，认识、影响和改造社会对教学及教育教学管理的要求。

（3）以"交往实践"为特征的"和谐"诉求

高校教育教学管理与素质培养的内发式诉求和外求式诉求，既有联系又各不相同，既统一又冲突。高校教育教学管理与素质培养在诉求上具有"内外互动""彼此交往"的传统和良性机制，通过彼此的协商、合作，以"契约"形式表现"共识"，达成在教育教学管理实践中和日常交往中的"理解"。在不断处理"关系"，追求"实践"的过程中，通过磨合与互动，形成交往实践的和谐结构，对高校教育教学管理与素质培养产生积极、正向的影响。

（二）高校教育教学管理与素质培养诉求的功能

高校教育教学管理与素质培养是一种在特殊场域中实施的管理活动，对外具有极其重要的影响作用。高校教育教学管理与素质培养本身是一种实践活动，是一种"在路上"的行动，本身孕育的道德形式和内容并不是储存在那里等着将来使用的东西，而是要对外形成一定的影响，"德行"是"德识"的外化形式，"德性"是"德行"的积累。在教育教学管理中培养有"德性"的人，准备社会生活的唯一途径是进行社会生活，就是让师生都能去过一种有"德行"的生活。教学即是生活，实践"德行"的教学，实践"德行"的管理。

1. 激发激励功能

个人诉求尤其是教育教学管理主体的诉求是教育教学管理人员发挥主观能动性的突出表现，有利于促进教育教学管理效率的提高。"效率优先"是一切实践活动的"目的性"的存在，但是同时，效率绝非"终极目的性"，教育教学管理既不能回避有效性，追求效率，又要在"育人为本、德育为先"的先在式目标基础上，提高教育教学管理的效率。趋利避害性是动力激发的客观因素之一，人们为了促进管理效能的提高，会从主观因素和客观条件上，为效能的提升开辟道路。人是一切社会管理中的最重要因素，人的各种层级需要及需要目标的实现是人的主观能动性得以发挥的重要动力因素，精神需要的主要来源是同道德需要彼此结合、密不可分的，因而采用手段提高人的积极性和主动性是提高管理效率的关键，只有激发人的主动性、积极性，才能有效提高教育教学管理的科学性、效能性和精神性，进而更为有效地实现高校教学的育人目的，促进素质培养。

2. 调节反馈功能

调节功能是教育导向功能发挥后的必然结果，教学将调节国家社会、学校教师、学生和学科知识体系发展的共同需要，这种需要有可能是一致的，也有可能不一致，交互调节和协调可以使高校教育教学管理与素质培养保持一定的秩序和规范，以维持教学活动的正常运转；个体和社会之间随时都发生着一定程度的互动，个体与个体之间、群体与个体之间必然存在一定的社会关系和利益关系，如何最终寻求或达成共识，在具体的教育教学管理实践领域中，通过开展研讨会，对相关问题建立评估标准，实现多方的理解。在调节过程中往往又是内部调节和外部调节相互结合而使之得以推行和实现，内部调节主要是依靠教育教学管理主体自身的价值标准来评估自我行为，外部调节主要根据外在的规范标准来评价教育教学管理者及相关部门的行为。相比其他法律法规的刚性调节手段，内部和外部调节功能显得比较隐性和柔性，主要凭借舆论、教育和示范等，提升人们的觉悟，具有极大的普遍性、渗透性和灵活性，影响会更加深入和深远。

3. 修复弥补功能

规范是建立并维持教育组织机构正常运转的保障和基本价值归属。规章制度具有必要性，有规矩才成方圆，制定相对完善的规章制度是管理的必然选择。然而，规章制度往往存在一定的局限与不足。规章制度所起的作用往往依赖于人们的思想觉悟和对规章制度的认可程度，而道德在于提高人们的思想觉悟，提升对规章制度的认可程度。同时，由于规章制度相比具体情境和客观形势发展往往具有滞后性和不全面性，在规章制度未概括情境时，道德是组织机构保持顺利运转的重要因素之一。另外，规章制度针对的是一个管理组织中的成员较低的层次要求，对于组织中的先进分子，不足以成为其活动的高级准则，此时，道德就能克服规范和制度的局限性，成为使教育教学管理规范运行起来并发挥作用的润滑剂。

4. 变革提升功能

管理组织的变革已经是现代组织行为中的常态式方法了，整个组织的基础和氛围是促进组织变革的重要力量。教育教学管理的道德合理性，是一种基本的价值评判尺度，其核心功能在于要求管理机构和管理者在教育教学管理活动中遵循教学的效率性和教学行为的正当合理性。

5. 引领与价值功能

引领教学发展是教育教学管理向教学领导迈进的标志，领导者和管理者是彼此联系又各不相同的概念。真正的领导者不仅具有职业特征，更富有人格魅力，这种魅力影响着教学团队和管理组织的发展，这种领导被称为"魅力型"领导。魅力型领导包含着道德属性，其领导行为应该是道德领导。领导者一般具有"指挥、协调和激励"三方面作用，对组织成员的道德心理与行为认识具有较强的影响，有利于促进组织成员的自觉行为的形成。教育教学管理双方可以在领导和管理关系中相互作用，在道德上相互改变和提升，最终在组织内部形成自主、自觉提升领导力和执行力的功能，将这种领导力和执行力应用在教学过程中，在教育教学管理过程中将有意识的外部刺激转化为被管理者的自觉行动，从而最大限度地调动被管理者的积极性，以实现相应的教学和管理目标。激励手段一般包括三种，其一是外部动力，如物质奖励、奖学金体现等；其二是工作本身的收获与实现，如习得新知识、掌握新技能等；其三是以信念观念为基础的力量，相比前两者，人的行为往往受到心理因素的强烈影响，后者的激励更为深刻，更为持久，从而取得积极的管理效果。信念不仅能够支配和促进组织成员培育"公正、善良和尚美"的情感，还能通过激发主体行为的发生，发挥信念在教育教学管理中的激励功能，使教学主体受到鼓励，从而自觉去做道德所需要和期望的行为，实现管理所设定的整个教育管理"关系模式"的系统要求，取得预期效果，达到教育教学管理的目标。信念由于能够在更充分和更足够的深度开启人的能力和意愿，所以能唤起人们更为持久的激励和鼓舞，能为教师和学生提供更为广阔的活动舞台，从而形成一股强大的道德力量。教育教学管理的信念在引领教学发展中，实现情感凝聚、德性教化和道德增值，从形式到实质都有积极的作用。

第二节 高校教育教学管理与素质培养的原则

一、素质教育理念的内涵

(一)素质

从生理学角度来讲,素质是指个体先天具有的解剖生理特点,是指神经系统脑的特性以及感觉器官的特点。从心理学角度来讲,素质是指主体未来发展的可能性,亦即发展潜力或发展潜能。从综合的角度分析,素质泛指整个主体现实性,即在先天与后天共同作用下形成的人的身心发展基本品质和功能水平,包括特别重视主体未来发展可能性部分。笔者认为,人的素质既是人们天生具有的解剖生理特性,也包含人们在实践活动中形成的基本品质及个体未来发展潜能。

(二)素质教育

有学者提出:"素质教育"一词是中国教育工作者的创造物。不同的时代对人才素质有不同的要求,研讨素质教育必须倾听时代呼声,体现时代精神。实施素质教育就是全面贯彻党的教育方针,以提高国民素质为根本宗旨,以培养学生创新精神和实践能力为重点,造就有理想、有道德、有文化、有纪律的,德智体美劳等全面发展的社会主义事业建设者和接班人。全面推进素质教育,要坚持面向全体学生,为学生的全面发展创造相应的条件,尊重学生身心发展特点和教育规律,使学生生动活泼、积极主动地得到发展。素质教育是以提高国民素质为根本宗旨,以面向全体学生,培养学生的实践能力、创新能力为重点,使学生在德智体美劳等方面全面、充分、和谐发展的教育。

(三)素质教育对高校教学管理提出新要求

1. 对教学管理模式提出了新的要求

所谓模式,就是某种事物的标准形式或者是可以仿效学习的标准样式。现代教学管理模式是一个广义的概念,它是在一定的办学思想指导下,围绕人才培养目标,形成相对稳定的、系统化和理论化的教学管理范型。我国高校传统的教学管理模式是"制度淡化、管理老化、手段老化"。素质教育要求改变传统的教学管理模式,构建高校教学管理制度的新模式，应当以实施素质教育为主线，充分体现教学管理的多样性、灵活性、有效性、法制性和目的性，注重教学管理的改革，充分调动广大教师和学生参与管理的积极性、主动性和创造性。加强学生综合素质的提高与完善，使学生在思想道德素质、文化素质、业务素质、身体和心理素质诸方面得到健康和谐的发展。

2. 对教学管理人员素质提出了新的要求

没有一支过硬的教学管理队伍，不可能有一流的教学水平与教学质量。教学管理能否从经验管理转向科学管理及实现管理现代化，关键在于教学管理人员素质的提高。建立一支高质量的教学管理队伍，是高等学校加强教学质量管理，完成人才培养任务的根本保证。培养一支素质高、能力强、懂管理、讲原则、爱岗敬业的管理干部队伍，是素质教育对教学管理人员提出的新要求。素质教育下的教学管理应当是"有思想的管理、有目标的管理、有深度的管理、充满改革精神的管理"。要达到这样的管理，就要有一支高素质的教学管理队伍做保障。

首先，要提高管理人员的教育理论素质。高校管理人员要遵循教育规律，运用现代管理理论和方法，分析教与学的规律，不能把教学管理看作简单的行政管理，而目前在高校教学管理人员中仍有很多人在教育理论方面欠缺。因此要提高高校教学管理人员的教育理论和管理理论素质。其次，建立相应的培训机制，提高管理人员的素质。随着科学技术的发展，特别是网络技术的普及，管理手段、管理技术在不断创新，新的管理理论不断涌现。面对管理环境的不断变化，教学管理人员也要通过学习，增强自己运用新知识解决问题的能力。因此管理人员也要不断学习，以提高管理水平和管理能力。最后，管理人员还要善于运用现代化的管理工具，用系统论的方法研究分析新时期教学管理过程中出现的新问题，开展高等教育理论研究，在工作中将理论与实践相结合，创造性地开展工作。另外，教学管理人员在新的环境下还要具有创新精神和开拓能力以及服务意识。

3. 对教学管理的方法和手段提出了新的要求

高质量的教育需要高效的管理。高校的教务管理部门承担繁重的教学管理工作，随着信息产业的飞速发展，特别是计算机及网络技术的广泛应用，给传统的教学管理工作带来了新的革命，尤其近几年随着高校扩招和办学规模的扩大，教学管理工作日趋繁重，管理人员的工作强度较大，传统的手工管理效率很低，已经不能适应高校发展的需要，应充分利用计算机和校园网络进行教学管理，提高管理效率和管理水平，引进或自主开发功能先进且运行可靠的教务管理软件，实现教务管理工作的计算机化和网络化管理，如学籍管理、学生成绩管理、教学计划管理、教师管理、教材管理、教室管理以及教学的日常调度和教务安排等。随着学分制的推行，学生可以在计算机网络上选课，可以在校园网络的任何位置选择自己喜欢的课程和任课教师。教师进行计算机录入以方便学生在网上对成绩、教师、课程设置及上课信息等查询；利用排课软件进行计算机排课，可以对教师、教室等相对紧张的资源进行合理分配，同时又兼顾了其他诸多因素的影响，实现了排课工作的科学化和规范化，提高了课程编排的准确性和排课效率。借助于计算机和网络技术进行教学管理，既是深化教学改革，推进素质教育的要求，又提高了管理效率，实现了教学管理的科学化、规范化、制度化，也避免了管理中的人为因素影响，有利于建立一个公平、公正的教学环境。

4. 对教学管理评价体系提出了新的要求

传统的教学评价观是以知识的传授为衡量尺度的，素质教育则着重于教师引导学生独立思考，启发学生的创造性思维，培养学生的创新潜质，提升学生的综合素质和人文素养。新的教学评价观是发展性的教师教学评价观，它尊重教师的教学权，鼓励教师在教学实践中的创新活动，提倡教师个人的教学风格和艺术，这种教学评价是民主性、商讨性的，结论是分析性而不是概括性的，它主要不在于监控教师教学活动，而是旨在促进教师教学成长，让教师在教学活动中焕发创新的冲动和生命的活力，进而使全体学生受到启迪和激发。另外还要求教师充分尊重学生学习的主体地位，爱护和培养学生的好奇心、求知欲，激发学生的学习积极性和责任感，激励学生的探索精神。因此，要对教师的教学建立科学的评价体系，既要从评价内容上优化指标设置，也要从操作环节上强化评估实施的严格性和公正性，更要引进校外评估，扩大评估参与的广泛性，通过评估引导教学管理工作和教师教学工作改进的方向，并激发其投入的积极性。

对学生的评价从两个方面予以关注：一是对学生的综合素质的总体评价，思想政治素质、文化素质、业务素质、身心素质，创新精神、创新意识和实践能力；二是对在某一方面非常突出的学生，应不拘一格，鼓励其成长，为他们成才创造有利的环境。掌握综合应用能力的检验及创新意识与实践能力的检验。综合测评、评优、评奖都要充分考虑学生个人的技能表现和特长贡献，培养学生的竞争意识，鼓励学生个性发展。

(四)素质培养下高校教学管理的特点

素质培养不是对教育分类，也不是一种固定教育模式，而是一种教育指导思想，是一种教育理念。素质培养下的教学管理以体现"以人为本"的原则，注重柔性管理，以个性发展为目标，培养人的创造性。在素质培养背景下高校的教学管理具有如下新特点：

1. 教学管理的人本化管理更突出

学校是一个"人—人—人"的系统，它的管理主体、客体和目的都是人，它通过主体人，对既是管理客体也是主体的人的管理，来达到培养、发展人的目的，所以人的因素是管理的主要因素和本质因素。素质培养的要旨是创新人才的培养，而人是知识创新与发展的生命之源。

高校教学管理制度改革和建设着力体现"以人为本"的现代教学管理理念，要以教师和学生的需求为导向，以学生的发展为目标和根本，一切为了学生，为了学生一切，为了一切学生，确立学生的主体地位，充分尊重学生的选择。教学管理中的人本思想，确立人在管理过程中的主导地位，使教师和学生在工作、学习过程中，在参与管理活动的过程中，素质、身心、能力和知识方面得到发展，调动了他们的主动性、积极性和创造性，使教师和学生的创造潜能得到了极大发挥。

2. 教学管理的开放性更强

素质培养下的教学管理更注重学生的选择权，给学生自主学习发展提供更加自由的选择空间，这样使高校教学管理开放性更强。学分制的课程互选、学分互认、互聘教师和互相推荐研究生等，使得学生有更多的选择机会，可以实现跨校选课，攻读辅修专业、第二专业、双学位。学生在进校后学习什么专业和选修什么课程，可以在相关教师的指导下由学生自主选择，并可根据一定的规章制度变换。这样灵活开放的管理运行机制为学生的多方面发展提供了条件，让学生拥有了更多的选择、更多的时间、更多的发展机会，真正体现了"以人为本"的教学管理理念。

3. 教学管理的学术性管理职能更明显

素质培养、创新教育使教学管理的学术管理职能更明显。学术管理融入行政管理之中，才能推进教育教学改革的进程和素质培养的实施。高校为传递学术而产生，为发展学术而生存，以传递和繁荣学术为己任。学术是学者的生命，学术是高校的灵魂。高校的生命在于学术上的进取，学术发展是高校欣欣向荣的源泉，学术管理应保证学者、教师的学术活动充分有效地发展，以便充分发挥他们的智慧，推陈出新，发展新学科，构成新观念，形成新事物。学术管理的职能贯穿在高校的教学、学科建设、科研成果评价与奖励政策、学术梯队的组织等中。

提高管理水平，实施素质培养和教育创新，就必须重视教学管理的学术功能，防止教师陷入繁重的日常事务而削弱了学术功能，学校的教学管理部门把工作的重点放在强化学术管理上，认真抓好人才培养模式改革、专业设置调整及相应的培养方案的修订、教学方式、考试方法与课程体系内容改革、新的教学评价制度的建立等。集中精力研究教学管理工作，提高管理水平，保证人才培养的质量，在转变教育观念、深化教学改革的同时，要充分发挥校学术委员会、教学指导委员会和教学督导组的作用，加强对学校人才培养的宏观指导。建立"专家治校""专家治学"的管理模式，在教学管理中把教务管理与学术管理有机结合，使专家、学者通过民主的方式行使学术权力，为正确决策提供理论依据，使教务管理符合学术权力的要求。

4. 教学管理的民主性更强

自由是学术生存和发展的空气，民主是学术兴旺和发达的土壤。素质教育强调学生创新精神的培养，是弘扬人的个性和主体性的教育，强调教育要尊重和发展学生的主体意识和主动精神，培养和形成学生的健全个性和精神力量，使学生活泼成长。只有在民主管理的氛围之中、只有在不断创新之中才会有大批创造性人才的成长，才会有利于学生健康成长，有利于学生的个性发展。要搞好高等学校的管理，必须依靠教师发挥能动作用，一切与教师教学、生活和学生学习、生活有关的决策，要注意听取教师和学生的意见。这就要求各高校在制定教学管理制度和出台教学管理改革举措时，应首先认真调查和研究学生需要什么，选择什么，并建立与广大学生经常性的、及时的、制度化的联系，最大范围地收集学生的需求信息，用以研究学生学习、研究学生生活。例如，一些高校设立的教务处长学生助理岗位和学生教学质量信息员制度就不失为一种好办法。学生助理和学生教学质量信息员制度让学生参与教学管理，参与教改方案的修订，让学生了解学校教改举措，反馈其他学生对教学建设与改革的意见建议，了解教学一线的情况，使学生助理和学生教学质量信息员成为学生与学校教学管理者之间的桥梁和纽带。

5. 教学管理的服务意识更强

高等学校的教学管理是管理，也是服务，即服务于教学和人才培养工作。教师和学生既是管理对象，也是服务对象，教学管理工作者所做的一切工作说到底就是为了教师教好和学生学好，从这个意义上说，教学管理更多的含义是服务，而且是主动服务。素质培养强化教学管理制度的服务内涵，要为教师和学生提供越来越满意和高质量的服务，把以往让学生、社会适应高校现有的管理制度转变成高校管理模式必须适应学生的意愿和社会需要。

在管理过程中，要了解教师和学生有哪些需要和要求，尽可能为教师的教和学生的学提供完善便利的服务，以利于教师和学生全身心投入教学中，投入提高自身素质、培育人才的活动中。那种只讲管理，不讲服务的管理模式，很容易挫伤教师教学与学生学习的积极性和主动性。在管理体制和机构设置上进行尝试，可建立一些直接面向全校师生的服务性功能中心，如注册中心、考试中心、学务指导中心、教学信息中心、教学评价与教师培训中心、实践教学中心等。

6. 教学管理趋向柔性化

柔性管理是相对于刚性管理而言的。柔性管理主要是依靠激励、感召、启发、诱导等方法进行管理，是一种人本化的管理。素质培养是"以人为本"的教育理念，要求教学管理是一种以柔性化管理为主导的管理方法。教师管理和学生管理的柔性化是指在研究教师和学生心理行为规律基础上采用的非强制性方式，在教师和学生心目中产生潜在的说服力，从而把组织的意志变成教师和学生的自觉行为。高校的教师是高级知识分子，明事理，吸纳新生事物快，对问题有自己的见解，同时又具有鲜明的个性，单纯依靠颁布集中统一的行政法规和建立偏重物质利益的激励机制很难真正调动广大教师的积极性，要突出强调他们自己的管理，尊重他们的价值，承认他们的劳动，充分发挥他们的聪明才智。

对高校学生来说，柔性化管理主要表现在以下几个方面：一是人才培养规格的柔性化。素质培养需要多样性的创造性人才，对高校来说，需要培养多层次和多样化的创造性人才以适应时代的需要。二是教学计划的柔性化。要制订柔性化的教学计划，注重培养学生的能力，给予学生更多的选择机会。如学生可以选择专业入学，先在学校学习一定的通识课程后，再根据学生的兴趣和爱好选择专业。三是人才评价柔性化，素质培养要求尊重学生发展的个性化和多样化，要求每个学生都得到发展，都有一技之长。这样就对不同学生有不同的评价标准，有多样化的评价方法。

二、培养原则

高校教学管理制度体系建构的原则，对高校教育教学管理制度的建立、发展与不断完善发挥着至关重要的指导和规范作用。因此，制度体系建构原则的提炼尤为关键，具体到高校教育教学管理制度的制定，其原则只能是依据制度的本质内涵，依据基本的教育教学规律，同时结合高校教学的实际需求提炼而成。

(一)人本原则

"以人为本"是对"以物为中心"的管理理念的突破，从根本上实现了管理重心的转移。它更为关注组织成员合理需求的满足以及组织成员本质力量的激发，促使所有的组织成员从灵魂深处体现出对"人之为人"的无限尊重。作为组织的高校的最鲜明的特征就在于它是育人的场所，高校管理尤其是教育教学管理的对象主要是人而不是物，因而管理的成败也就取决于管理制度以及对制度的实际执行中是否做到了以教师为本、以学生为本，是否体现了对以教师和学生为主体的人的尊重，是否充分调动和激发了教师教学与学生学习的自觉性、主动性和积极性，是否积极创造条件最大限度地满足了教师教学和学生学习的物质需求和精神需求。

因此，作为高校教育教学管理制度的制定者和执行者的学校行政人员切不可简单地将教师和学生作为被管理者，仅仅通过手段强制教师被动地"教"和学生被动地"学"，以实现教学管理制度的目标追求。而应真诚地将教师和学生吸纳进制度规范的制定过程，给予教师和学生真正意义上的制度制定的有效参与，实现由教师和学生主动参与的民主管理，建立和改善学校领导、管理人员与教师和学生之间的民主平等关系。

(二) 规范原则

规范是制度的基本属性，它常以成文规则的形式予以表达，也就是说，规则即为规范的表现形式。组织理论中有关规则的一个最古老的观念认为，制定规则的目的是提高团队效率，这种团队被认为是具有共同目标的个体集合。而现实生活中，尽管大多数人行动的目的是基于对某种规则的服从，但同时也总会有人做出与规则指向相反的行动，由此，规则的制定便为人的适当性行为的选择施加了认知和规范的限制，从而有利于提高人的组织行为的规范水平。事实上，许多现代组织的有效性都要归功于它们能以创造性方法创建和实施组织章程，这些方法反映了组织所积累的经验教训，并使组织承诺得以象征化。在许多场合，成文规则以一种高度有计划和有意识的方式得到遵从。在其他场合，对组织规则的遵守以不太引人注目的方式发生着，因为在这里，规则已经被内化，已经成为行动的无意识前提，或者已经被纳入牢固确立和广泛实践的惯例和程序中。还有一些场合，规则作为组织意识形态的体现而得到颂扬和支持，尽管它们在根本上很难执行。因此，高校教育教学管理制度体系的建构有赖于规范原则的支撑。

美国社会学家 Ezoni 曾根据组织为使其成员服从并参与组织而采取了不同的控制手段，将社会组织区分为三种基本的类型，即强制性组织、功利性组织和规范性组织。这三种类型的组织各自侧重于运用某种手段以控制其成员的行为。其中，强制性组织主张通过物理性的强制手段，如关押、隔离、体罚和训斥等以迫使其成员就范；功利性组织强调通过工资等经济利益手段引导组织成员的行为；规范性组织主要强调通过精神性力量，如规范的约束、道德的反省等以激发其成员的热情。具体到教师来说，高校组织兼具规范性与功利性组织的特点；具体到学生来说，高校组织是规范性与强制性兼而有之的组织。所以，高校组织的基本特点就在于主要运用精神性手段激发高校组织中以教师和学生为主体的团队热情以及最大限度地提高团队效率，按照一定的教学规范，规范团队所有成员的行为，促使团队成员形成遵守规范的自觉意识以及在各自不同的行动中做出符合教学规范的适应性选择。

（三）稳定原则

稳定原则意在强调制度一经形成应保持一个合理的存续期，使制度的效用能在制度的持续施行中得以体现；反之，制度的不稳定将失去制度制定与存在的意义。

事实上，制度的存在、维系与实施有赖于制度社会化的形式转换，即所有的社会成员都毫无例外地生活在一定的制度环境中，正是人们通过学习、观察、接受教导以及参加实际的工作体验等方式，才逐步认识到在某种情境中什么样的行为才符合某种特定身份的需要，因此，相对稳定的制度便成为人们尤其是新的社会成员赖以学习并由此形成某种行为规范的"蓝本"。而且，由于制度创建了人的行为规范的适当性标准，在具体制度的执行过程中，便可凭这种适当性标准有效规避或平衡组织中的任意个体所做的后果计算的倾向，使人的个体利益与组织的团体利益的关系文明化，使个体理性的"机会主义"的行为选择受到限制。同时，制度作为一种建立在合法性基础之上、能够在较大范围内得到人们的普遍认同和遵守的规范或规则，在被实际执行的过程中，人们更加倾向于遵守制度，使制度完全内化为自己不自觉或无意识的行为习惯和方式，即制度的这种自我强化机制，决定了制度本身天然所具有的稳定性功能。

具体到高校教育教学管理制度来说，高校教育教学本身所具有的规律性和规范性以及教学效果显示的缓慢性和滞后性，决定了高校教育教学管理表现为一个相对完整、规范和持续的过程，决定了高校教育教学管理制度所规定的各种教学规范要保持一定的稳定性或不变性；反之，失去了稳定性，就很有可能导致教学的无秩序性、教学发展的无规律性以及教学质量的不可预期性。而要实现高校教育教学管理制度的稳定性，首先就要切实保证教学管理制度的质量，保证教学管理制度所具有的规范性和对实际工作指导的针对性。这就要求，首先，要规范制度的制定程序，了解真实的教学情况，全面、客观、系统地把握教学和教学管理存在的各种问题，真正制定出符合教学规律、符合校情而又具有针对性和可操作性的教学管理制度，真正为广大的教师和学生所认同和接受；其次，要建立对制度制定、实施、监控和反馈的科学认识，充分体现制度规范存在的价值和有效实施的意义，不断增强制度执行的自觉性和主动性。

（四）效率原则

强调运用制度手段规范组织发展及成员行为，即运用制度手段努力追求组织效率的提高，以尽可能少的投入获得尽可能多的回报。高校作为职业性组织有着自身的独特性，比如强调职业本位、主张职业自由等，但同时又具有科层组织的一些属性，比如在高校内部存在着专业划分、制度规范等。就当下高校的实际状况而言，随着高等教育大众化阶段的到来，高校的在校生规模急剧扩张，与之相适应，高校的组织规模也变得异常庞大，因此对教学管理制度效率、效益的关注和重视也就成为必然。

此外，制度成本的大小也关乎制度效率的高低。因为，就高校教学管理制度的制定、修改而言，总是需要投入一定的成本，需要花费一定的时间、精力和财力，而从经济实用的原则出发，这种成本的投入，势必要获得一定的回报，因为只有这样才可反映出制度实际体现出的效率。反之，如果花费一定代价制定出来的制度过于烦琐，并不能真正满足教学管理的实际需要，甚至会由此引发被管理者的逆反心理，那就违背了制度制定的初衷。所以，正如有效制度供给的过剩一样，高校教育教学管理制度的制定应本着"少而精"的原则，而不是制度制定得越多越好，制度制定多少的关键或判断标准取决于制度规范对实际教学和管理效用的大小。

（五）发展原则

制度可理解为衍生理论所说的规则，即尽管制度表现为一定的稳定性，但制度总归是历史的、发展的，制度的发展性、变化性与制度的稳定性并存而又相互转化，始终处在对立统一的矛盾斗争中。因此，稳定是高校教育教学管理制度体系建构的一项基本原则，但它并不否定制度的演进和完善，高校教育教学管理制度的稳定和发展既相互支撑又相互促进，并且其中的任何一项制度都是在发展中走向完善，又是在发展和完善中走向稳定。

发展是制度逐渐走向更为完善的过程。随着高校校内外制度环境的变化，教学管理制度必须因时而动，否则将导致制度建设的滞后，无法有效指导、规范实际的教学活动。发展还是制度体系的不断创新，并在创新中促使制度更加趋于完善，即当一项教学管理制度与实际教学管理之间出现不适应的时候，就需要及时采取措施，对原有制度做出调整。具体而言，这种调整包括制度的修订、废止和重建等。

第三节　教学管理与素质培养的实现机制与路径

高等学校教育教学管理制度的改革是一项系统的工程，围绕素质培养和创新教育对教学管理提出的新要求，吸收借鉴国外的先进经验，整体优化教学管理系统，推动教学管理思想、方式和制度的改革，建立具有中国特色和反映各高校实际情况的教学管理制度。最大限度地发挥和调动教师和学生教与学的主动性和积极性，切实提高管理水平、教学质量和办学效益。

一、教学管理理念的重塑

制度革新离不开指导其创立新制度的新思想和新观念。一种新制度的确立总是在一种新的理念和观念中产生，新的教学管理制度也是如此。因此，对高校教育教学管理体制进行改革，首先要以观念转变为先导。教学管理思想的变革是教学管理制度改革的基础，树立教学管理现代化的理念，就是指教学管理思想的现代化，分析起来它包括以下四种要素：

(一)树立"以人为本"的现代教学管理理念

贯彻"以人为本"的思想必须牢牢把握尊重人、爱护人、培养人、依靠人、发展人和为了人这一根本准则，其科学内涵是指现代科学管理必须以人为核心，做好人的工作，不断提高人的综合素质，以充分调动人的积极性为目的，才能提高管理功效，实现预定目标。

转变教育观念，树立以人为本、以学生为主体的人才培养观是高校实施素质培养，进行教学管理制度创新的前提条件。高等学校应当以培养人才为中心。素质培养下新的教学管理模式产生的根本原因和教育理念，就是以培养人的能力素质为目标，尊重个体，充分挖掘学生的个人潜能，从学生的全面发展出发，促进和激发学生的创造性。以人为本是学校教学管理的重要原则，教学的主体是教师和学生，因此，从根本上说，教学管理的"以人为本"，就是以教师和学生为本，为教师和学生服务。必须改变那种不从教学出发，不从教师和学生出发，而单纯从管理出发的陈旧观念，应当树立以教学为中心、从教师和学生的需要出发的现代管理理念。

以人为本的现代管理更注重心理管理，注重情感投入，以营造良好的教学管理氛围。人们应当在能够培植自我激励、自我评价、充满自信的气氛中工作。外部的激发是必要的，但其作用是有限的。只有当人的情感等内在心理因素被充分唤醒，人的地位得到了尊重、人的价值得到了充分实现时，他的各种潜能才会像火山一样喷发出来。理解和尊重、真诚与合作、民主与平等的人际关系，完满的服务、衷心的表扬，最终可能更具激励作用。因此，在高校教育教学管理过程中，必须充分考虑全体教学人员的工作和心理特点，努力创造出一个和谐融洽的，适宜于他们从事管理、教学工作与学习的，并能充分展现其才华和发挥其创造能力的环境氛围，力求使每一个教学人员的需求得到满足，获取完成教书育人工作的动力；实现"人尽其才、各尽其能"的目标；重视人才的科学选拔，优化组合，合理安排奖励、激励工作，有利于他们自觉主动地参与到教学管理活动中，这是实现高校教育教学管理改革的基础和重要保证。为此，要实施以下三个方面的策略：

一是教学管理组织的中心下移。各学院、系、部、研究中心要成为教学管理的实体性组织，充分调动学科带头人、教学骨干、科研人员的积极性和创造性，真正实现学校工作以行政为中心转向以教学为中心，转向以从事教学、科研第一线的教师为主体。教师是教学工作的直接实施者，是教学取得实效的根本保证，他们的主体意识越强烈，其事业心、责任心就越强烈，教学的效果才会越好。要真正调动教师的积极性，必须在教学管理中明确规定教师的权利和义务，建立相应的组织保证，在高校教育教学管理改革的"二级管理"中发挥教师的主体作用，组织重心下移，构建"以人为本"的教学管理组织机构。

二是重视和强化教学管理组织的自我监督职能。在素质培养的背景下，学校建立和完善教学管理制度，需要建立民主审议制度和民主监督制度，学生成为实施教学监控权利的主体，他们作为受教育者，有权对教师教学的全过程进行评价，并对学校的教学管理提出合理化的建议。

三是"以人为本"需要激励的方式。"以人为本"的核心是使人性得到最完善的发展，教学管理组织如何使广大教职工积极向上、精神饱满地投入工作，使学生热爱学习、自觉主动地学习，需要物质激励和精神激励。正确运用这些激励方式，能够调动人的积极性，确保人在管理体制中的核心地位，同时注重培养人的使命感、成就感和荣誉感，使人在工作和学习中发挥主人翁精神，这种激励方式对我们研究教学管理中的"以人为本"也是十分重要的。

（二）刚柔相济教学管理理念

柔性管理是相对于刚性管理而言的。所谓刚性管理，就是在教学管理过程中强化权威、指令、硬性指标，常使用规定性、惩戒的手段进行管理，是根据成文的规章制度依靠组织职权进行的程式化管理，是"以规章制度为本"的管理。所谓柔性管理，是在管理过程中强化感情投入、精神感召，注重使用指导、民主、共同参与、协调、激励、创新的管理手段，是依据组织的共同的价值观和文化、精神氛围进行的人格化管理。柔性管理是新型管理模式，是社会管理化、民主化的必然要求。在高校教育教学管理中，管理对象一方面是有知识、有学问的教师，一方面是生理和心理尚未成熟的青年学生，因此，在素质培养背景下的教学管理上不应只采用刚性的管理手段，更多的是使用柔性的管理手段，这样才会收到更好的效果。

（三）竞争与合作相结合的管理理念

在高校，最突出的竞争莫过于教学水平与人才培养的竞争。但是，知识创新不仅需要竞争，也需要合作。在教学管理中，不同系统间的竞争需要用合作来提高实力，同样，不断激励相互间的协作是提高竞争力的重要的元素。对于教学工作的管理，一方面要靠竞争来提高教学水平；另一方面要强化教师与教师间、教学与学生间、学生与学生间、管理人员与被管理人员间的合作意识。有了合作，才会有交流，才会取长补短，才会提高竞争力。在竞争的过程中发现问题和不足，通过合作来弥补、来解决，也有利于教学管理水平的提高。

（四）民主管理的管理理念

伴随着社会的信息化和科技化，管理中的管理者与被管理者，领导与下属逐渐形成资源契约化共享的伙伴关系，沟通与协商成为必要，民主化管理显得越来越重要。在高等院校，教学管理越来越具有战略性，其肩负的责任十分重大，管理者和被管理者的关系密切地联系到一起，进行民主化的管理日益得到人们的共识。原来上令下行的方式逐渐被共同参与、相互协调、上下协调所代替。新型的管理者应该树立民主化的管理理念，使用民主化的管理手段，这样才能有助于学校的安定团结，促进教学人员参与民主管理的积极性，形成良好的自觉管理意识，促进教学科研工作的发展。同时民主管理也可以保证法规具有更高的权威，学校的民主气氛比较好，人们对法规就更尊重，法规就能更好地实施，"软性"条件好，"刚性"的东西越有效。在依法维护民主管理的时候，实际上也有力地维护了法规管理。在教学内容、方法和手段等问题的讨论中必须贯彻学术自由、学术民主的原则，成立优秀教师组成的教学指导委员会，作为教学咨询机构。教学的民主管理增强教师的责任感和群体意识，充分发挥教与学双方的主动性、积极性与创造性，促使其由被管理对象转变为管理主体。

总之，教学管理理念的塑造是关系到教学管理制度变革的重要方面，是实施各项具体措施的思想指导。树立教学管理理念，要本着以有利于提高高校素质培养实施的原动力，有利于提高高校持续创新的能力，有利于提高高校促进社会进步与发展的引导力，有利于调动广大教职工的积极性，有利于高校内部资源的优化组合的"五个有利于"为基础，要有破釜沉舟的勇气和高瞻远瞩的眼光，为高校教育教学管理制度的完善和改革走好第一步。

二、教学管理组织的重构

传统的高校教育教学管理组织结构是金字塔形的结构，是一种垂直的自上而下的科层制组织结构形式（等级模式）。"等级权力控制型"组织是以等级为基础、以权力为特征、对上级负责的垂直型的纵向线性系统，"强调组织结构中位于结构顶端的管理者的责任与权力"，强调以"制度+控制"使人"更勤奋地工作"，来达成管理目标。素质培养要求对传统的教育管理体制进行改革创新，并为这一改革创新提供了条件。

（一）协作是教学管理组织的基础

教学管理组织是一个复杂的系统，它具有多目标、多层次和组织活动开展的多序列性。教学管理组织中倡导团结协作共处的集体精神，在教学管理的组织构建中，应首先以协作为基础。特别强调：

1. 学校领导层成员之间的协作

从普遍意义上讲，我国高校一般实行的是校长负责制，副校长作为校长的助手，实行分工管理。由于主管各部门的副校长长期任职于某一职能部门，考虑问题时往往会从本部门利益出发，站在本部门的立场，自成系统。在这样的领导机制下，产生的局面就是：主管教学的副校长容易站在教学的立场，在学校利益分配时努力为教师争取利益；主管学生工作的副校长在处理问题时，就会从学生的角度出发；主管后勤的副校长同样会为后勤职工考虑。因此，作为学校领导层成员，必须在团结、协作的前提下分工负责。

2. 教学操作层成员间的协作

各院、系、教研室是实施教学管理的具体执行者。过去我国高校的办学规模较小、专业设置单一、综合类学科较少，单一学科的教学由各专业教研室负责安排，教研室对本系、部负责，系、部对学校负责。但是随着我国高校教学改革的不断深入，高校的专业设置发生了很大变化，各学科之间交叉呈现，教师的综合业务素质不断提高。面对高校素质实施的新形势，高校教育教学管理就应进一步强调各成员间的协作，并根据学校的规模、师资力量、生源、教师的学历层次等因素而有所侧重。

（二）以学习型组织为教学管理组织的目标

学习型组织是20世纪90年代以来，在管理理论与实践中发展起来的一种全新的被认为是21世纪管理模式的理念，是当前最前沿的管理理论之一。学习型组织的最终目的不是建立一个僵化的组织，而是在于确立学习的观念，讲求持续的学习、转化与改变，使组织成员在工作中活出生命的意义，不断突破自己能力的上限。学习型学校具备下列特征：重视学生的学习活动；教师应不断学习；鼓励教师和其他同事合作或相互学习；学校是学习系统的组织；学校领导者是学习的领导者。学习型组织可以概括为"能够设法使各阶层人员全心投入，并有能力不断学习的组织"。学习型组织是指通过营造弥漫于整个组织的学习气氛、充分发挥员工的创造性思维能力而建立起来的一种有机的、高度柔性化的、扁平的、符合人性的、能持续发展的组织。这种组织具有可持续学习的能力，并具有高于个人绩效总和的综合绩效。学习型组织不同于传统组织的"金字塔"式的结构，具有扁平化、柔性化、网络化和开放性等明显特征，使管理具有很高的应变性、可靠性和有效性。

在学校的教育活动中，更能体现出学习的意义和价值，无论是教师的教还是学生的学，都是以学习为前提。在今天这样一个以知识的生产、配置、消费为基础的社会里，在素质培养实施中，教师自身的继续教育与持续学习显得越来越重要，教师"学会教学"，学生"学会学习"，才能适应未来社会对人才发展的要求。

高校学习型组织的构建要求学校中所有成员超越自我，不仅要面对现实而且要面对未来。学校整个组织的学习意愿应建立在每个员工意愿的基础上，组织要充分考虑到个人成长对组织成功的价值，积极创设鼓励个人发展的组织环境，学校中的成员要不断改变自己的心智模式。每个人都有习惯的定式，这是多年积累的结果，并形成一定的心理枷锁。学校管理者要不断地从局部或静态方式向互动关系与动态变化的思考方式引导、转化。学校成员之间还要充分表现自己的意愿和想法，每个人都以开放的心灵纳入。此外，学校组织内部还应定期或不定期地组织教师进行团体学习，通过团体学习有助于教师间进行交流。通过观察和学习有助于教师形成共同的价值观，促进竞争，并将教师的学习目标和学校的组织发展有机结合起来。在教学管理中教师真正成为学习者和研究者。知识经济时代，至关重要的是知识不断创新，教育与知识创新有着密切的联系，教育成为社会关注的焦点，面临着深刻的历史性变革，素质培养背景下这种变化体现在教师身上，就是教师不仅要传授知识，而且要探讨育人的规律，反思自身的教育实践，向学者型、研究型、专家型的教师发展。教师是教育改革的动力与主体，不是教育改革的对象和别的成果的消费者，只有教师从事教学和教学管理研究，才能使教学管理组织取得实效和成果，实现教学改革全面推进素质培养。

（三）建立网络化的结构体系

组织内纵横交错的沟通网络使新的知识在组织内迅速传播，这意味着知识的共享、组织行为的养成和自我规范。知识的获得与经验的交流将促进网络化层级组织不断创新，并推广新的行为准则和行为方式。网络化层级结构中，管理中枢不是直接利用权力去分配和协调下属单位的活动，而是通过组织信息和知识的收集、处理和传播，借助网络化管理，充分提高管理效率和管理效益。管理组织从命令链到网络化是未来组织结构的重要特征，信息技术、网络技术的发展，互联网的出现，网络组织的兴起，网络教育教学的实现对现实组织的等级、等级体系、等级管理形式形成巨大的冲击，社会组织方式面临新的革命，并呈现突出特征，特别是随着网络技术和媒体技术在学校教学中的广泛应用，对教学管理组织的影响变得更加突出。

1. 缩短教学与其他组织的时空距离，使教学管理更加开放

现代组织理论认为，学校是社会系统的一部分，学校与社会环境之间相互影响，学校随着社会环境的变化不断调整，以保持学校与社会的平衡。教学管理组织是学校自身系统中的一个子系统，其目标、价值、机构、技术与管理是组成自身系统的各部分，它们相互依赖、相互影响，形成一种内部各要素的复杂联系，交错组成的系统同样需要保持内外高度的适应关系，组织网络化有效地推进了教学管理组织开放性这一趋势，加速学校与社会联系，及时了解国内外教改动态，吸收和借鉴专家、名师的教学方法，开展模拟和虚拟的教学实验，强化民主管理，使参考式、启发式教学真正成为可能，极大地调动学生学习的积极性。

2. 减少了教学管理层次，扩大了教学管理组织和信息资源，提高了管理效率

网络组织与现行组织的本质区别在于：知识经济时代的教学管理网络组织更加广泛和迅捷；计算机和网络已逐步成为教学发展的基础设施；高校教育教学管理组织中存在越来越多的跨职能团体，如考核小组、评聘小组、教学质量分析小组等。这些小团队的成员在网络时代可以跨校择优灵活地组织，并发挥良好的管理优势。另外，过去的教学管理组织机构相对于网络化的管理，信息资源缺乏，社会化程度不高，教学手段单一，专家学者的智慧很难得到普遍发挥，社会各界的参谋咨询作用没有得到充分的运用。管理组织网络化可以使信息快速转化，使组织对内外界的干扰保持高度的弹性，适应所处环境的变化，教学管理组织变得更加敏捷，迅速利用资源的能力得以提高。网络化组建了现代教育技术中心，引进和开发了现代的教学管理手段，如计算机排课系统、选课系统、教学质量管理系统、教学状况监控网络系统、成绩管理系统、考试管理系统、学籍管理系统、教学评价系统等，并通过修订和完善各类教学管理制度使教学管理的网络化推动了素质培养的实施。

3. 促进自主型组织结构的形成

自主型组织是指学校组织无论在何种条件下，都能根据学校目标去调整自己的行为，

使学校组织具有自我激励、自我约束、自我发挥、自我发展和自我调控的功能。网络化组织正是适应时代的要求，促进管理方式的优化，也促进管理思想的转变，强调被管理者的积极性，强调社会多元化，要求管理思想从客体管理转向主体管理，表现在具体管理教学过程中，就是由知识和劳动技能的培养转向提高劳动者的素质，培养学生形成新的教育理念，学会认知，学会做事，学会共同生活，学会生存，充分发挥自己的潜能，成为 21 世纪学习社会的主人。

三、教学管理实现机制的完善

改革开放以来，以优化资源配置、理顺内部关系、提高工作效率为目的的高校内部管理体制改革始终作为高校体制改革的一条主线。随着改革的不断深化，也增强了广大教育员工的心理承受力和参与改革的积极性，为改革创造有利条件，尤其是广泛的思想基础，使改革取得了明显的成效。然而，无论是从适应社会深刻变化发展的形势还是高校自身发展的需要审视，高校管理体制改革的目标远没有完成，改革的历程并没有结束，教学管理的体制还要进一步改革与完善。

（一）建立可持续发展的有效运行机制

改革的实践证明，建立可持续发展的有效的运行机制是教学管理体制改革的中心环节。各校致力于建立以编制管理为要素的学校自我约束、自我调控机制，以全员聘用合同制为主要内容的竞争上岗机制，以"效率优先、兼顾公平"为原则的绩效挂钩，以激励进取、体现贡献为手段的分配激励机制，以教职工"能上能下、能进能出"为方向的人员合理流动机制。学生要建立灵活、富有激励的学籍运行机制，将规定性和灵活性相互统一，强化目标管理。

（二）重视人才资源的优化配置

合理利用校内人才资源，充分挖掘办学能力，是教学管理改革的重要内容。重视资源的优化配置和科学管理，首先是通过人事分配制度改革，充分激活校内人力资源；其次是通过对物质资源的成本核算，充分提高利用率；最后是通过重奖和提成以及科技人员按专利、知识产权、技术等生产要素参考分配等措施，促进科技成果的转化工作，要充分利用高校自身的知识和科技资源。

（三）发扬民主，权力重心下移

随着教学管理体制改革的全面展开以及改革进程的推进，分配制度、用人制度、领导决策制度、组织机构的调整等各项改革最后必然归结到高校内部权力结构的调整。所谓权力结构，即权力在管理的各阶层和高校内部各不同利益群体间的分配，以及它们相互的作用关系。

高校必须建立和完善自身的决策机构、咨询审议机构和监督机构，并赋予其应有的实在职能，广泛发挥教师民主参与管理和监督的权力。管理者从过去的"大包大揽"转变为加强引导和服务，大力提倡师生参与管理。这并非削弱管理者的权力，而是建立教师、学生和管理人员三方的权力制衡关系，以促进教学管理良性和更加高效的运行。教、学、管三方的权力制衡具有目的共同、手段互助、交往平等等特征。学生要多一些谦虚、理智和建设性，管理者和教师要多一些理解、宽容和支持合作。最后，权力必须适当分散，使权力在更多的不同利益群体间分配。实行教学民主管理与决策科学化应注意以下三点：一是建立直属校长领导的各种教学决策的咨询机构；二是在决策过程中注意公众参与，通过教学咨询机构来联系广大师生，充分反映教师的意见和要求，并在学校教改、质量检查、评估、师资培养与提高方面等起咨询、参谋作用；三是注重上下双边协调关系，对教育思想、教学内容和教学方法上的争论，只能用讨论的方法、民主的方法去解决，切勿用简单的行政命令手段去解决，并创造活跃的民主气氛，允许教师中有不同的学派，鼓励教师形成自己的教学风格，以形成"百家争鸣"的局面。

从我国高校纵向权力结构审视，多数学校通过改革已实行校、院、系三级管理体制，但学校如何与学院分权仍是一个在探讨中的问题。鉴于学校规模不断扩大，而权力又过分集中在上层的现状，要使院系成为相对独立的办学实体，拥有一定的自主权，以及为增强基层自主适应能力和自我寻求发展的动力，权力重心必须下移。"当一个系统发展了，变得更加复杂了，如果日常权力继续归中央机构，它就逐渐变得难以管理了，虽然最终的权力可能还继续属于那个机构，但必须操作权下放到下层。"院系的特色是形成学校整体特色的立足点，今后一段时间内应该把基层学科和课程的调整和设置权、科研项目管理权、教师聘用权、资源分配权、人事权等学术、行政权力适当下放给院系一级，允许二级学院在具体的工作实际中创造性地开展教学管理工作。

(四)提高教育教学管理专业化水平

现代高校组织的复杂、功能的扩张、参与社会领域的深入，使得管理本身成为一种专门的学问。教学管理工作不是一成不变的，它也应该是与时俱进的，需要有创新与创造能力的人来管理，还需要他们通力协作。在素质培养背景下基于对高校教育教学管理规范化、制度化和高效管理的客观要求，推进高校教育教学管理专业化水平提高便成为迫切的需要。高校教育教学管理主要是用人与立法，一切教学管理法规，都要依靠人来组织制定和实施。为此，教学管理的任务确定以后，干部起决定作用。就高校本身而言，要推进管理专业化，第一，摒弃"管理就是服务"的思想，树立"管理是科学、管理出效益、管理是生产力"的理念。第二，高校组织结构的改革必须遵循学习型组织设计的原则。让管理者和组织成员在受到充满政策支持和鼓励的组织学习氛围中不断获得与岗位相适应的管理专门化知识能力体系的训练。第三，提高管理的专业化和造就专业化的管理队伍，可采用不同的途径和措施，注重对教育管理专门化人才的培养。第四，正确处理高学历与专业化的关系。提高管理者的学历是发展的一种趋势，强调学历不一定是唯学历主义，而是要求管理者有较高的高等教育管理专业化水平，即具有与时代发展相适应的高等教育管理综合知识体系、新思维和新方法。教育管理人员的专业化不能混同于某个专业的专家化，不能把优秀的学科专家提拔成蹩脚的管理家。第五，充分为教学管理人才发挥聪明才智创造一个和谐的竞争环境，从而充实、更新、加强教学管理队伍，进一步满足高校多出人才、出好人才的迫切需要，完成时代赋予高等学校的伟大历史使命。

四、学生自主学习制度的建立

学分制是一种符合素质培养与创新教育思想的教学管理制度。因此，实行真正学分制管理，是我国高校教育教学管理制度改革的必然选择。

(一)改革人才培养模式，改变教学计划为培养计划

人才培养模式是学校为了实现其培养目标而采取的培养过程的构造样式和运行方式，它主要有专业方向、课程模式、教学设计、教育方法、教学资源配置、培养途径与特色、实践教学等构成要素。人才类型相同，培养模式可不同，任何一种模式，都有其独特的框架。高校要培养出高质量的创新型人才，必须构建适应社会发展需要的、具有鲜明时代特征的人才培养模式。在知识经济时代，素质培养的背景下，社会需要的是具有创新精神的个性型、合作型和复合型人才，高校以"厚基础、宽专业、强能力、高素质"为培养目标，对学生进行加强基础、拓宽专业、注意复合、重视能力、提高素质的综合培养。

教学计划是根据一定的教育目标和培养目标制订的教学和教育工作的指导性文件。教学计划历来是学校培养人才、组织教学的主要依据，但缺乏完整的素质培养的内容。在推进素质培养的今天，构建新的人才培养模式是培养高素质的创新型人才的现实要求，因而要变教学计划为培养计划。构建加强基础、注重实践、培养能力、提高素质，使知识、能力、素质融为一体的培养计划。在培养计划中，将理论教学、实践教学和课外教育培养活

动整体优化，统筹安排。通过产学研结合、必修与选修结合、共性与个性发展结合、教学管理实行目标管理与过程管理结合，实施培养计划，将素质培养的思想贯穿教学管理工作的始终，使学生全面协调发展。

(二)加大高校学生自主选择教师、专业、课程和学习方式的力度

实行教师挂牌上课，扩大学生选择教师的权利。各高校应努力创造条件逐步放宽转专业的条件和比例限制，在引导学生理智地选择专业的同时，允许学生根据自己的兴趣、爱好、特长自主选择专业、变更主修专业或中途转学，以满足其个性充分发展。在这个方面，有些高校按文理大类或学科大类招生，为学生自主学习提供更加自由的选择空间。改革刚性的培养计划，控制必修课，提高选修课尤其是任意选修课的比例，鼓励教师跨学科、跨专业开设课程。允许学生根据自己的学习能力和实际条件选择达到学习效果的学习方式，不必苛求统一的时间、地点和媒体，这样有利于培养学生自我负责的精神和自主学习的能力。

(三)提倡弹性学制

弹性学制是高于学分制的一种教学管理制度，弹性学制是以完全学分制为基础的，具有较大灵活性的教学管理制度与人才培养模式。可以根据学生的不同学习情况安排教学，在保持统一性的前提下，突出教学的个性化。弹性学制的本质在于尊重并引导学生自主选择，教会他们自我管理。实施弹性学习制度有利于学生综合素质的提高和创新能力的培养，对进一步推进因材施教、增强办学活力、提高教育教学质量具有积极的意义。

弹性学制有助于学生根据自身实力调整学习进度。学生可以根据自己的特点，如个人的、社会的、经济的、家庭的现实情况决定学习时间和学习量的多少，从而决定自己提前或推迟毕业。学制的弹性化有利于优秀人才的脱颖而出，也为遇到各种困难需要中途停学的学生再次进校学习提供条件，教会他们自我管理。这表现在以下两个方面：第一，弹性学制尊重学生的自主选择，弹性学制是以学分制为基础的教学管理制度，学分制又与选课制紧密相连，这就决定了可选择性是弹性学制的本质特征；第二，弹性学制是"刚柔相济"的制度，弹性学制并不排斥刚性的成分，刚性是为弹性服务而存在的。学习自由的理念是支撑弹性学制的哲学理念，但学习自由并不等于学习随心所欲。高校在实施弹性学制的过程中，采取按专业大类招生，按专业大类培养的模式。但对学生的课程学习却有相应的规定，即先学基础课、后学专业课。有些课程必须学，有些则可以选学，在二者之间还要规定比例。需要明确的是，尽管刚性仍然存在，但弹性学制的弹性才是其主要方面，刚

性是为弹性服务而存在的。

　　弹性学制以学生更加灵活地自主选择专业方向、选修课程、选择教师、选择安排专业进程为标志，以全面提高教育教学质量为目的，以发展学生特长与个性培养为特色。多样性是个性发展与创新的基础，教学管理制度改革的关键在于创建适应多样化人才的培养环境，为学生的发展提供多样化的发展途径。创造学生可以按照自我特点和自愿自主设计方向的宽松的学习环境。

第七章　高校教育教学的实践与管理创新

第一节　高校教育教学的实践创新

一、高校教育教学创新之 VR 课堂

（一）高校 VR 课堂的教学实践

VR（Virtual Reality）技术在高校教育教学中的应用途径多种多样，主要应用于日常性的课堂教学、多样的实验教学课程以及数字图书馆的建设等方面。VR 技术的广泛应用极大地提升了学生的学习兴趣，完善了教学环境。VR 技术已成为高校高效率开展工作的重要手段。

1. 高校 VR 课堂教学的应用

VR 技术在高校基础教学中的应用主要集中在两个方面：基础的课堂教学和实验教学。

（1）VR 技术在课堂教学中的应用

课堂教学是高校教育教学的主要方式，也是最基础的方式。当下多媒体教学已经普及，但是这种以二维图像为主的多媒体方式更能吸引学生的注意力，激发学生的热情。VR 技术能够将现实世界进行多维的信息化呈现，将其应用到课堂教学中，丰富教学内容，同时这种新颖的技术可以吸引学生的注意力，提高其学习的积极性。比如，在学习建筑结构相关知识的时候，VR 技术就可以发挥自身优势，构建一个多维立体的建筑模型，教师可以根据教学需求，将虚拟的模型通过计算机进行改变，学生可以达到身临其境之感，加深学生对知识的认知与理解。VR 技术可以将枯燥的课堂变成生动有趣的课堂，提高课堂的教学效率。

第一，课堂教学的技能训练。技能训练一般需要对简单的工作进行反复练习，以达到熟练程度。根据 VR 技术的特点，其具有显著的交互性与沉浸性，因此将其融入技能训练，有利于学生专注地置身于虚拟环境模拟出的训练场景中，通过与虚拟场景交互来实现

技能训练。如在医学领域中，学生可以通过虚拟交互系统模拟出的手术场景，操作完成一台手术，其间可以虚拟出手术过程中的任何一种细节，学生通过这种实践教学，不但能够进行反复练习，而且真实模拟了现实情况，同时又不存在风险。

第二，课堂教学的探索学习。VR 技术与传统实践教学工具不同，它不存在材料的消耗和维护，可以在课后向学生开放，提高学生自主实践的兴趣，在实践过程中不断提出自己的条件假设，并对此进行模拟验证，从而培养学生通过虚拟交互系统的实践探索能力，促进学术进步。比如，对于电子与电气相关学科，学生可以在不购买、不消耗任何电子器件的基础上，在虚拟实验环境下搭建自己设计的电路，并进行可行性分析；对于环境领域的学生，只需要在虚拟实验环境中搭建出温室效应的模型，便可以完成温室效应的影响因素分析。总之，基于 VR 的交互系统与高校实践教学相结合，能够提高学生对于学科领域的学术探索精神。

（2）VR 技术在实验教学中的应用

VR 技术在实验教学中的应用可以发挥 VR 技术的交互性特点，实时为学生提供有效的实验数据，指明实验操作步骤，解决学生在实验中的困惑。教师在这一教学过程中，可以通过 VR 技术实现对学生的针对性指导，提高实验教学的效率。学生在虚拟教学环境下，可以通过实验数据资料的指引完成实验操作，提升自身的实验水平。

高校实验教学作为教学与生产、社会实践紧密结合的环节，既是 VR 技术的潜在重要使用者，同时也是 VR 内容的重要提供者，并可能成为 VR 技术研发的重要引领者。因此，高校实验教学应对 VR 技术发展的策略应当是：根据自身发展实际情况，积极、主动适应新技术革命的变化，以开放适应、引领的态度和行动去面对 VR 技术对教学的影响。

第一，厚植基础，继续推动高校开展实验教学领域的虚拟仿真项目教学改革。全国高校已经建设了几百个国家级虚拟仿真实验教学中心，覆盖了大多数部属高校和一大批地方所属高校以及军队院校。省级教育行政部门也开展了省级虚拟仿真实验教学中心建设工作，建设数量约为全国层面的两倍。按照平均每个虚拟仿真实验教学中心建设几十个虚拟仿真实验项目估算，仅获得省级和全国层面认可的虚拟仿真实验教学项目就有几万项。在现有基础上，高校应继续根据自身的教学实际需求，按照问题导向和目标导向的原则，创造性地开展虚拟仿真实验项目建设。

第二，优势共享，以搭建在线开放虚拟仿真实验项目平台为契机，助推优质资源共享。在线开放虚拟仿真实验平台建设，就目前来看，在全球范围内还没有类似的集成式平台，属于集成创新的范畴，也属于中国特色高校教育管理的优势领域；平台建设要注重顶层设计，坚持成熟一批、推出一批，确保推出的实验项目已经在学校、区域或行业内试点，并获得基本认可；坚持符合专业实践教学发展方向，对于不能很好反映教育教学规律、不能体现专业教学需求、不能适应时代发展的实验项目，不进行平台支持；坚持创新驱动，鼓励与行业、企业合作共建共享，推动教学形式创新、技术创新、组织模式创新等各项创新；坚持互利共赢，确保集成平台与分布站点之间保持平等互利关系，确保实验效果和网络通畅。注重科学分类，体现平台为学生服务、为高校服务的目标。可以考虑按照专业类型进行分类，如工、农、医等，也可以细化到专业类；可以按照区域进行分类，如华北、东北等，也可以细化到省份，甚至到市级层面；可以按照技术类型进行分类，如虚拟类、仿真类、增强现实类、增强虚拟类，也可以按照实现技术，如软件类、硬件类等进行分类；可以按照实验类型进行分类，如演示性、验证性、综合性、设计性等。总之，分类的目标是实现多维度的快速检索，提供更为便捷的服务。要注重规范建设，为实验项目可持续发展奠定基础。在平台建设初期，要注重对外展现和使用的统一化，进一步注意虚拟仿真技术的接口统一化，逐步实现虚拟仿真实验开发标准的统一。

第三，主动介入，以高校实验项目的使用为需求，引导中国虚拟现实产业发展的方向。根据以往的历史经验，信息技术对教育的投入往往可以带动其他行业实现十倍以上的营业收入。高校实验教学领域可以从供给和需求两侧综合发力，实现高校教育与 VR 产业发展的深度融合，体现高校人才培养、科学研究和社会服务的综合功能。

从供给侧看，高校实验教学基于已有的虚拟仿真实验项目研究，可以为 VR 技术的发展提供技术支撑；同时，作为现代信息技术人才培养的主要基地，高校实验教学承担着培养 VR 技术研发人员的重任，可以为产业发展提供人才保障；最后，高校实验教学领域是虚拟仿真教学内容的重要提供方，也是解决 VR 产业应用内容初步设计和研发的主要承担者，通过将教学内容在更大范围的推广与应用，促进"VR+"相关产业的发展。

从需求侧看，高校实验教学是"VR+教育"的具体使用方。需求决定供给，有效的需求将引导供给的方向。因此，高校实验教学改革要关注 VR 技术的发展，注重 VR 技术与人才培养的深度融合，注重理顺生产实践和社会发展的虚拟实践与真实实践的关系。

从长远发展来看，VR 技术的兴起、发展会对未来高校教育的教育教学形态产生越来越重要的影响，高校实验教学研究和改革人员要从提高人才培养质量角度出发，对 VR 技术可能产生的技术革命保持高度关注，并积极介入其中，推动和引领整个高校教育教学与现代信息技术的深入融合。

（3）VR 技术在高校实训教学中的推广

第一，前期投入成本。

尽管近几年 VR 技术得到了迅速的发展，但 VR 设备及其软件开发的成本还是比较高的。如果高校在实训教学中引进 VR 技术，需要的设备数量不是一个小数目，引进初期仅在设备购置这一项的投入资金就是相当大的。

第二，场景的建模。

VR 设备的使用需要虚拟场景的支撑，而虚拟场景的开发离不开虚拟现实建模，所以在实训教学中，如何根据实训教学的需要建立合适的模型成为该项技术应用的重要前提。面对不同的学校、不同的专业、不同的教学目的，实训的种类繁多，根据不同的实训内容构建不同的 VR 实训模型。

第三，统一标准，共享平台。

VR 场景的开发是一项复杂的工作，如果每一个高校都根据自己的要求来开发 VR 相关的实训教学内容或系统，从全国范围来看，就会造成资源的浪费。可以由政府牵头规范，制定一个统一的 VR 教学开发的标准，全国范围内的高校可以合作共同开发，并构建共享平台，这样不仅能节约教学资源，而且能节省开发时间。

第四，VR 技术应用在实训中的教学设计。

VR 技术的发展日新月异，在教学实践中为了让学生能够及时了解和掌握这些技术，更好地理论联系实际，并做到与时俱进，高等院校在实践教学中应引入虚拟现实技术。

以物流仓储实践教学为例，具体教学课程设计如下：①实训前的理论教学。在进行实践教学之前，需要先让学生了解物流仓储系统，仓储是一个系统工程，大致分为入库、盘点、分拣、包装、出库等流程。先把学生分为几个组，分别对应这几个作业流程。让每个组的学生都认识一下各个流程，为实训打下理论基础。②虚拟现实教学。利用 VR 技术，展示某仓库的布局及其设施，通过预先的设计，学生可以通过触摸按钮，对某一设备进行更具体的观察和认识，并进行比较。每一个设备都会配有对应的说明以及注意事项，从而让学生对仓储有个大致的直观认识。③安全教育。虽说是虚拟现实环境，但也要按现实生活可能遇到的非安全因素，对学生进行相关的安全教育，利用 VR 技术先让学生身临其境地观看易出现状况的环节和出现状况后正确的应急处理方式。这样才能在学生遇到实际情况时，知道该如何处置。④实操训练。按之前分好的组别，模拟某电商仓库的日常运营（训练主题不仅限于此），在进行模拟实训过程中，对学生出现的违规操作以及不安全的操作，可以在操作的界面引入警报系统。当出现这些操作时，界面就会出现红色闪烁警报，提醒学生出现错误，并会扣掉相应的分数，同时也会设有加分环节，来表扬那些操作得当和娴熟的学生。⑤实训总结。最后会在模拟实训结束后，系统会根据每位学生在实训过程中的表现进行评比打分，并打印出实训成绩单，包括最终的分数和扣分的原因。实训结束后，学生要根据成绩单和实践训练写实训报告，交给指导教师，由教师给予指导并给出建议。

2. VR 技术在高校数字图书馆中的应用

图书馆是高校学生重要的综合性学习场所，图书馆的数字化建设是符合现代化知识教学要求的。高校数字图书馆信息技术的引入，便利了学生的借阅，在一定程度上改善了学生缺乏阅读兴趣的问题，但是初步的信息化并未将图书馆在高校教育教学中的主体地位凸显出来。VR 技术则可以有效地提升学生在图书馆学习知识的意识。VR 技术可以将图书馆资源进行全面、立体、真实地呈现，可以为学生提供丰富全面的参考资料，提高学生阅读学习的主动性。

（二）AR/VR 技术对高校教育教学模式改革创新的影响

1. AR/VR 技术对高校教育教学模式改革创新的影响

AR/VR 通过计算机技术将模拟的信息叠加到真实世界，真实的环境和虚拟的物体实时融合到同一个画面中。

AR/VR 允许用户看到真实世界以及融合于真实世界之中的虚拟对象，因此增强现实是"增强"了现实中的体验，而不是"替代"现实。

AR/VR 对于促进教育发展，增强学生的注意力和学习兴趣具有明显优势；师生双向的交互，提高了学生的沉浸感和想象力，使学习的深度、广度有所增加；在教学情境创设、学习模式创新方面，AR/VR 创设探究与体验情境，学生由被动学习变为自主学习、体验学习、探究式学习，显著提高了学习效果。

高校教育教学模式的改革一直与信息技术息息相关，从传统的课堂教学手段到图文教学，再到多媒体教学，以 AR/VR 为代表的可视化技术教学，必将对教育影响深远，已经成为教学发展和改革的新方向。

2. AR/VR 技术对高校课堂教学模式改革与创新的内容

教学模式是指在一定教学思想或教学理论指导下建立起来的较为稳定的教学活动结构框架和活动程序。教学模式的框架结构一般包括教学思想或教学理论、教学目标、操作程序、师生角色、教学策略和教学评价等因素。不同的教学理论、教学目标、师生角色等都会形成不同的教学模式。作为结构框架，突出了教学模式从宏观上把握教学活动整体及各要素之间内部的关系和功能；作为活动程序则突出了教学模式的有序性和可操作性。AR/VR 技术在教学中的应用会对教学目标、师生角色、教学策略、教学评价等因素产生一定程度的影响，增强学生的主观能动性和创新能力的培养，对高校学生的学习兴趣具有提升作用，从而提升高校课堂的教学效果。

（1）重构教育教学理念

传统教学理念是教师教、学生学，一般的过程是教师先教授理论知识，学生再到实际环境中体验和应用。AR/VR 技术具有沉浸性、构想性和交互性，使得学生的学习具备了情境认知特性。情境认知理论认为，大多数知识都是人的活动与情境互动的产物。如果能为学习者提供接近于真实的学习环境或仿真情境，对提高学习者学习热情与对所学知识的理解掌握大有益处。AR/VR 教育思维不是告诉学习者什么叫知识，而是让学习者自己尝试直接体验知识，从学习知识到体验知识是一种学习方式的转变。在 AR/VR 技术下的教学中，学生通过虚实结合，与场景互动，变被动学习为主动探索学习，改变了教学思维和形式。

（2）改变教学目标

在传统教学中，教学的主要目标就是教师教授学生知识。AR/VR 模式下的教学可以通过学生的互动操作、师生互动等方式促进学生主动参与和自主学习，其主要目标是通过体验式学习提升学生的学习兴趣以及加深学生对知识的理解，提升课堂教学效果。

（3）操作程序的改变

每一种教学模式都有着其对应的操作程序和逻辑步骤，即围绕课堂师生先做什么，后做什么。在传统课堂中，操作程序更多是针对教师来说的，是教师安排组织课程的讲授、测评等过程。AR/VR 模式课堂教学中，互动教学环节会增强，有时候课堂必须要学生互动参与才能完成教学任务，课堂测试等环节的运行形式也与传统课堂有较大变化，整个课堂的教学程序发生了改变。

（4）师生角色转变

传统教学的普遍形式是教师在讲台上讲，学生在下面听，课堂总是以教师为中心，这种形式导致学生没有自我性，认为课堂跟自己无关，通常在课堂上做自己的事，听课效果不好。AR/VR 模式下教师可以针对不同的学生设计不同的内容，提出不同的要求，往往要求学生互动完成，这样的课堂更多的是围绕学生来开展，以学生为课堂的主角，教师作为引导者，这种师生角色的转变可以增强学生课堂学习的参与性积极。

（5）教学策略的变化

教学策略是指在教学过程中，为完成特定的目标，依据教学的主客观条件，特别是学生的实际，对所选用的教学顺序、教学活动程序、教学组织形式、教学方法和教学媒体等的总体考虑。在 AR/VR 技术支持下，教学活动不再是以教师的教为主，更多的是围绕着学生的学展开，教学的组织形式和教学方法也会发生改变。

（6）教学评价方式的改变

在传统课堂中，一个教师对多个学生，教师对于学生的课堂评价比较难以实施，特别是个体学生的评价。在 AR/VR 教学环境下，教师可以通过学生的交互活动，由 AR/VR 教学系统自动实现对学生的个体评价。如在叉车结构知识点学习中，可以设置一个叉车结构的测试题，让学生自己动手选择，系统自动判断正误，实现对学生知识掌握情况的测试。此测试可以同时对所有学生进行，解决了传统课堂教师提问学生受时间限制的问题。

教学评价是双向的，除了教师考评学生，学生也可以及时反馈教师的教学效果，以便教师清楚地了解学生对知识的掌握情况，在后续的讲解中有所侧重，从而提升课堂教学效果。

二、高校教育教学创新之慕课

（一）高校基于慕课的新型教学模式探索

当前，慕课的教学模式日益渗透我国高校教育的课堂，慕课的教学理念也推动着我国高校教育人才培养方式的转变。"慕课来潮"对高校培养人才和实现内涵式发展是一个难得的机遇。对此，慕课有哪些优势，是否适用于高校的教学，高校如何构建基于慕课的新型教学模式，值得深入探讨。[①]

相对于传统课堂教学模式和一般的网络课程，慕课主要具有以下两个方面的优势：

1. 慕课给我们带来广泛的、优质的、模态化的教育资源

现在开设的慕课突破了国际和校际壁垒，并不局限于传统的学科，而更注重课程的综合性、实用性和普适性，既有涉及国际前沿的理论课程，如"博弈论"，又有应用型和通识类的课程，如"英文写作""食物、营养与健康"等。

在慕课中，教师讲解环节主要通过视频实现。慕课的授课视频一般经过师资团队反复研究制作而成，大部分视频的主讲是名校名师，专业师资团队对专业知识的讲解一般比单个教师课堂讲授的质量更高。慕课课程的设计能够突出每门课程的特色，课程教学内容主要以模块的形式呈现。通过约 10 分钟的微视频把知识体系分解为单元模块，突出知识要点，这有利于学习者集中注意力和利用碎片化时间学习和理解。

2. 慕课体现了以学习者为中心的教育理念和教学模式

（1）慕课能够兼顾学习者学习能力个性化的要求

---

① 谭顶良. 高等教育心理学［M］. 南京：南京师范大学出版社，2018.

传统课堂主要以教师为中心，教师按照一个版本，面向学生群体统一授课，难以照顾到不同学生个体的能力差异。在慕课中，学习者可根据自己的学习能力自主选择课程内容和难度等级，自主调节学习进度，如果遇到难点或外文课程的语言障碍，可以回播教学视频继续学习。这种个性化的学习方式有利于增强学习效果。

（2）慕课能够满足学习者学习方式多样化的需要

在慕课平台注册的学习者可通过多个社交网站、论坛，运用多种社交媒体与教师、同伴讨论和交流，形成"师生互动"和"生生互动"的局面，以共同解决学习问题。学习者在慕课平台中可通过授课视频内嵌测试、在线测试、线下作业等多种方式加强训练；可利用在线教材注释、在线虚拟实验室、可视化游戏等软件辅助工具做课程笔记和模拟实验；可借助教师评价、同伴评价、自我评价所构成的多元化评价方式审视自身的学习效果和不足，以便总结提高。

（3）慕课让学习者在学习时间和地点选择上更具有灵活性

在传统课堂中，学生修读课程需在规定时间到指定课室听课或做实验。而慕课课程在时间安排上相对灵活，也没有固定的地点。学习者可以自我计划和管理学习时间，主动营造良好的学习环境。

（二）慕课的适用性

慕课为我国高校教育人才培养模式的改革提供了一个很好的机遇，但我国高校在把慕课运用到教学实践中需要考虑慕课的适用性，因地制宜，针对不同高校、不同类型学科课程采取不同的实践模式和应用策略。

1. 不同类型高校可采取不同的应用慕课的策略

对于国内一些综合性研究型高校，在利用国际慕课资源的同时，可开发一系列品牌课程参与到国际慕课平台之中。对高校而言，其策略以吸收、引进和利用国内外慕课资源为主，利用慕课资源实现内嵌式教学课堂以提高教学质量；再根据高校自身的学科优势选择性地开发一些特色专业类或技能型的慕课课程，参与到全球慕课平台中去。

2. 慕课对不同学科课程的适用性不同

慕课在技术和制度设计上尚不成熟，高校教育不同学科课程有不同的知识结构体系和不同的思维能力要求，因此慕课对一些学科在教学过程中的应用有一定的限制性，并不适合所有学科课程的教学。慕课的学科课程适用性具体表现在：一是慕课本质上属于网络课程的范畴，理论课程的教学可以借助慕课实现优质教育资源的共享，优化教学设计，提高教育质量。但对于实践课程，慕课的实用性并不强。实践课程更多地需要学生现场做实验、实地调研等才能有效培养学生的操作技能和实践能力，而慕课难以实现实地操作和现场体验。二是慕课更多地应用于以结构化知识传授为主的程序化的学科课程，对于高阶数理推导和逻辑思维训练的学科课程的适用性较小。三是目前慕课的授课语言以英语为主，少数课程配有中文翻译字幕，这对于外语类课程和双语教学的课程而言，慕课是十分合适的教学资源，学生通过慕课既可学习地道的外语，又可汲取专业知识。而对于其他课程，慕课的大范围应用还有赖于中文慕课的开发。

(三)高校慕课应用教学模式的构建

慕课具有优质教育资源和先进教育理念的优势，而实体课堂又弥补了课堂难以督促学生、无法面对面交流和开展实践活动等的不足。因此，将慕课与实体课堂相结合才是有效应用慕课推动教学模式创新的可行途径。对于高校而言，慕课与实体课堂结合的主要形式是将慕课作为课程主体内容，构建翻转课堂；或是将慕课作为课程的强化与补充，形成混合式学习。所谓"翻转课堂（Flipped Classroom）"是把传统课堂的"先教后学"模式翻转为"先学后教"的新型教学模式。在上课前，学生独立完成对教学视频等教学资源的学习；在课堂上，学生在教师指引下进行作业答疑、协作探究和互动交流等活动。混合式学习（Blended Learning）在形式上是在线学习与面对面学习的混合，在内容上涵盖多种教学理论的混合、教学资源的混合、教学环境的混合和教学方式的混合。当前促进高校课程教学改革的一种有效路径是突出资源整合和教学互动，充分利用慕课课程资源，将慕课与实体课堂相结合，建立基于慕课的翻转课堂和混合式学习。具体而言，高校可着力构建"课前设计、慕课学习、课堂互动、实践拓展"四位一体的慕课应用教学模式。

1. 课前设计

在课前设计阶段，由任课教师事先设计课程的体系结构、筛选合适的慕课资源、制作教学视频、提供预习资料，给学生在之后的慕课学习和课堂互动阶段提供导航。课前设计是慕课应用教学模式必不可少的环节。由于慕课平台所提供的课程并没有严格的课程体系结构，教师在开课之前告知学生关于课程的体系结构和相关的基础知识，可让学生对课程有一个整体把握，避免学习后形成"知识碎片"。由于慕课的课程比较多，而学生对课程的甄别能力有限，且不同学生的能力层次和学习需求存在较大差异，教师在课前设计中筛选合适的慕课课程推荐给学生学习，并为学生设计不同的学习路径以供选择，可帮助学生选择适合自身学习能力和学习需求的优质慕课课程。

2. 慕课学习

在慕课学习阶段，学生可以根据教师课前布置的学习资料，自行观看必修模块的慕课教学视频和选择性地学习选修模块的慕课教学资料，并完成相应的作业，以便对课程新知识有一定的了解，找出疑难之处。该阶段的学习一般在课外完成，学生可根据个人情况适时调整教学视频学习的进度，遇到授课语言障碍或知识难点，可反复播放视频或查阅相关学习资料，以便加深理解。在慕课学习阶段，学生可以自控式地深度学习，获得个性化的学习体验，完成"知识传递"的过程，该阶段的"先学"是实现下一个阶段课堂互动"后教"的基础。

3. 课堂互动

课堂互动是基于慕课的翻转课堂教学模式的核心，是真正实现"以学习者为中心"的课堂组织过程。在课堂互动阶段，学生在教师的引导下，进行作业答疑、小组讨论、协作探究等学习交流活动。学生的学习过程一般由"知识传递"与"吸收内化"两个阶段组成，在慕课学习阶段学生完成了"知识传递"的过程，而在课堂互动阶段的主要任务是促进知识的"吸收内化"。如对于经管类课程，知识的吸收内化侧重通过问题讨论和案例分析等方式促进知识的综合应用；对于外语类课程，则侧重语言的"输出"练习；对于理工类课程，吸收内化主要是通过实验和方案设计等方式验证原理并在实践中运用。

课堂互动的主要活动包括作业答疑、小组讨论与展示、反馈评价等。在作业答疑中，教师首先根据课程大纲内容，针对学生观看慕课视频和课前预习中提出的疑问，总结出有代表性的、有探究价值的问题；然后教师在课堂上给予学生答题思路和方法指引，由学生独立或师生共同完成作业的解答，并在作业解答和知识点梳理中达到化零为整、知识融通的教学效果。在小组讨论与展示中，学生组成小组，根据教师设置的问题、案例、场景等，开展小组讨论，通过辩论、案例分析等方式探究问题，并通过团队报告、小型比赛等形式展示小组学习的成果。这种协作学习的方式能够增进学生间的合作，提升关联体验，弥补线上慕课学习缺乏情感交流和社会关联的短板，增强学习效果。对于反馈评价，在课堂互动阶段，需要通过教师点评、同伴互评、学生自评等方式，对学生之前是否自觉完成慕课学习、是否掌握基本知识要点、是否积极参与小组讨论、团队成果展示水平如何等进行多维度的评价，以便达到"以学定评""以评促学"的效果。

4. 实践拓展

高校实施慕课的翻转课堂和混合式学习模式的最终落脚点是学以致用，培养应用型人才。课前设计、慕课学习、课堂互动和评价考试并非课程构成的全部，而实践拓展也是该教学模式下课程教学的重要一环，是课堂教学的延续。实践拓展阶段以成果分享、技能竞赛和社会实践为着力点。由学生团队根据自身对课程内容的理解和学习感悟制作成视频等形式的作品，上传至网络平台，与同伴分享课程学习的成果，通过学生对知识的再创造，加深其对新知识的理解。师生根据课程内容共同开展相应主题的竞赛、调研、实验等实践活动，并计算相应课程的学分和学时，以达到训练学生的应用技能和提高其创新能力的教学目的。对于经管类课程，可采取企业调研、社会调查、沙盘演练等方式。

对于外语类课程，可开展英语演讲比赛、英语情景剧比赛、担任兼职翻译等活动。对于理工类课程，可让学生参与新实验开发、新产品设计、小发明制作等活动进行实践拓展。

总之，慕课的引入一方面提供实用性较强、覆盖面较广的教育资源，更大程度上满足高校培养应用型人才的需要，同时也弥补了高校优质教育资源缺乏的短板；另一方面，慕课的引入也带来了先进的教育理念，这种教育理念强调"以学习者为中心"，注重学习能力的培养。

在这种教育理念引导下，慕课的新型教学模式推动了高校的教育教学改革并实现了应用型人才培养的目标。

(四)高校慕课教学的改革

慕课的快速推进给高校的课堂教学改革带来了新的机遇和挑战。这就要求管理者要搭建更高效的资源共享平台来促进课堂教学。教师需要重建课堂教学理念，确立新的教学目标，重新组织课堂教学过程并更加注重过程化、多元化的考核方式。与此同时，教师要做好由统一化培养到个性化培养的转变，由课堂教学到多平台教学的转变，由单向教学到多向互动的转变，由人工教学管理方式向智能化教学管理方式的转变。

1. 搭建有效平台，促进资源共享

慕课是与现代教育技术紧密结合的产物，慕课下的课堂教学改革需要凭借平台来运作。目前，慕课运作平台主要有公共的开放平台和校内网络教学平台两种，搭建好两种平台有助于教学资源的整合，有助于课堂教学改革的顺利推进。

(1)搭建慕课联盟平台

对于高校教育发展来讲，建立高效、共享、优质的教学资源合作机制，开展慕课建设、推动课堂教学有助于提升高校教育整体发展水平。在搭建慕课联盟平台的过程中，要改变过去的观念；达成推动共建共享慕课机制这一工作共识；制定参与慕课共建共享的有关规章，形成和构建相应的共建共享机制。

①铺垫平台基础。首先是政策基础。政府需要在政策上给慕课资源共享提供保障，特别是制定学分互认政策，协调学分互认关系，并确定慕课在教学中应用的比例。其次是技术基础。各高校慕课建设应执行国家相应标准，实现平台的交互操作，建设的慕课能够在不同高校的平台上顺利运行。最后是教学基础。教学的基本内容和基本要求应达到一定程度的规范和统一，为学分认证奠定基础。

②丰富平台资源。首先，盘活现有资源。各高校现有的精品课程、精品开放课程、资源共享课程、课堂教学设计与创新课程、双语教学课程等课程建设项目，前期进行了大量的投入和建设。这些项目虽然已经完成了阶段性使命，但仍有开发利用的巨大空间，根据慕课建设要求和技术标准对以上相关课程进行改造，充实到平台中去。其次，引进优质资源。目前很多慕课资源平台提供了大量优质慕课资源，在尊重知识产权的基础上，通过协议等形式把这些资源课程嫁接到高校慕课平台上去，学习者通过一次身份认证便可学习到更多慕课平台上的课程。最后，自主开发资源。鼓励高校自主开发慕课。尤其是在平台运行初期，对高校中的选修课、公共课等共性较多的课程加大扶持开发力度，为高校校际慕课学分互认积累经验。

③提供平台保障。首先，处理好"权""利"关系。在平台上运行的慕课存在着知识产权和利益分配等相关问题。这就需要平衡好教师、学习者、学校和平台提供者之间的"权""利"关系，以保障慕课资源共享机制长效运转。其次，成立慕课评估组织。政府可以委托某一高校牵头成立慕课评估机构，对纳入平台的课程，组织各方面专家进行评估。尤其是教学大纲、课程目标、授课内容以及对学生应掌握的知识、技能和应达到的水平进行信誉等级评定，为课程学分认证提供参考。最后，建立协调机制。政府是协调慕课商业化的有效保障，在校企合作过程中发挥着助推作用，也能够敏锐地把握慕课在企业、高校之间的关系。所以，政府应该对慕课平台进行统筹管理。

（2）加强校内网络教学平台建设

在国家和各级政府的财政支持下，目前国内大部分高校都建立了网络教学平台。但从目前运行来看，需要加强以下三个方面的建设：

①加快网络教学平台数字化对接。高校内的图书馆信息系统、财务缴费平台、教务管理系统、毕业设计平台、网络教学平台等多个与教学密切相关的系统（平台）分属于不同的管理部门，由不同的公司开发与维护，技术参数标准不尽统一，造成师生身份认证操作重复，为教学和管理带来诸多不便。校内网络教学平台应及时和校园数字化平台对接，共享相关数据信息，使教师上课、学生学习以及其他信息查询都可以在一个身份认证下完成。

②加快网络教学平台的运用。首先，加强宣传。通过多途径宣传网络平台的优势，发放平台使用手册，并有针对性地开展培训工作，让更多的学生知道并使用平台。其次，出台使用网络平台相关鼓励政策。教师在网络平台上开放慕课或进行相关的课堂改革，耗时耗力，对技术要求高，学校应给予一定的资助或奖励。最后，给学生提供便利的网络学习条件。

③加强网络教学平台管理。一个合格的网络教学平台需要一套系统的管理模式，才能保证平台的平稳运行。首先，制定和完善相关管理制度。学校要出台《网络教学平台管理办法》等相关制度并及时更新制度内容。其次，及时更新课程资源。及时了解网络技术与课程资源的发展动态，实时引入和更新网络课程资源。再次，做好网络教学平台管理服务工作。做好平台设备的日常维护、使用管理，及时排查故障，确保平台始终处于正常工作状态。最后，做好网络信息安全工作。严格执行课程准入制度，定期巡查入库课程内容，防止无关信息的渗入与传播。

2. 强化过程评价，注重实际效果

传统的课堂教学改革多以公开发表论文、提交研究报告作为改革的成果来呈现。慕课背景下的课程教学改革应建立过程性、多元化的评价标准，着重考核实际课堂教学效果，这就需要采用新的策略来重建课堂教学。

（1）重建课堂理念

传统的课堂教学教师处于主导地位，教师控制着教学进度，课堂教学内容中的重点、难点均由教师来掌控，学生是被动接受知识的客体。而慕课的课堂教学翻转，教学的重心由原来教师的"教"转移到了学生的"学"上，部分内容则由学生通过慕课微视频来实现，教学中的重点是在教学情境中生成的，教师的工作重心在于课堂教学设计和辅助教学。在教学理念上发生了根本性的转变。

（2）重建课堂教学目标

传统的课堂教学主要在课堂上把基础知识和基本技能传授给学生。而慕课背景下的课堂"翻转"使教学目标重建成为可能。学生可以利用课下时间通过微视频来完成基本知识的呈现、讲述与传授，课堂则成为师生探究、问题解决、协助创新的场所。学生可以不受时间的限制来掌握基础知识和技能，通过学生自主学习，掌握学习过程中的重点和难点。在课堂中，学生带着自己的问题与教师探讨、交流，从而获得新的知识建构。

（3）重建课堂教学实施过程

慕课背景下的课堂教学由于教学目标发生了变化，所以教师需要重新组织和安排教学。在教学实施过程中主要包括课前自学、课中内化讨论、课后深化三个阶段。学生通过课前观看教师拍摄的视频完成初步知识、技能的接受和理解；通过解答教师预设的问题来检验学习过程中遇到的问题或不足；通过网络交换平台和同学、教师讨论学习中遇到的问题，将仍然解决不了的问题记录下来并带到课堂教学中去。在课堂上，教师搜集学生提出的问题，通过讨论、讲解等方式给予现场解答。其间，教师给学生提出具体的实践活动任务，由学生自主探究或协助学习；在课后深化阶段，教师根据学生对知识的掌握情况，提出一些拓展性的实践任务，给学生提供在真实情景中解决问题的锻炼机会，同时辅以反思、活动，促使学生课后自主探究与反思，促进知识、技能的进一步内化、拓展与升华。

（4）重建课堂教学评价模式

慕课背景下的课堂教学，在教学模式和教学方式上较传统授课模式有很大的区别，更注重过程化考核和多元评价办法。这就需要教师在教学进程中分阶段对学生进行考核，考查学生对已学内容的掌握情况、学习能力、初步运用知识分析问题和解决问题能力。教师可以针对不同的课程性质和特点，选择平时作业、阶段测试、期中考试、研讨交流、答辩、调查报告、读书笔记、项目设计、实践操作、专业技能测试、课程论文、学生互评等灵活多样的考核形式，或采用方法的部分组合。慕课下的课堂教学，需要教师以全新的视角来审视教学，重视过程化考核，注重学习者实际学习成效。

3. 发挥慕课优势，助力课堂教学

教师要熟记慕课开发及管理相关知识，指导学生学习方式的转变，调整课堂教学知识结构，利用好慕课资源。重点在于教师如何更好地促进课堂讲授与学生慕课学习相结合、线下辅导与线上辅导相结合、自主开发的慕课与其他慕课资源相结合等问题。为此，教师需要做好以下三个转变：

（1）由统一化培养到个性化培养的转变

慕课体现了一种以学生为中心，以"学"为本的教育价值取向，重视激发学生主动学习的积极性，强调学生自主学习。班级授课制下预设的假设是所有的学生有相同的基础，培养出具有该课程基本知识和技能的学生，可以说是同一化培养。而慕课则更注重学生个性化的学习需求，侧重差异化和个性化培养。

（2）由课堂教学到多平台教学的转变

传统的课程教学往往局限于课堂时间内，虽然也要求学生课前预习、课后深化，但缺少检验、交流的平台。而慕课给传统课堂带来了转机，教师可以利用现有的慕课平台课程资源，打破课堂时间限制，形成实体课堂和虚拟线上的合理衔接，由单一的课堂教学转变为丰富的多平台教学。与此同时，教师可以有效利用其他网络资源，如微信、微博、QQ空间等交流平台，来补充慕课资源的不足。

（3）由单向教学向多向互动教学的转变

线上平台的开放，无疑延伸了课堂教学时间，形成了师生、生生、个人和小组、小组与小组等多向互动局面。尤其是在"翻转课堂"中，教师的角色发生了重大变化，传统课堂中的基本知识在翻转课堂中教师不再讲授，而由学生课下线上学习。教师的角色由原来的"教学"变为了"导学"，授课方式也由原来的单向教学向多向互动教学转变。

（4）由人工教学管理方式向智能化教学管理方式转变

运用慕课技术实现由有纸化向无纸化转变、由有人化向少人化或智能化转变。传统的教学资料中的教材、作业等多以纸质的形式呈现，而慕课下的课堂教学更多采用的是电子资料、视频材料、电子书、电子作业、帖子等，甚至考试也在线上进行。这就要求教师适应无纸化现代教学的需要，更新教学技能，利用好线上资源，做好数据统计与分析。

（五）利用信息技术促进高校慕课教学

慕课的广泛推广离不开信息技术的运用。慕课时代，对高校教师也提出了更高的要求，高校教师需要充分利用信息技术促进慕课教学。对利用信息技术促进高校教育教学的途径提出的相应对策如下：

1. 教师个人制作动画、电子手写板书等新型慕课资源

慕课资源如果全靠院校管理者提供经费请专人制作，那平台的更新和有效应用将得不到保障。技术和教学的关系应如何对待早已是人们探讨的话题，手写板书反映了教师的思维，对学生也有更深层的教学效果，将信息化技术的应用深入教学的精髓。此外，动画、电子手写板书完成的慕课资源在同等清晰度下能比课堂实录压缩得更小，有利于在线学习。

2. 将移动学习应用于开放课程资源的应用

目前，青年学生使用大屏幕手机浏览网络资源已经非常普遍，慕课资源如果不能在移动网络上方便点击观看就失去了生命力。因此，开发时间短、容量小的片段式慕课视频，并适用于手机平台浏览就是目前最紧迫的工作，除了传统的网络课程，微信课程等新生事物也能应用于学生的在线学习。

3. 在试点专业进行慕课的研究

慕课是否适用于所有课程还需要研究，可以先把部分专业开展自主学习、自我发展的教学形式作为研究案例，从采用形式、条件、培养目标、管理形式、评价标准等方面做重点分析，以指导提升学生创新能力为目标进行开放教育资源应用。以国际商贸和模具类专

业试点课程学习方法的转型为例，由于国际商贸系所面向的就业范围广泛、模具类学生毕业后转行的比例相对较高，为使专业培养适应工作岗位的条件，根据现在师资条件难以让每个学生得到全面发展机会的现实，每个专业方向通过专业教师管理引导并实施考核，学生自主选择慕课资源进行自主学习。根据部分高质量国外教学资源，访问速度不能保证以及语言障碍等问题，学校应帮助解决，搭建良好的自主学习平台，提升学生创新综合能力。试点专业可采用贯穿学程的学分制、专业选修课体系，提供教师自由安排学习模式的可能性。

4. 教师要正确认识教育技术对自身教学的重要性

在慕课大潮的冲击下，随着现代教育技术化程度的不断提高，高校教师只有及时将最新教育技术纳入自身的专业知识体系中，才能胜任新形势下的教学工作，专业化发展道路才会通畅，以慕课为代表的新技术应用并不只是专业教育技术人员的事，而是和广大教师息息相关的。

（六）慕课资源在高校的利用

嵌入学科服务强调以"为用户"为出发点，将学科信息资源与信息服务融入用户实体空间或虚拟空间，构建一个满足用户个性化信息需求的信息保障环境。结合图书馆的实体空间将慕课嵌入学科服务进行介绍。

1. 实体信息共享空间

如今图书馆的实体信息共享空间发展迅速，包括了各种形式的信息环境，例如咨询空间、研讨室、学术报告厅、开放交流空间等，有的图书馆还以学科分馆为基础，按学科和专业对图书馆的空间和资源进行整合，为用户提供了更为便利的学科环境。慕课除了视频之外，还有非常重要的交互部分，那就是师生、生生之间的交流，可以借助图书馆的信息共享空间实现面对面的交互，如授课教师与学生之间大规模的异地实时视频讨论，可以在图书馆的学术报告厅进行，课后，某一慕课学科学习小组的成员可以借用研讨室进行学习交流。利用信息共享空间，可以支持用户顺利开展慕课线下学习活动，同时学科馆员也可以和用户一起进入空间，提供咨询服务，可以依据课程内容提供纸本、电子的参考资源列表以及网络开放获取资源的信息，给用户的学习提供帮助和支持。教师录制慕课课程可以借用图书馆的学术报告厅，获取配备音响、投影等较完备的课程录制环境和工具。

2. 学科服务平台

学科服务平台通常应包括学科知识资源、特色资源、学科信息门户、学科导航、学科咨询、个性化定制、主题服务、知识挖掘等信息，它是图书馆提供学科服务非常重要的窗口。目前，各高校的学科服务平台形式多样，有学科博客、专业的学科服务平台、自建的学科信息网页等，但无论哪种形式都可以将我们的慕课资源嵌入其中，为学科服务的内容拓展一个新形式。可以学习国外一些高校新建慕课指南的方式（或者慕课指南博客、慕课信息网页等），通过这个指南展示慕课宣传的信息、常见的综合类慕课课程、信息素养知识慕课课程、慕课版权等。学科类的慕课课程、特色多媒体资源、课程参考资源、学科专题信息、素养知识课程等信息嵌入发布到各个学科指南中去，方便用户按照学科获取，利用学科服务平台工具对本学科相关课程信息进行系统的收集、整理，并将学科服务平台上的常用专业资源如电子资源、图书、信息门户等整合，嵌入教师学生的研究和教学。

3. 移动图书馆

目前，国内高校推出的移动图书馆服务已经非常丰富，例如手机短信服务、移动图书馆 App 服务、微信服务、RSS（简易信息聚合）订阅等。移动图书馆服务借助网络技术与移动设备帮助使用者在任何时间、任何地点获取图书馆的相关资源与服务内容，馆员可以通过移动图书馆将慕课课程服务嵌入教师建设课程与学生学习课程的过程中去。

微信具有的基本功能为基于学科服务的慕课活动嵌入式服务提供了重要途径。基于语音文本交互和群聊的交互功能，可应用于慕课课程协作学习，实现师生与图书馆员之间的交互沟通。例如，学科馆员可以通过一对一或者一对多的方式回复某个学科群组里师生的咨询。基于微信公众平台的信息聚合与推送功能，可以开发慕课课程学科参考资源的订阅推送和自动回复响应功能，使师生能够检索和获取学科慕课资源，如推送信息素养知识的微视频。又如检索策略的编制、学科数据库的使用技巧、学科开放资源的获取与介绍等主题微视频，或者读者发送微视频的关键字，可通过微信自动响应发送相关主题微视频至读者的手机终端。基于微信公共账户的信息发布功能，发布慕课相关新闻信息。

RSS 个性化需求定制也可以为读者提供订阅、推送慕课资源与新闻的服务，图书馆员发布信息时可以将慕课资源按照不同学科类别聚合，为读者提供分类查询的途径。读者进入图书馆 RSS 服务页面后，可以看到按学科排列的资源链接地址，读者用鼠标点击需要的慕课信息链接地址，从菜单中选择增加频道，粘贴上复制的信息链接地址即可。图书馆员也可以将慕课信息按照主题词和关键词进行聚合，为读者提供主题词和关键词的查询方式。读者进入图书馆 RSS 服务页面，可以按主题词和关键词进行搜索，例如检索慕课版权、慕课工具、参考资源、慕课课程等关键词，然后将搜索结果中需要的信息资源链接地址复制粘贴到新建频道中。图书馆可以根据课程的内容设置、学生的在线咨询等提供配套于慕课教学的资料推送、个性化需求定制等服务。

图书馆员通过实体信息共享空间、学科服务平台、移动图书馆等途径，根据不同慕课服务的特色，选择较合适的途径传播给用户，教师与学生也可以通过这三个途径产生信息互动。

4. 慕课嵌入学科服务的特色

（1）促进学科服务的内容嵌入

学科服务是学科馆员主动深入教学科研活动中，帮助用户发现和提供更多针对性更强的专业资源。很多情况下传统教学和科研工作的模式使得教师、学生局限于自己的课堂、实验室，与图书馆员之间的交互难以深入并持续。通过将慕课资源嵌入学科服务，扩展学科服务的信息来源、信息形式，满足师生们浏览学科慕课资源的需求，图书馆员有更多的机会将学科内容嵌入教学中，提高学科资源的利用率。当然，这也要求学科馆员对现有的慕课资源进行搜集、评判选择、重组、分类、标记等工作，并与其他学科资源进行整合。

（2）促进学科服务的过程嵌入

学科服务需要深入了解读者的行为习惯、信息能力以及信息需求，根据学科特征，为读者提供主动、个性化的服务。图书馆为慕课教学师生互动、生生互动提供实体空间，使得学科馆员有机会参与教学活动，为教师提供数字化资源的内容支撑，了解教师与学生的实际信息需求，并提供相应的咨询服务，推荐参考文献，帮助学生利用图书馆资源解决慕课课程中遇到的难题。

（3）促进学科馆员专业服务水平的提高

学科馆员在整理慕课资源的同时，对该学科优质的教学内容、学科领域的研究热点、该领域的学术专家等会有更深入的了解，会从一定程度上提升自身的专业服务能力，与教师和学生交流时，能更加了解其信息素养需求、教学需求，以做好辅助研究工作。学科馆员也可以自学一部分学科课程内容，结合图书馆员的专业知识，提升工作效率与学科服务能力。将慕课嵌入高校图书馆学科服务，试图找到一个馆员为教师教学和研究提供学科服务的小窗口，为新信息环境下赋予学科服务新活力提供一些思考，当然馆员也将面临更多的挑战，期望进一步通过实践开展相关研究。

第二节　高校教育教学的管理创新

一、高校文化管理创新

高校教育既是文化发展的重要成果，又是文化建设的重要载体。作为人才培养的基地，高校理应发挥文化育人的作用，为中国特色社会主义事业培养建设者和接班人。作为知识的集散地和思潮的发源地，高校理应成为社会文化的风向标和引领者。在推动社会主义文化大发展、大繁荣的进程中，高校一方面要加强自身的文化建设，另一方面要承担文化传承创新、文化辐射引领和文化服务支撑的重要使命。

（一）文化和文化管理的内涵

什么是文化？随便浏览一下，我们就可以发现，关于文化的定义有几十甚至上百种。有意思的是，虽然文化包罗万象，但不同的定义所表达的文化的基本内涵却基本相同，即观念形态、精神产品、生活方式这三层含义，具体来说，它包括人们的世界观、思维方式、心理特征、价值观念、认知能力以及从形式上看是物质的东西，但透过物质形式能反映人们观念上的差异和变化的一切精神物化产品。高校文化是高校思想、制度和精神层面的一种过程和氛围，是理想主义者的精神家园，是学校里思想启蒙、人格唤醒和心灵震撼因素的结合体。高校用人文精神培育出全面发展的优秀人才，使其成为民族复兴和文化复兴的中坚力量，引领社会前进。高校文化是知识、能力、人格的升华和结晶。

文化管理就是"人化管理"，就是以人为根本出发点，并以实现人的价值为最终目的的尊重人性的管理。这种管理是靠管理主体与管理对象之间所形成的文化力的互动来实现的。文化管理的核心是"以人为本"。

学校文化管理与企业文化管理有着密切的关系，它借鉴了企业文化管理的思想，但是学校文化管理更是它自身内在文化因素发展的必然要求。因为学校本身就是一种文化存在，是一个文化实体，它以传承和创造文化为己任，以文化为中介培养人、塑造人。

学校与文化的关系是其他任何社会要素、社会组织所不可比拟的，在学校管理中，更应当重视文化的因素。文化管理是学校管理顺理成章、水到渠成的结果。

学校文化管理是以文化为基础，注重学校文化建设，并利用文化要素和文化资源实施调控的学校管理活动，它具有价值性、伦理性、知识性、人本化、合作性、品牌形象性、整合性等特征。

学校文化是学校的灵魂。学校文化不仅是教师的灵魂，更是学生的灵魂。学校文化建设的核心在于师生的认同，认同的关键是参与。在学校管理工作中，制度比校长个人的经验、意志和人格魅力更重要，它更带有普遍性，起着举足轻重的作用。

（二）文化管理的特点和意义

1. 文化管理和高校文化管理的特点

（1）文化管理的特点

①管理的中心是人。从科学管理以物为中心转变为文化管理以人为中心，人既是管理的出发点，又是管理的落脚点。尊重人、关心人、培养人、激励人、开发人的潜力，是文化管理的关键。

②管理的人性假设前提是"善"。科学管理把人看作"经济人"，以"性恶论"为哲学依据；文化管理把人看作"自我实现的人"和"观念人"，以"性善论"为哲学基础。

③控制方法追求主动。科学管理以外部控制为主，重奖重罚是主要手段；文化管理中心内置，依靠人文关怀等激励手段调动、激活行为主体的内在需求和动力，追求主动发展。

④管理重点为文治。科学管理直接管理人的行为，职工的一言一行都有制度约束，是典型的法治；文化管理严于对人思想的管理，间接影响人的行为，是一种新的管理方式——文治，即以文化来治理。

⑤领导者类型为育才型。在科学管理中，领导者恰如乐队指挥，属于指挥型领导；在文化管理中，领导者既是导师又是朋友，属于育才型领导。

⑥激励方式以内化为主。科学管理以外塑为主，依赖于工作的外部条件；文化管理以内在激励为主，着重满足职工的自尊和自我价值实现的需要，依赖于工作本身的魅力。

⑦管理特色具有人情味。科学管理的特色是纯理性管理，排斥感情因素；文化管理的特色是将理性与非理性相结合，是有人情味的管理。

⑧组织形式具有开放性。在科学管理中，权力结构明确，是"金字塔形"组织；在文化管理中，权力结构模糊，管理者与被管理者更为平等，是平等沟通、自我学习的学习型组织。

⑨管理手段具备"软"特征。科学管理是依靠强制性的制度和物质手段的投入；文化管理是依靠思想交流、价值观的认同、感情的互动和风气的熏陶，即依靠非强制性和非物质性手段的投入。管理由硬管理为主走向软硬结合，以软管理为主。

⑩管理者和被管理者改变为同伴互助关系。科学管理强调了上级与下级之间的关系，管理者靠制度约束人；文化管理中管理者和被管理者是为了共同的目标而携手并进的，是合作伙伴关系。

（2）高校文化管理的特点

作为人才培养的基地，高校理应发挥文化育人作用，为中国特色社会主义事业培养建设者和接班人。作为知识的集散地和思潮的发源地，高校理应成为社会文化的风向标和引领者。突出"以文化人"的教化性，这是高校文化区别于其他文化形态的重要特质；注重主流价值的导向性，是建设社会主义高校文化的必然要求；建设各具特色的高校文化，是高校张扬个性、增强文化发展生命力的关键所在。

①导向性。文化并非一个中性的概念，其本身具有鲜明的价值取向。当今社会呈现出多元思想文化相互交织、相互激荡的格局，需要一个占主导、支配地位的价值观来引领高校文化建设。在高校文化建设中，必须坚持以马克思主义为指导，坚持不懈地用中国特色社会主义理论体系教育师生，推动中国特色社会主义理论体系进教材、进课堂、进头脑；加强理想信念教育、弘扬以爱国主义为核心的民族精神和以改革创新为核心的时代精神；深入开展社会主义荣辱观教育和社会主义核心价值体系建设，全面加强学校思想道德体系建设。

②独特性。有个性、有魅力、特色鲜明的高校文化才是有生命力的文化。虽然高校精神具有探索真理、崇尚学术、传承文化等共性追求，但由于各个高校文化传统、类型风格各异，社会对高校的需求多样化，因此，必须建设和发展各具个性的高校文化，营造不同类型、不同层次、不同风格的高校文化形态，形成异彩纷呈、和谐互补的整体高校文化格局。

2. 高校文化管理的意义

文化，是一种历久的精神创造活动及其成果。对一个民族来说，文化是民族之根；对于一个国家来说，文化是国家之魂。纵观高校发展的历史，正经历着从经验管理、制度管理（科学管理）向文化管理转型的历程。学校文化管理是一种新型的更高级的管理形态，是学校经验管理、制度管理（科学管理）的总结和升华，是管理内容的回归，是与知识经济时代相适应的学校新的管理方式。作为学校管理者，构建文化校园，积极推进学校文化管理具有极其重要而深远的意义。

随着社会主义市场经济体制的建立和完善，学校建设也逐渐引入了市场力量，学校之间的竞争在逐渐加剧。学校要在竞争中处于优势地位，必须具备某种核心能力，充分发挥文化传承创新功能、文化辐射引领功能和文化服务支撑功能，对学校的发展具有深远的影响。文化对学校和人的发展存在的影响可以从深、广、远、忧四种状况来理解：①深。学校文化管理是一种内隐的、深层次的、无形的力量，这种力量决定着学校的改革、发展和成败。学校文化具有导向功能、提升功能、凝聚功能、激励功能和稳定功能，为学校的发展带来动力。②广。文化无处不存在、无事不体现，弥漫在整个学校的全部生活之中，甚至影响到社区文化和城市文化。③远。与生俱在、与校共存、与人同享，在学生时代有幸经历的先进学校文化熏陶会一辈子回味无穷、受用不尽。④忧。市场经济急剧发展，竞争空前激烈。社会财富增加，但文化价值导向滞后。先进学校文化建设是学校优质发展的根本，没有文化的学校是薄弱的学校。因此，只有学校文化，只有学校的不同追求、不同理想、不同价值取向以及由此形成的不同管理风格、工作方式和生活方式，才是一所学校区别于其他学校的根本特征。

高校文化的内部功能主要表现为教化育人，高校文化的外部功能则包括文化的传承与创新、传播与辐射、示范与引领、服务与支撑诸多方面。高校在服务文化发展、促进文化繁荣方面重任在肩，大有可为。

（1）文化传承创新功能

高校既是一种教育机构，又是一种文化存在，传授知识、传承文化是高校与生俱来的职责。传承是创新的前提，创新的方式则是扬弃，在掌握前人积累的文化成果的基础上，去粗取精，赋予新义，创立新知识，形成新文化。高校正是这种新知识、新思想、新理论的重要摇篮，通过继承民族优秀文化，借鉴世界进步文化，创造时代先进文化，丰富精神文化的内涵，充实人类智慧的宝库，推动社会文明进步。

（2）文化辐射引领功能

高校是社会文化的组成部分，同时又以其自身的优势深刻影响着社会文化。高校是研究高深学问、探索真理的知识殿堂，也是高学历、高层次人才相对集中的地方，承担着影响、辐射、引领社会文化的功能。高校文化通过价值判断引领社会的文化选择，通过升华大众文化、超越流行文化、彰显高雅文化、强化主流文化，对社会文化起着积极的辐射和示范作用，引领社会文化向着健康方向、更高层次发展。从历史上看，高校一直是各种新思想新理论的发源地，是各类思潮和运动的策源地，历来引领文化风气之先。在历史的转折关口，往往是高校率先高擎时代的火炬，高校文化对整体文化质态的建构和文化精神的塑造具有辐射、提升、示范和引领作用。

（3）文化服务支撑功能

高校不仅以独特的高校文化影响社会文化，更以培养的大批人才去带动社会文化的发展，通过科学研究和直接的社会服务，推动社会文化的进程。在新的历史条件下，高校要充分发挥文化建设的人才库、智囊团和思想库作用，提升服务社会主义文化发展的意识和能力，为发展文化事业、文化产业及深化文化体制改革输送优秀人才，提供智力支持。高校应加强文化领域的专业建设，增加优秀传统文化课程内容，建设优秀传统文化教学研究基地，为社会输送大批高质量的优秀专业人才；应加强文化领域的学术研究，繁荣发展哲学社会科学，不断推出理论研究和文化创作的精品力作；应积极参与构建有利于文化繁荣发展的体制机制，拓展为发展文化事业和文化产业及深化文化体制改革服务的渠道，壮大文化志愿者队伍，开展各类群众性精神文明创建活动；应积极构建国际文化交流平台，推动文化"请进来"和"走出去"，为提升国家文化软实力、增强国际话语权做出应有的贡献。

（三）学校文化管理的构建

针对高校文化素质教育管理存在的问题，怎样致力于学校文化建设？相对于学校硬环境建设和制度建设，学校文化建设具有看不见、摸不着的隐性特点，需要我们做出更加艰巨、更加长期的努力。

学校文化与制度管理是有机统一、互为补充的。做管理工作最终的落脚点是人的思想问题。严格管理的规范制度能否落实到位，取决于人的思想高度和认识程度。学校文化必将为制度管理提供一个人文环境。

可以说，文化与制度的关系一如道德与法律，学校文化是学校制度的有益补充，两者相互统一。总之，学校文化的出现和完善不仅是学校发展的必然，也将是传统教育方式向素质教育方式转变的必由之路。这种文化又是人的文化，是以人为本的文化，突出"人文""人本""人情""人性"在管理中的作用，从而形成一个强大的"磁场"。它是弥漫在空气中的一种精神存在，在每一位师生的呼吸吐纳中化为一种气质、一份修养，或见于谈吐，或形于笔端，形成学校管理的文化，即所谓的管理文化。校园文化建设在学校管理中的作用按其不同层次来划分，主要表现在以下几个方面：

1. 用物质文化陶冶人

校园物质文化是校园的外显文化，是以某种文字符号为载体，将校园精神显现于校园的各种标记物之中，如校服、校歌、校刊、校报、雕塑、学校建筑、艺术节、文化墙、名言警句等，它是校园思想文化建设的前提和条件，是思想文化、制度文化赖以生存发展的基础和载体，有利于陶冶师生的情操。优美的校园环境有春风化雨、润物无声的作用，如诗如画的校园风光、干净整洁的校园环境、美观科学的教室布置、文明健康的文化教育设施……无不给学生以巨大的精神力量。学生在优美的校园环境中受到感染和熏陶，触景生情，因美生爱，从而激发学生爱学校、爱老师、爱同学、爱家乡、爱祖国的高尚情操；学生在幽静的环境中学习，感到舒心怡神，从而增强对环境的保护意识。所有这些都有利于学生正确的世界观、人生观、价值观的形成。

2. 用制度文化规范人

校园制度文化是指校园人在交往过程中缔结的社会关系，以及用于调控这些关系的规范体系，是校园一切活动的准则，它包括相关的法律法规、学校管理体制及其规章制度、组织机构及其运行机制、特定的行为规范等。

校园制度文化从根本上决定着校园的正常运行和创新发展，是校园思想文化的保证。建立和健全学校规章制度，塑造良好的校园制度文化，是校园文化建设的重要内容，也是提高学校有效执行力的重要保障。制度文化以其导向性与规范性、稳定性与发展性、科学性与教育性的特征彰显校园文化。

3. 用思想文化凝聚人

校园思想文化是指学校在长期办学过程中形成的一种学校意识和文化观念，它是一种深层次的校园文化，是校园文化的灵魂，主要体现在班风、校风的建设上。班风、校风看不见、摸不着，但它表现在校园内多种文化载体及其行为主体上，让人时时处处切实感受到它独特的感染力、凝聚力、震撼力。置身其中，受教育者无须教育者更多的说教，便会自然而然地、不知不觉地感悟它对心灵的净化和对情操的熏陶。校园思想文化是校园的内隐文化，是校园文化的深层内涵，是在长期的校园物质文化、校园制度文化和校园行为文化的建设过程中积淀、整合、提炼出来的，反映学校广大师生员工共同的理想目标、文化传统、学术风范和行为准则的价值观念体系，难以用文字、符号表达出来。校园思想文化是一所学校整体面貌、水平、特色、凝聚力、感召力和生命力的体现。

校园思想文化作为一种强大的教育力量，对广大师生的健康成长有着巨大的影响：一是导向功能，即指导个人正确认识和处理个人与学校组织的关系，把个人行为引导到学校组织目标上来，使他们向着学校期望的方向发展；二是凝聚功能，即思想文化起着心灵黏合剂的作用，它把各个方面、各个层次的人都聚合到一起，使师生员工对学校产生一种使命感、自豪感、归属感，形成强烈的向心力、凝聚力和群体意识；三是激励功能，即思想文化往往能产生一种激励机制，激起校园人的积极性、主动性与创造性，使学校成员保持高昂的情绪和奋进精神，获得各种精神需求的满足；四是控制功能，即思想文化具有强大的心理制约力量，使校园人接受必要的约束，使个体行为符合共同的准则；五是辐射功能，即校园思想文化以其独特的方式，在对师生教育、影响的同时，也对周边及社会产生影响。

二、高校学生管理创新

21 世纪是知识和信息的时代，高校学生是未来社会的知识精英和国家的栋梁，他们的素质如何，将直接关系到我国社会主义事业是否会后继有人，关系到中华民族的伟大复兴。高校是培养和造就适应 21 世纪社会发展的合格人才的基地，其培养的目标是具有创新精神和实践能力的高级人才，科学、规范、创新的学生管理工作是实现这一目标的重要保证。学生管理工作是高校各项工作的主要组成部分，它体现着一个学校的校风、校貌，是一个学校管理水平高低的重要标志，而学校管理水平的高低已成为衡量学校综合水平和学生素质的一个标准。在当前的新形势下，高校学生管理工作出现了许多新情况、新问题，如何使学生管理工作科学化、制度化、法治化，培养出大批合格的人才是当前学校管理研究的一个重要课题，也是公共管理学研究的重要内容。

学生管理工作是高校教育教学工作的重要组成部分。近年来，随着我国社会体制改革和高校教育改革的进一步深化，高校学生的学习和生活环境发生了新的变化，高校学生管理工作也面临新的挑战。

随着我国社会主义市场经济体制的逐步建立和完善，学生成长的外部环境和内在因素发生了很大的变化。教学管理制度的改革、收费制度的改革、高校后勤社会化、就业形势变化等，都给学生管理工作带来了许多思想认识和教育观念方面的新变化。加强和改进高校学生管理工作的对策是：在明确管理目标的基础上，树立科学的管理理念。高校学生管理工作应变被动为主动，"以人为本"，强调学生的主体性，注重学生的主观特性，尊重学生的个性发展；坚持教育与管理相结合，强化学生自我管理。在此基础上，还应积极探索新的管理模式，完善学生管理体制，建立变分散为集中的管理，变多中心"小而全"为集中的"精而专"，变间接管理为直接管理；健全学生管理制度，使高校管理科学化；积极运用管理进网络、管理进社团、管理进公寓等新手段，拓展学生管理工作空间，运用现代化的教育管理手段，使高校学生管理工作进一步科学化、制度化、规范化。

（一）高校学生的特点

1. 思想认识多元化

作为学生管理工作的客体，高校学生一般具有以下特征：一是思想具有社会性。高校学生思想状态源于社会，紧跟时代步伐，社会上的一切重大情况、现象及其对青年的影响都会从高校学生身上表现出来。二是认知具有能动性。高校学生是最富有主观能动性和积极创造性活力的群体，他们在接受思想政治教育时往往从自己的主观出发，具有主动的选择意向，这也体现了他们独具个性的自我认知状态。三是身心的可变性。高校学生是一群从生理到心理趋向成熟的群体，特别在心理上、思想上，可塑性极大。在时代变动、社会转型的宏观背景下，有理想、有追求是学生的主体要求。通过大量的问卷调查和对座谈会记录的分析，可以肯定的是，学生的主流是好的，他们有较高的思想素质和道德观念，有较强的责任感和使命感，其思想状况可以概括为以下几个方面：

（1）爱国热情高涨，理想信念坚定

从总体上看，当前高校学生的思想政治状况是积极、健康、向上的，主流是好的。令人欣喜的是，高校学生保持了较高的爱国热情，能理性地看待国家改革、发展面临的机遇和困难，对保持稳定的政治局势和经济的可持续发展有信心。今天的高校学生，把个人的前途同国家的发展联系在一起，因而他们关心国家大事，关心国家的发展。他们观察分析问题比较客观、冷静，多了一份理性思考，少了一份情绪激进，应该说，这是高校学生思想成熟的表现。

（2）健康积极看待人生，务实进取实现自我

健康积极、务实进取是学生人生观和价值观的主流。相比以往，今天的高校学生更加注重自我价值的实现，并渴望能将对社会的贡献和个人价值的实现统一起来。高校学生健康积极的人生态度主要表现在绝大多数学生的基本价值判断上。

学生务实进取，有着强烈的社会责任感和历史责任感，他们渴望施展才华，为国家和社会做出自己的贡献。在处理个人、集体、国家三者利益关系的问题上，大多数学生认为"在关键时刻个人利益要服从国家和集体的利益"。同时，对于社会公益活动，如献血和志愿者服务等，绝大多数学生表示乐于参加。尽管高校学生人生价值观主流健康向上，在价值判断上高度认同奉献精神、社会责任感、国家和集体的利益高于一切等，但在具体的价值选择上，部分高校学生更加注重自我发展、自我实现，这使得学生的人生观、价值观呈现出多样化的特征。

（3）拥护高校教育改革，注重全面素质提高

随着我国高校教育改革的不断深入，改革的成果正在逐步显现出来，高校学生作为这些改革措施最直接的受益者，自然地成了高校教育改革的拥护者和促进者。与改革相伴而来的是社会的快速发展，激发了学生成功、成才的愿望和自觉性，使学生更加注重自身素质的提高。

高校学生十分关注学校的建设和发展，对高校教育改革，特别是其中有利于自身发展、提升自己社会竞争力的改革高度认同。学生赞同全面推进素质教育、深化教学改革，对改革毕业生就业制度和鼓励高校学生自主创业持肯定态度。高校学生认为，高校后勤社会化改革转变了高校后勤的社会服务意识和服务观念，使学校的学习、生活条件有了一定的改善。身处校园的高校学生已经逐渐开始走向社会，他们渴望通过高校的学习来丰富和完善自己，占领就业制高点，赢得发展上的主动。相比以往，高校校园学习气氛更加浓厚，学风也有了明显好转。由于社会和家庭环境等多方面的影响，高校学生在智能结构、性格特征、心理品质和社会使命感等方面又有与同龄人不同的表现：①自我意识突出，自

主性较强。由于知识储量的增加，高校学生追求自我选择、自我内化，这是高校学生与同龄人最显著的区别。由于高校学生自我意识突出，自主性较强，他们会千方百计地实现自我价值，使高校学生群体呈现出勇于创新的勃勃生机。但是，如果有的学生自主选择不当，选择的方向和内容就会与社会要求不相适应，甚至有违背社会政治道德的倾向。因此，加强学生管理工作，帮助他们树立正确的人生观和价值观，引导他们把自我价值的实现与国家、社会的需要紧密地结合起来是十分必要的。②社会责任感呈现情绪化色彩。高校学生具有较强的社会责任感。但是，由于社会经验不足，高校学生的社会责任感往往带有情绪色彩，在社会发生重大事件的关键时刻常常出现偏差，导致事件的后果和预期不同。这更加说明要加强学生管理工作，时刻关注他们的思想动态，引导、帮助高校学生健康成长。

2. 生活学习方式多样化

学生进入高校学习后，就进入人生一个新的起点。不管是在学习上还是在生活上都会与原来有很大的不同。

（1）生活方式多样化

生活方式是指人们在衣、食、住、行、爱好、文化活动、民俗风气等方面的方式和行为习惯。在高校里，每一个学生的生活方式都不尽相同，有的学生把自己大量的时间都放在学习上；有的学生利用业余时间来打工挣钱；有的学生喜欢运动；有的学生喜欢和同学结伴去旅游等。

（2）学习方式多样化

进入高校后，以什么样的学习方式才可以处理好课本知识与课外知识、专业学习与能力培养等诸多方面的关系是许多高校学生深感矛盾、困惑的问题。高校学生的学习除了听课这一主要途径外，还有自学途径、学术交流途径、多媒体教学途径、社会实践途径等。以多样的学习方式进行学习是学生必须掌握的一项基本功。

高校学生学习、获得知识的方式和渠道多种多样，随着学分制的推行和素质教育要求的提出，高校学生自选专业、自修课程、自定目标、自我发展的意识相对增强了；随着高校学生居住公寓化和后勤服务社会化的不断完善，因住宿、生活、学习而结识在一起的高校学生群体逐步在扩大，这些都是学生学习方式和组织形式多元化的具体表现。

（3）性格特征复杂化

高校学生性格特征的复杂化主要在以下几种现象中特别突出：

①务实与实惠的调和。高校学生能较冷静理智地看待社会实际，但更多地关注与他们自身的生存发展相连的社会实际。个人发展机会、职位的高低和工资收入成为高校学生择

业的重要评价指标及选择条件。

②渴望与满足的不协调性。高校学生迫切了解新知识、吸收新观念，对知识学习的要求较为强烈，选择知识的目的性逐步增强，但不能只满足热门、自己的喜好和眼前的需要，对自己的业务知识、能力水平、综合素质等方面需要有正确的判断，并制订更高、更全面、更长远的计划与目标。

③心理及个性化发展的不协调性。在现在的高校学生中，独生子女的比例较高，他们具有较强的自我意识、竞争意识和自强精神，追求个性化发展。因此，他们的集体主义观念、团队协作精神需要提高。一些学生对学校、社会的期望值较高，但对社会的复杂性认识不够；自我意识较强，重视自我价值，但对现实自我价值的认识不足。

(二)加强和改进高校学生管理工作

1. 明确管理目标

高校是依据培养目标来实施管理的。从四个方面去考核管理目标是比较合理的。

(1) 心态方面

心态其实是决定一切的。这个心态应该是科学的、贴近实际的、符合社会发展方向的、中西方先进理念相结合的。

高校学生要有很强烈的社会责任感。今天的高校学生就是明天祖国的栋梁，他们在社会主义现代化的进程中起到了举足轻重的作用，要有意识地给他们压担子，让他们多参加社会实践，帮助他们尽快地接受这个社会，热爱这个社会，报效这个社会，对今天高校学生的要求是要让他们有理性的思考。

(2) 文化方面

应该说，中西方文化并不是对立的，它们都是现代文明的一笔丰厚的遗产。要培养他们付出的心态，要特别注意培养他们的团队合作能力，要组织他们共同做事情，潜移默化地告诉他们合作的重要性。

(3) 消费观方面

高校学生要有正确的消费观，今天的高校学生有可能会享受到改革开放带来的成果，要看到享受这个成果本身也是经济发展的需要。当然，也要引导他们量力而行，把自己的消费建立在可行的基础上，建立在科学的基础上。

(4) 文明礼貌方面

要引导学生做一个有文明礼貌、尊老爱幼的良好品行的人。现在国门大开，许多人有机会到国外去旅游观光，要引导他们做一个高尚的人。

2. 树立科学的管理理念

21 世纪高素质、高质量的人才是具有高度责任感、熟悉中国国情、致力于解决中国及世界经济建设和社会发展的实际问题的人才；是具有创新精神、创业精神、创新能力、实践能力，有能力解决中国及世界经济建设和社会发展实际问题的人才；是能活跃于国际舞台、活跃于信息化时代、活跃于市场经济条件下的竞争环境、活跃于终身学习社会的人才，而高校的任务正是要为社会管理出这样的人才。因此，这就需要高校树立科学的管理理念。

第一，营造环境的重要性。具体表现为：①营造好的制度氛围。要从制度做起，营造积极的小环境。实践证明这是可行的，如有些学校优美如画的校园、良好的道德环境、和谐的人际关系等小环境就非常有利于学生的健康发展。②学校领导和教职员工的示范效应。如果家长是学生的第一任老师，那么学校领导和广大的教职员工就是学生的第二任老师。心理和社会角色定位使学生的言行富有模仿性，也最信赖他们的老师，把老师看作知识的化身、高尚人格的代表以及他们天然的学习榜样。教师的示范效应是由学生本身的心理角色定位而形成的。因此，对学生的要求也就是对教师自己本身的要求，按照"社会认同原理"，一定要做学生的楷模和偶像。③运用管理学的"破窗原理"，发现有不好的现象及时地消除掉。管理学的"破窗原理"是指有一扇窗户玻璃被打碎了，如果不及时修补，那么第二块、第三块，乃至第四块、第五块很快也会被打碎的。对学校出现的不好的现象一定要及时纠正。

第二，管理必须以学生为中心。在高校教育改革不断深化的今天，学生管理者应重视转变管理观念，只有管理观念的更新，才能实现学生管理的创新，做到既按照合格人才的标准严格要求、精心管理，又能根据学生特点，充分发挥其良好个性；既坚持宏观指导，又深入学生进行个别引导、教育；既坚持用统一的制度和培养标准去要求学生，又坚持按不同层次评价和教育管理学生；既坚持宽严结合，又做到动态管理，从而提高管理的实效性和科学性，促进管理水平迈上一个新的台阶，更好地实现学校培养"四有"合格人才的目标。树立"以人为本"的管理思想是做好高校学生管理工作的首要前提。人本理论是现代管理科学经常用到的主要理论之一，它在现代企业管理中起着很大的作用。现在，我们从教育管理这一角度探讨人本理论在高校学生管理工作中的应用，树立学生管理工作人本价值观，以人为本，尊重人的本质的主体性、能动性和多样性，这是学生管理工作从传统走向现代的创新之路。

第三，要注重人的主体性。在学生管理工作的过程中，高校学生既是管理的客体，又是管理的主体。因为高校学生管理归根结底是对学生的管理，从管理的决策、组织实施到目标的实现，都要依靠高校学生，故高校学生是管理中的主体；高校学生还需要管理者的教育引导，从这一层面来说，高校学生又是管理的客体，两者应是辩证统一的。所以，在管理工作中应该确立"以高校学生为中心"的思想，开展的一切管理活动都是为了服务于高校学生，要尊重高校学生的人格特点，最大限度地发挥学生的主动性与创造性，使之能够以主体的姿态积极参与管理活动，主动接受管理和开展自我管理。

第四，要注重人的主观特性。人是有思想感情的，人的认识过程很复杂，理性的思维过程是建立在情感、欲望等主观特性基础上的，它必须以人的基本要求、积极情感和意欲作为动力，正所谓"理乃情之所系"。如果人的非理性本能要求、情感经常处于被压抑的状态，就不会有真正的理性之光。心理学研究表明：人与人之间的信息交流与传递必须具有一定的心理基础，如果在信任心理基础上进行交流，教育者发生的思想信息和目标要求往往会被受教育者顺畅地接受，并能产生积极的行为效应。高校学生管理工作主要是由高校学生管理者和高校学生组成，他们纯粹是由"人—人"构成的管理系统，如果在管理中不充分渗透"人性"，重视师生的情感交流，就难以调动学生的积极性和主动性。所谓情感管理是指在管理过程中尊重人的个性特点、考虑人的情感因素，强调师生之间进行双向情感交流，尊重人的情感，其关键在于"以情感人"。这就要求管理者在按章办事的同时，真心实意地为学生服务，急学生之所急，想学生之所想，对学生进行情感投入，同时也注意把握学生的情感反应，通过情感沟通，了解学生的实际情况和出现的问题，并给予指引和教育，以达到有效管理的目的。

第五，要尊重人的个体多样化。人的个性是客观存在的，由于人性是历史的，也是具体的，而不是抽象的、超历史的，因此人都具有个体差异，表现出各种不同、多姿多彩的个性。作为管理对象的人，具有不同的社会属性和时间、空间属性。管理对象个体由于学习动机、兴趣、价值观等的影响和支配，以及原有的知识经验、情感意志等因素的制约，在接受教育管理中，个体的思想行为必然带有鲜明的个性色彩，对同一问题具有不同的看法和态度。这就要求我们在做学生管理工作的时候，要面对现实的人，全面准确地把握不同的管理对象所具有的共同特征和个性差异，针对不同对象的思想实际，制订不同的计划，提出不同层次的要求，并且运用不同的方法，有的放矢地解决不同管理对象的各种思想矛盾和思想问题。高校学生由于家庭条件、社会经历、个性特点、气质、能力和兴趣爱好的不同，思想活动的内容和特点也就千差万别、错综复杂。

因此，在教育管理过程中，必须尊重学生的个性发展，因人而异、因材施教，要把学生管理工作做得有差异性和针对性。高校学生管理工作要以学生为中心，具体应该做到以下几点：

第一，学校的主体是学生，一定要坚持以学生为中心。市场经济有一个很重要的理念就是：客户不一定都对，但客户都很重要。用到学校应该是：学生不一定都对，但学生都很重要。有了这样的理念，我相信一定能做好学生工作。学生和教师不是对立的，而是同一个硬币的两面，教育与被教育是相辅相成的。这个理念要求学校要经常开展教师与学生之间的对话与沟通。教师在教育学生的同时，自己也在接受教育；学生在接受教师教育的同时，也潜移默化地影响着教师。

第二，学生管理要重在服务。以人为本要落实在每一件工作中，服务是互相的，服务是高尚的，服务发生在每个人的身上。

第三，强调自我管理模式。学生自我管理，是指学生在学校指导下根据教育目的和培养目标的要求，运用现代科学管理方法，对自己的思想和行为进行自我调节和自我控制的过程，是学生自我认识的提高、自尊心的形成、自觉行为习惯品质的养成和自我奋发精神的培养过程。为了适应新形势、新情况，学生管理工作要从以学校管理为主向学生自主管理转变，要让学生了解学校的管理目标，化管理为高校学生的自觉行为。从心理学上说，任何人都不希望有人管理，可以有领袖、有楷模，但不要有管理。学生的自我管理应该体现在：首先，由他们自己设定管理规范，由自己设定的管理规范，在执行起来自觉性要高得多；其次，这个规范尽可能地自由多一些，限制少一些，文化多一些，制度少一些；最后，要让更多的学生参与管理，发挥他们的聪明才智，使学生在自己管理自己的过程中，既发挥自己的才能，锻炼、培养自己，又对自己的行为有所约束，使学生在具有健全人格的基础上，千姿百态，各展其能。不要让少数人管理多数人，最好能让大家都有参与管理的机会，这样可以加强沟通和理解，也可以在管理中发现更多的人才。高校在强化学生自我管理的同时，还要注意帮助学生明确自我管理的意义，指导学生运用自我管理的方法，提供学生自我管理的机会等。

第四，以表扬为主，建立激励机制。常用的激励方法有：①理想激励法，即通过激发学生的理想追求，鼓励学生为实现自己的人生价值而努力学习和工作，这种激励法可以增强学生的自豪感；②目标激励法，即通过引导高校学生不断朝着制定的目标奋进，使他们感到学习工作有奔头，这种激励法可以增强高校学生的责任感；③信息激励法，就是信息的交流与反馈，使高校学生明确自己学习工作进展的情况，从而引发高校学生的危机感，增强其紧迫感，使其更加努力地朝着目标奋进；④精神激励法，就是从高校学生的文化精神生活出发，通过表扬或授予一定的荣誉称号等来鼓励他们不断前进；⑤物质激励法，就是通过一定的物质奖励手段来满足学生的生活需要，调动他们的积极性，增强他们的实惠感。在运用激励法时要因人、因事、因地灵活运用，并且要讲究时机，适度运用，这样我们的管理就会取得更好的成效，管理水平也会自然而然地提高。

（三）完善学生管理体制

学生管理是对在校学生的全方位管理，内容比较广泛，涉及学校的多个部门，需要各部门协调一致，理顺各部门关系形成合力，以应对学生管理面临的新问题。在高校学生管理工作中，一是要加强学生工作机构的建设，强化其组织协调功能。理顺学生管理系统各部门、各层次、各岗位的职责权限关系，建立健全责任制，做到责任到岗，责任到人，责、权、利相统一。二是要适当放权，发挥基层作用。现行的高校管理体制是以校、系两级职责分明、条块结合的学生工作网络和运行机制为显著特征的，校、系应组织担负对学生进行思想教育和行政管理的双重任务。因此，既要赋予系开展学生管理工作的职责，又要让其拥有开展学生管理工作所需要的权力，做到责权统一。适当下放管理权限给各个系，便于其及时发现问题，及时教育处理，从而提高管理工作的实效性。三是进一步推行校系一级学生工作体制的党政融洽，协调统一。四是实行年级辅导员制，与学分制相适应。强化以系为单位的年级管理，进一步增强班级管理、专业教学之间的融合力度。但强化并不否认班级管理，因为在学分制的条件下，学生班级仍然是一个重要的学生单元组合，应纳入学生管理体制。

（四）健全学生管理制度

学生是学校最大的群体，学生管理工作的成效直接关系到整个高校的稳定与发展。高校教育改革迅猛发展，使高校越来越成为没有"围墙"的校园。高校学生智商高、知识面广、观念更新周期短、法律意识不断增强，高校学生个体之间、个体与学校之间的权利和利益关系也变得更加复杂，这迫切要求学生管理工作要运用法律和规章制度调节规范各主体之间的关系。依法治校、依法对高校学生进行教育和管理是高校教育的任务，也是高校学生管理工作的指导思想。因此，建立科学、规范、完整的学生工作规章制度是学生管理工作的需要。高校应按照国家有关法律规定，依据本校实际情况，制定完整的、可操作性强的程序、步骤和规章制度，并以此规范学生的行为，行使有效的管理。

第一，高校在对学生的管理中，必须依法制定全方位的规章制度，并对现有的规章和条例进行清理和修订，过去行之有效的方法和改革成果应予以继承，同时要充分考虑整个社会法制的进步和依法治校原则对学生管理的要求，无论是修订原有的规章制度，还是重新制定规章制度，都要注意与国家的法律法规、方针政策相一致，在规范管理的同时，要注意保护学生享有的合法权益，真正体现法的价值。

第二，要更正一种错误观念，即仅仅将法律作为一种工具和手段来治理学校和办理一切事情，把法治化管理理解为"以罚治校，以罚代管"。"管理"并非管制，"管理"是管理和服务的统一，要把法律作为管理学校的依据和最高权威，因为法律除具有惩罚、警戒、预防违法行为的功能，更重要的是还有评价、指引、预测人们行为，保护、奖励合法行为以及思想教育等基础功能。

第三，建立学生保护机制，保护学生的合法权益。可以建立学生申诉制度，使学生权利得到保护。

(五)改进学生管理方式

高校学生管理工作应以改革创新的精神，积极探索新途径、新方法、新手段，大力推进学生管理工作进网络、进社团、进公寓，形成学生管理的新格局。

1. 学生管理工作进网络

网络技术使教育发生了根本变革，它日益成为高校学生获取知识和各种信息的重要手段。网络文化具有内容丰富、传播快捷、环境放宽、覆盖面广、难以监控等特点。高校应充分利用网络这一现代化手段，搭建起有效的信息网络，积极拓展高校学生管理工作的新领域。计算机技术是信息时代的高科技技术，是高校学生必须掌握的一门应用技术。因此，要正确引导和教育学生健康地使用计算机，真正提高高校学生的网络知识层次和上网水平。

第一，要加强网络道德和心理素质教育，增强高校学生的自控能力。应定期举办网络知识和网络讲座，对上网同学从思想上进行正反两个方面的教育，树立学生的责任意识，以增强他们的是非敏感能力和鉴别能力。

第二，要加强网络管理，严格入网要求，要提高校园网主页质量，帮助学生走上健康之路。

第三，要引导学生开展一些丰富多彩、健康向上的活动，多举办一些与学生利益相关的计算机知识竞赛和问答。

第四，要培养团队精神，增加人际交往，实现师生之间、学生之间、学生与学校之间的网上交流，拓宽学生思想教育工作的渠道。学生管理工作者应掌握网络信息技术，学习网上教育方法，及时收集、分析、监控网络信息，发现学生关注的热点、难点问题，尤其是带有倾向性、群体性的问题，应及时采取有效措施，有针对性地做好工作。

2. 学生管理工作进社团

校园文化是以学生为主体，以课外活动为主要手段，以校园精神为主要特征的群体文化。生机蓬勃、稳定和谐、健康向上的校园文化氛围，可以使高校学生在参与中陶冶情操、规范行为、开启智慧，产生一种归属感和安全感，有利于增强学生客观认识自我、完善自我以及自我判断、自我发展的能力。在素质教育发展下，高校社团如雨后春笋般兴起，形成了一股"创立社团热"，社团文化建设已成为校园文化建设的一个核心内容。应该说，无论是早期的文学社、艺术团、学术沙龙，还是近期的公关协会、科技开发中心等，都是青年学生在不同层次需求的驱动下，展示才华、锻炼能力、加强联系、获得沟通的好场所，其中不少社团也是教育者理解学生，调适教育行为，提高教育效果的好渠道。高校学生管理工作者应该充分利用社团，开展社团的思想指导和管理工作如下：

第一，要提高校园社团文化的活动层次。加强校园社团文化建设就是要努力提高社团文化建设的层次，使它接近或略微超过高校学生的理解能力和欣赏水平，从而更适合高校学生的口味。

第二，要加强学生社团的规范与管理。学生社团是学生自我管理、自我教育的重要形式。学校要加强对社团组织的管理，使社团在开展活动时注意遵循以下原则：一是学生社团必须服从学校的领导和管理，学生社团应在法律、宪法和校纪校规范围内活动，不得从事与社团宗旨违背的活动；二是学生社团邀请校外人员到学校进行社会政治和学术活动，必须经学校同意；三是学生社团面向校内的刊物，必须经学校批准，并接受学校管理。

第三，要注意坚持开展校园社团文化活动的长期性与实效性。有些地方开展校园文化活动存在着节日时活动较多，平时则活动较少的现象，需要注重学生从活动中获益，这样的活动与教育目标才是相结合的。

3. 学生管理工作进公寓

随着高校后勤服务社会化步伐的加快，学生公寓的环境氛围、文化设施、管理服务的质量以及公寓的管理模式都对传统的高校学生管理工作提出了新的挑战，也给高校的稳定工作带来了新的问题。因此，学生管理工作进公寓是高校教育改革与发展的时代要求，是高校学生管理工作者的战略抉择。

学生管理工作进公寓是一项全新的工作，也是一项艰巨的工作，我们要根据当前学生公寓管理特点，建立学生管理工作新的组织形式、工作机制。如辅导员进驻学生公寓，与学生同吃、同住、同生活；使学生党团组织建到公寓，充分发挥党团组织引导人、团结人、凝聚人的作用；建立学生公寓的自我管理组织，努力把学生公寓建成学生自我教育、自我管理、自我服务的场所；积极组织开展公寓文化建设活动，为学生管理工作创造良好的环境条件和氛围等。

学生管理工作进公寓，要特别重视加强对高校学生集群行为的控制与引导。一方面，要教育引导高校学生全面、客观、辩证地思考问题；另一方面，要建立正常的信息反馈和对话机制，针对问题，因势利导，及时进行情绪疏通，从而加强对高校学生集群行为的控制与引导。

21 世纪需要的是综合素质高且具有创新精神和实践能力的高级人才。要实现现代教育理念下的高校教育教学管理观这一目标，新形势下的高校学生管理工作必须变被动为主动，确立以人为中心的管理思想，把学生看成既是管理对象，同时又是管理的主体，在管理中充分发扬民主，调动学生的积极性，加强自我管理。同时，我们还需要不断加强学生管理工作队伍建设，探索新的管理模式，运用现代化的教育管理手段，使高校学生管理工作进一步科学化、制度化、规范化。只要不断学习和积极探索，高校学生管理工作一定能适应新形势的要求，为人才的培养做出更大的贡献。

第三节　高校创新创业教育实践教学体系构建

一、高校创新创业教育实践教学体系构建的基本理论

(一) 实践教学对创新创业教育的重要性

实践是创新创业者锤炼的最好方式。创新创业教育是一项实践性很强的教育活动，学生的创新创业意识、创新创业精神、创新创业思维等创新创业综合素质，只有付诸创新创业实践才能折射出其价值和意义，创新创业能力和素质也必须在实践中才能得到提升。

实践是创新创业者个人价值和社会价值创造的载体。创新创业者既是实践者，又是宣传者。创业离不开创建或运营经济实体，具有极强的实践性。客观上，它要求创新创业者通过实践整合和修正概念性的认识和思维，积累初始经验。而通过实践活动的开展，在积累个人经验的同时，实现了个人价值和社会价值的创造。实践教学是创新创业教育不可或缺的环节。创新创业精神、创新创业能力需要学生在学校学习阶段逐渐培养，通过系统的理论教学和实践教学活动，向学生传递生产经验和社会生活经验，引导他们树立创新创业意识，掌握创新创业知识和技能，启迪思维，发展兴趣，注重创新创业精神的培养和就业观念的转变。

(二) 创新创业教育实践教学目标

创业教育是素质教育、知识教育、能力教育和就业教育四位一体的教育，教育宗旨是

"培养创业意识、激发创业热情、训练创业技能、提升创业能力"。根据这一教育宗旨，创新创业教育实践教学目标应该是，通过创新思维训练、创业活动操作，培养学生的创业意识和创业品质，提升学生的创新创业技能，促进学生创业理念的全面形成。

（三）创新创业教育实践教学体系的构成

本着理论和实际相结合的原则，注重知识、能力、素质协调发展和共同提高，根据以上创新创业实践教学目标，我们构建"四阶段、四层次"创新创业实践教学体系。

1. 四阶段

四阶段即创新创业认知实验阶段、创业素质实训阶段、创业实践模拟阶段和自主创业实战阶段。创新创业认知实验主要集中在大一进行，创业素质实训集中在大二开展，创业实践模拟集中在大三展开，自主创业实战在大四开始并可持续至学生今后的职业生涯。

2. 四层次

四层次即创新创业知识认知层次、创新创业素质养成层次、创新创业模拟实习层次和创新创业实践操作层次。创新创业知识认知层次将采取课程实验的形式展开，主要通过开设创业素质测试、职业生涯规划等实验项目对学生创新创业天赋予以评测，并培养学生的创新创业意识和精神；创新创业素质养成层次采取素质实训的方式，通过开设不同类型的素质拓展训练项目展开素质养成实训；创新创业模拟实习层次则借助创业实训软件进行创业全程的仿真模拟，在虚拟环境中对创业各阶段工作进行模拟运作，学生通过团队合作，掌握创业基本技能；创新创业实践操作层次是创新创业实践教学的最高层次，学生将通过注册公司，开展实际生产管理运作等系列活动，真实运作企业，全面实现创业的实际运营。

综上所述，基于四位一体理念的"四阶段、四层次"创新创业教育实践教学体系从创新创业教育的基本规律出发，形成了理论认知→专项素质形成→综合能力模拟→实际运营操作的层层递进的实践教学链条，环环相扣，层层递进，缺一不可，充分体现了创新创业教育实践教学体系教学目标的要求和能力培养的诉求。

二、高校创新创业教育实践教学体系构建的保障体系

要确保创新创业教育实践教学体系有效运作，真正实现实践教学目标，必须建立配套的保障体系。配套保障体系由五部分构成，即制度保障体系、组织保障体系、实践教学平台保障体系、实践教学师资保障体系和资金保障体系。

(一) 制度保障体系

创新创业教育虽然在近年来受到越来越多高校的关注，但卓有成效地全面实施的院校并不多。缺乏有效的制度保障是影响实施效果的关键因素之一。创新创业实践教学的开展不仅需要大量的人力、物力和资金的投入，还需要相应的激励机制的建立和政策的保障，因此创新创业实践教学的顺利实施需要学校层面相关政策、制度的支持和统一管理。学校必须从系统管理的层面、从师生利益诉求出发，建立制度体系，为创新创业实践教学的开展提供有力的制度保障。具体而言，教学层面上，制定创新创业教育相关学分管理制度；创新创业管理层面上，建立创新创业成果激励制度、创新创业指导成果评价制度；物质保障层面上，建立创新创业教育专项资金投入和管理制度。

(二) 组织保障体系

为加强创新创业实践教学管理，需组建相应的组织体系，确保管理工作落实到位。对于创新创业教育实践教学的日常管理，可建立校、系两级实践教学督导委员会，对日常教学活动的实施进行督导检查；对于创新创业成果的评价和奖励，应建立校、系两级创新创业成果鉴定评价委员会，处理成果级别鉴定、成果奖励认定等事宜。通过以上组织机构的构建，对创新创业教育实践教学的实施进行有效的监督和积极的激励，在确保创新创业教育实践教学管理规范化的同时，不断提升教学效果和创业质量。

(三) 实践教学平台保障体系

"四阶段、四层次"实践教学内容的开展各具特色，对教学条件的要求也各不相同。尤其是第三、第四层次的实践教学，必须具备相应的条件方能实施。为此，需要针对不同阶段、不同层次的实践教学设计不同的实践教学平台。

课程实验平台主要开展创业认知和创业素质训练的课程实验，需要建立课程实验室，配备创业素质测试系统软件。它主要通过开展创业素质测试、职业生涯规划、创业素质拓展训练等实验项目实施教学。其中，创业素质测试通过计算机软件系统测试完成，创业素质拓展训练则通过实践教学教师组织学生在课程实验室开展实训游戏和项目来完成。

创新创业仿真实训平台主要开展创意的产生和创业全程的仿真模拟。创意工作室主要采用头脑风暴法进行创意的征集，尽可能多地汇集最新创意，为创业项目的选择提供依据。创业全程仿真模拟实训主要通过创业模拟软件的模拟操作开展创业各阶段业务的模拟运作。这需要购置创业实训软件，并建立独立的实训实验室。科技创新教育实训则主要开展大学生科技文化竞赛训练。指导学生利用创意工作室产生的创意，依托在创业全程仿真模拟训练平台，参加挑战杯、三创赛等比赛，营造浓厚的创业氛围，提供仿真的创业体验和训练，促进学生创业技能的形成。

创新创业基地主要进行创新企业的实际运作，是创业企业的孵化器。在基地内，将创业模拟实训阶段的成果进行实际应用，按照工商管理相关规定注册企业，组织生产、营销等系列活动，真实运作企业，创造经济价值。在此基础上，带动相关项目创办新企业，孵化出更多的创业企业，吸纳更多的学生投入创业实践，真正实现学生创业能力的全面提升。创新创业基地在发挥主要功能的同时，可以作为实现"产学研"一体化的桥梁，通过开展业界专业人士的创新创业专题讲座、创业经验交流、创业案例点评等活动，建立企业与院校的合作平台，积极开展课题合作、校企工作人员交流互动、职业经理资格认证培训。借助多元化的合作模式吸纳更多的教师和学生加入创新实验、创业实践，使师生双方取得双赢效果。

（四）实践教学师资保障体系

在创业教育中，教师团队是一个关键的影响因素，教师的水平直接影响创新创业教育实践教学的成效。创新创业教育实践教学的实施离不开教师的指导和指引，而创新创业实践教学的特点决定了实践教学指导教师应具有创新的理念、开阔的视野、丰富的实践经验和良好的品质。对长期从事理论教学，主要活动于高校内部，缺乏实践经验的现有高校师资队伍来说，很难满足创新创业教育实践教学目标的要求。因此，创新创业教育实践教学师资保障体系由两部分构成：一是高校内部具有创新创业教育实践和实际操作经验的校内师资；二是来自业界的校外实践教学指导教师。校内师资主要负责第一阶段创业认知实验、第二阶段创业素质实训、第三阶段的创业实践模拟的教学活动，第四阶段的自主创业实践则需要外部实践教学指导教师发挥主导作用，校内指导教师发挥辅助管理作用，同时积累自身的实践经验。因此，师资保障体系要求院系建立外聘实践指导教师激励管理机制，以确保师资队伍规范、有效地开展实践教学各项工作，确保创新创业实践教学目标的实现。

（五）资金保障体系

创新创业教育实践教学平台的建设需要大量资金购置设备、配备实验场所，进入自主创办企业阶段更需要启动资金开展实际运作。因此，创新创业教育实践教学体系的有效运作取决于是否有充裕的资金保障。此外，要调动师生参与创新创业实践的积极性，建立激励制度，这也需要资金的投入。而创新创业实践教学管理的各环节同样需要必要的资金投入。因此，应设立创新创业专项基金，用于资助学生开展科研创新活动和创业计划，支持并组织学生参加全国有影响的创新科技竞赛，表彰在学生学术科技创新活动中表现突出的个人和集体，奖励优秀学生的科技学术成果和优秀指导教师的工作付出。同时，为有发展前景的应用性科技成果的转让与开发、有条件创办企业的实际运作提供资金支持。为确保资金使用的科学性和规范性，资金保障体系包括专项资金划拨制度、专项资金管理办法、资金使用效益评价等主要内容。

三、构建科学、系统的创新创业教育实践体系的路径

科技是国家强盛之基，创新是民族进步之魂。我国要建设世界科技强国，关键是要建设一支规模宏大、结构合理、素质优良的创新人才队伍。作为创新创业教育主阵营的高校需要积极整合资源与学科优势，努力加强和推进新形势下大学生创新创业教育工作，充分发挥高等教育作为第一生产力和科技创新人才培养基地的独特而重要的作用。

1. 创新创业教育实践体系的构建研究

构建系统的、科学的创新创业教育实践体系需要将创新创业课程建设、教法改革、实践训练等环节整合优化。创新创业教育实践体系的基础设施主要以创新创业硬件支撑平台和软件支撑平台为基础，建立硬件支撑平台和软件支撑平台时需结合学科的特点，有针对性地建立相应的硬件支撑平台和软件支撑平台。除提供创新创业资源和基础设施之外，创新创业教育实践支撑平台还需建设配套的创新创业实践培训体系，提供从课程制作到创业实训的一系列的创新创业教学培训。另外，完整的创新创业教育实践体系还需要配备专家支撑体系，为将来使用创新创业教育实践支撑平台的师生提供必要的专家指导。

2. 创新创业教育实践支撑平台的搭建

搭建硬件支撑平台和软件支撑平台时需结合学科及专业的特点，有针对性地建立相应的硬件支撑平台和软件支撑平台。如北京邮电大学信息与通信工程学院针对电子信息工程专业、通信工程专业和信息工程专业，基于 Microduino 开源智能硬件搭建了创新创业实践的硬件支撑平台，采用了 Microduino 公司的 mCookie 开源硬件工具箱套件。该套件可将各种电子功能模块化，包括核心模块、通信模块和传感器等扩展模块，可以快速、低成本地搭建硬件部分原型。

学院在创新实验课中采用创新创业实践的硬件支撑平台进行了改革尝试。创新实验课程通过招募选出若干名学生，并自由分组进行自选创新项目的设计和最终的实验。经过创意设计、课题立项及评审，最终确定了"手语翻译手套""智能腰带""智能风扇""基于语音控制的四旋翼飞行器系统"等 11 个创新项目。在 5 周的小学期创新实验课程中，学

生基于 Microduino 开源智能硬件完成了创新项目的软硬件设计，最终的作品源代码提交到 Github 供开源应用。

创新创业教育软件支撑平台主要依托于学院纪阳老师团队设计研发的火花空间，为愿意尝试项目式学习、团队学习模式的学生提供一个学习平台。目前已开发计算机编程、电子电路原理、通信网络、数字信号处理、信息论等课程的 WiKi 线上资源，供学生在线学习使用。

3. 创新创业实践培训体系的构建研究

除提供创新创业资源和基础设施之外，创新创业教育实践平台还应担负技术推广及人才培训的责任，因此需建设配套的创新创业实践培训体系，提供从课程制作到创业实训的一系列的创新创业教学培训。创新创业教学培训包括对教师进行创新创业实训课程培训以及对学生进行创新创业实训课程培训。

创新创业实践培训体系可面向全体教师和学生开设创新创业教育专门课程，全面打造依次递进、有机衔接、科学合理的专门课程群。创新创业教师培训是一件融实干、研发、创新为一体的事情，创新创业理论知识、创新创业授课方法与企业实践三类培训缺一不可。具体而言，理论知识培训即加强对创新创业教育情况、创新创业教育理论研究的培训；授课方法培训采用启发式和参与式的教学模式；企业实践培训可采取"创新创业教师进企业"的模式，也可以邀请创业成功人士走进校园，通过与企业成功人士进行会谈，了解企业初创过程，增强创业课程的实践性。

创新创业课程的培训可采用线上和线下模式，充分利用现代信息技术，加快创新创业教育在线开放培训课程建设，推动优质培训课程资源共享。

4. 创新创业专家支撑体系的构建研究

为了更好地指导师生从事创新创业教育实践活动，可发挥行业企业优势，构建专家支撑体系支撑平台。该平台的核心是建立一个创新创业导师库，并为之建立管理规范。

导师库的导师由校内创业导师和校外导师构成。校内创业导师可由在校内选拔的具有创新创业经验的教师担任，灵活制定创新创业教师聘任制度，关注教师创新创业经验与能力；校外导师可定期从行业企业聘请优秀企业家、技术研发人员、投资者担任，从一定程度上弥补校内教师在创新创业方面经验不足的问题。

学院可通过个人报名和学院推荐，逐步建立稳定的创新创业课程的专任教师队伍；在学院教辅中通过任务安排和兴趣驱动，逐步成立创新创业竞赛的专职辅导教师队伍；对新聘教师或者晋升高一级职务的教师，安排参加相关创新创业教育培训；逐步建立创新创业导师库，并为之制定管理规范。

　　学院可成立由执行院长、院党委书记、教学副院长、实践副院长、党委副书记及相关教授为主体的院级创新创业教育工作领导小组；形成由教学副院长和党委副书记牵头，学院各部门积极配合的创新创业教育工作机制，构建"科教协同、行业协同、国际协同"的创新人才培养模式。

　　学院可安排专门资金、积极申请申报各级各类专项项目，用于支持创新创业教育教学、创新创业教育研究、创新实践基地建设以及资助学生开展创新创业实践活动。专门的资金保证创新创业教育教学的顺利进行。

　　总之，创新创业教育是培养具有综合素质创新型人才的重要途径，高校应该结合学校实际及学科特点，构建系统的、科学的创新创业教育实践体系，为全面培育具备创新创业素质的学生助力。

参考文献

［1］张茂红，莫逊，李颖华. 高校教育管理与教学研究［M］. 北京：台海出版社，2022.

［2］杨刚，王新，刘丹. 高校教育教学与学生管理［M］. 长春：吉林出版集团股份有限公司，2022.

［3］程宇欢. 高校教育供给侧改革与人才培养模式创新［M］. 北京：中国纺织出版社，2022.

［4］方晓明. 新时期高校继续教育与教学管理研究［M］. 北京：中国农业出版社；北京：农村读物出版社，2022.

［5］张娉. 新时期高校美育与学生教育管理研究［M］. 长春：吉林出版集团股份有限公司，2022.

［6］范晔. 基于创新教育理念下的高校教育管理［M］. 长春：吉林出版集团股份有限公司，2022.

［7］桑爱友. 应用型人才培养导向下高校教育教学理论与实践研究［M］. 长春：吉林人民出版社，2022.

［8］寿海. 创新思维融入高校教育教学理论与课程体系问题研究［M］. 长春：吉林出版集团股份有限公司，2022.

［9］王慧. 现代教育理念下的高校教育教学管理研究［M］. 北京：化学工业出版社，2021.

［10］张露汀，杨锐，郑寿纬. 高校教育教学创新研究［M］. 长春：吉林人民出版社，2021.

［11］周非，周璨萍，黄雄平. 教育教学管理与素质培养研究［M］. 长春：吉林人民出版社，2021.

［12］高健磊. 新时期高校管理与发展路径探索［M］. 北京：中国政法大学出版社，2021.

［13］周芸. 高校教育教学管理模式创新研究［M］. 北京：中国财政经济出版社，2021.

［14］李玉萍. 高校教师信息化教学能力发展研究［M］. 合肥：中国科学技术大学出版社，2021.

［15］梁丽肖. 教育信息化背景下高校管理机制探究［M］. 长春：吉林人民出版社，2021.

［16］周烈. 高校教学与治理的探索实践［M］. 北京：旅游教育出版社，2021.

［17］刘萍萍，何莹. 现代高校教育教学管理现状与创新发展［M］. 北京：中国原子能出版社，2021.

［18］达巴姆. "互联网+"时代高校课堂教学模式改革与创新研究［M］. 长春：吉林人民出版社，2021.

［19］刘娟. 高校管理与教育教学实践研究［M］. 长春：吉林教育出版社，2020.

［20］冉启兰. 教育管理理念与思维创新［M］. 长春：吉林出版集团股份有限公司，2020.

［21］阮青松，唐伟，佟爱琴. 高校一流人才培养教育教学改革研究［M］. 上海：上海同济大学出版社，2020.

［22］吴爱萍. 高等教育的发展与管理实践［M］. 长春：吉林出版集团股份有限公司，2020.

［23］郝庆波，张晓楠. 大数据时代高校教师教学能力提升策略研究［M］. 长春：吉林人民出版社，2020.

［24］董国良. 教育理论［M］. 北京：首都师范大学出版社，2020.

［25］郭晓雯. 高校教育教学管理创新发展研究［M］. 北京：北京工业大学出版社，2019.

［26］朱爱青. 素质教育背景下高校教学管理制度改革的研究［M］. 北京：中国纺织出版社，2019.

［27］丁兵. 当代高校教育管理研究［M］. 西安：西北工业大学出版社，2019.

［28］孙连京. 高校教学管理理论与实践［M］. 南昌：江西高校出版社，2019.

［29］陈晔. 新时期高校教育管理实践研究［M］. 北京：现代出版社，2019.

［30］黎海楠，余封亮. 高校学生管理与和谐校园［M］. 长春：吉林出版集团股份有限公司，2019.